精品课程配套教材
21世纪应用型人才培养『十三五』规划教材
『双创』型人才培养优秀教材

配送作业管理实务

PEISONG ZUOYE GUANLI SHIWU

主　编　潘昭文　汤宇曦　黄常勇
副主编　李　雨　李建颖　麦燮梵
　　　　刘海清　金　爽　李　瑾
　　　　汪　涓　吴晶晶
参　编　杨学梅

内容提要

本书分八章，主要内容包括配送作业认知、订单管理、拣货作业管理、流通加工、送货作业管理、补货及退货作业管理、配送作业绩效评价等。同时，配有10个实训，可以利用资源库的资源，完成配送主要技能的训练。

本书可作为各院校物流管理专业及其相关专业的教材，也可作为社会从业人士的参考读物。

图书在版编目(CIP)数据

配送作业管理实务／潘昭文，汤宇曦，黄常勇主编.--上海：上海交通大学出版社，2017

ISBN978-7-313-16205-2

Ⅰ.①配… Ⅱ.①潘…②汤…③黄… Ⅲ.①物流配送中心-货物运输-运营管理-高等职业教育-教材 Ⅳ.①F253

中国版本图书馆CIP数据核字(2016)第281806号

配送作业管理实务

主　　编：潘昭文　汤宇曦　黄常勇

出版发行：上海交通大学出版社　　地　　址：上海市番禺路951号

邮政编码：200030　　电　　话：021-64071208

出 版 人：郑益慧

印　　制：北京俊林印刷有限公司　　经　　销：全国新华书店

开　　本：787mm×1 092mm　1/16　　印　　张：17.25

字　　数：340千字

版　　次：2017年1月第1版　　印　　次：2017年1月第1次印刷

书　　号：ISBN 978-7-313-16205-2/F

定　　价：36.00元

精品课程配套教材
“双创”型人才培养优秀教材 编审委员会

前 言

随着经济社会的发展,现代物流作为一种先进的组织方式和管理技术,是企业降低成本,提高效益的重要源泉,正在受到日益广泛的重视,并面临着前所未有的发展机遇。配送是一种由商流、物流、信息流紧密结合的、综合的、特殊的物流活动。配送几乎包括了所有的物流功能要素,是物流的一个缩影或在某个小范围中物流全部活动的体现。处于末端物流的配送,具有提高物流经济效益,优化和完善物流系统,改善物流服务,降低成本等功能,在物流系统中占有重要的地位。随着科学技术的不断进步,生产力的不断发展,生活方式、消费方式的不断改变,需求的个性化和多样化,配送的重要性日益突出。

本着为社会培养配送管理人才、提高配送专业人才素质和水平的目的,严格按照教育部物流管理相关专业的培养目标与规划,根据高等职业教育的特点和职业发展需要,我们尝试着编写了本书。本书基于当前我国物流配送行业的发展现状,针对社会对物流配送人才的急切需求,调查和征询了相关物流企业和高等职业院校专业任课教师的意见和建议。

本书由潘昭文、汤宇曦、黄常勇担任主编;李雨、李建颖、麦燮梵、刘海清、金爽、李瑾担任副主编;杨学梅担任参编。编写分工是:潘昭文、汤宇曦、黄常勇编写第一、二、三、四章及附录;李雨、李建颖编写第五、六章;麦燮梵、刘海清、杨学梅编写第七、八章和参考文献。潘昭文负责全书的策划和统稿工作。

在编写过程中,我们针对物流专业培养高技能人才的实际需要,按照理论必需,重点突出实践性教学的特点进行编写,以适应配送作业岗位群需要为目标,全面介绍了配送与配送中心管理的基本知识和技能。同时,为便于理解和掌握,我们在本书的每章都精选了若干习题和典型案例,供读者和学生思考练习。本书附录配送实务 3D 虚拟综合实训,便于学生巩固所学理论知识。

本书在编写过程中参阅和引用了国内外有关物流与配送学科的报刊文章和图书资料,在此表示衷心感谢。由于作者学识水平有限,书中存在的错漏失误,恳请各位专家和读者批评指正。

编者

2017 年 1 月

目　录

课堂笔记

第一章 配送作业认知

知识目标

- 掌握配送的概念
- 了解配送的基本要素
- 理解配送的分类
- 掌握配送中心的概念
- 了解配送中心的构成及功能

技能流程

- 能够识别不同的配送类型，认识配送工作的基本环节
- 能够联系配送与配送中心的知识，对配送中心的基本工作过程进行概要讲解

作业流程

配送作业的一般流程如图 1-1 所示。

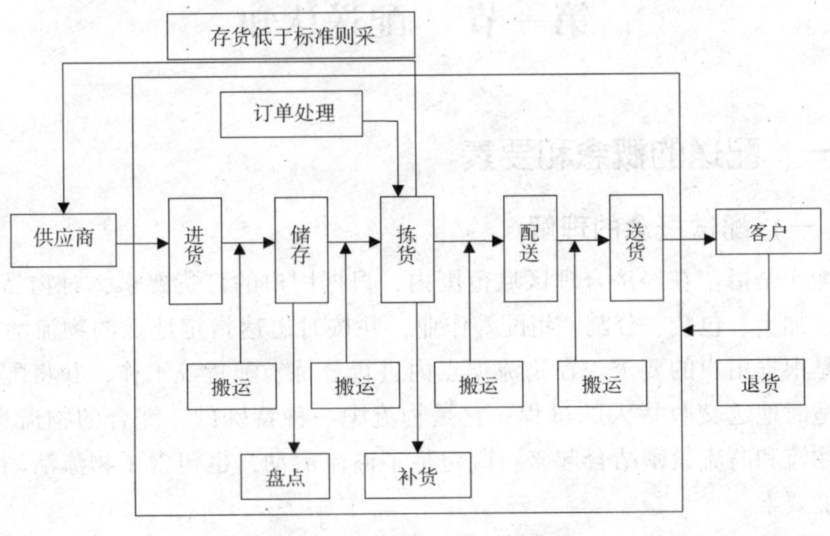

图 1-1 配送作业的一般流程

案例导入

引例：在某开发区内聚集着三十余家小家电生产企业，每个企业在原材料采购和产品销售过程中都遇到了同样的问题。在采购时，往往由于某一种材料采购量不足，要花费高昂的费用。在销售时，单个客户需要的产品数量少，多个客户关于配送产品的时间和数量要求又在不断变化，致使销售费用居高不下。这些企业也曾坐下来商谈合作采购和销售的事，但没能成功。近日，有调研者到这些企业发放问卷，说要在这个区域建一个与小家电相关的配送企业，为区域内企业提供采购和销售方面的物流服务。某一天，几个企业的经理集中在一起，讨论关于配送的事，同时请了一位物流教授，给大家讲一下。

问题：

1. 教授在这么短的时间内能讲些什么呢?
2. 集中做配送真的有利可图吗?
3. 配送企业主要都做什么呢?

引例分析

对于初次接触配送的人，首先要从概念入手，对配送的工作流程有个初步的理解。还要了解目前已经开展配送业务经营的企业类型、这个行业的经营状况和前景等。配送作业最集中的企业就是配送中心，所以也必须对配送中心进行了解。

第一节　配送认知

一、配送的概念和要素

（一）配送概念的理解

配送是指“在经济合理区域范围内，根据用户的订货要求，对物品进行拣选、加工、包装、分割、组配等作业，并按时送达指定地点的物流活动”。配送是根据用户的要求，在物流据点内进行分拣、配货等工作，并将配好的货物适时地送交收货人的过程。它是物流中一种特殊的、综合的物流形式。它将物流和商流紧密结合起来，既包括了商流活动，也包含了物流活动中若干功能要素。

根据定义，可以从如下几方面理解配送：

课堂笔记

1. 以送货为目的，但配是送的前提

配送中的业务是一种固定的形态，是有确定组织、有确定渠道、有设施设备、有管理、有技术支持的送货，不是偶然的行为。配送是“配”和“送”的统一。

配送是按照顾客的品种、规格、等级、型号、数量等方面的要求，经过分拣、配送、配装等活动，将配好的商品送交顾客。“配”是“送”的前提和条件，“送”是“配”指向的目标。

2. 配送推动了物品流动

在现代经济运行过程中，物品流通的品种越来越多，批量越来越小，使得送货的规模效益受到影响，货品因物流不畅而不能及时送达用户的手中。配送的出现很好地解决了这一问题，从事配送活动的组织通过集中用户的需求，集中物品本身，使送货的规模效益得到体现。同时，也通过配送活动的精细安排，使得物畅其流。

3. 配送是专业化的增值服务

从事配送工作需要专门的配送设施和设备，通过专业化的管理与用户之间形成一种长期的伙伴关系，通过专业化的工作人员来组织实施备货、存储、拣选和分拣、配装等工作。优化资源的配置，为客户提供优质、低成本的服务。配送有资源配置的作用，是“最终配置”，因而是接近顾客的配置。接近顾客是经营战略至关重要的内容。

4. 配送以用户要求为出发点

在定义中强调“按用户的订货要求”，明确了用户的主导地位。配送是从用户利益出发，按用户要求进行的一种活动，因此在观念上必须明确“用户第一”“质量第一”。配送企业的地位是服务地位而不是指导地位，因此不能从本企业利益出发而应从用户利益出发，在满足用户利益的基础上取得本企业的利益。更重要的是，不能利用配送损伤或控制用户，不能将配送作为部门分割、行业分割、割据市场的手段。

应用小案例：幸福街道有15个小区，约1万户人家 。因为很多人家都饮用桶装水，因此需要送水。刘志强先生在与多家桶装水生产厂家沟通后，对该小区的整体情况做了概要调查，结果是该街道每周需要桶装水7 000桶左右，用水的品牌不是很稳定。同时由于桶装水整体的质量问题使得部分以前饮用桶装水的人家停止购买。这个街道还没有桶装水的配送点，水都是远处的一家大公司提供配送服务。刘志强认为应该在合适的位置开设一家配送中心配送桶装水。于是他注册了忠诚志强配送中心，设置在街道靠近中间位置、车辆进出比较方便的一个街面房内，暂时的唯一业务就是送水，水的品牌包括农夫山泉桶装水、乐百氏桶装水 、怡宝桶装水、雀巢桶装水、娃哈哈桶装水、

课堂笔记

康师傅桶装水、景田桶装水、益力桶装水、屈臣氏桶装水、鼎湖山泉桶装水、冰露桶装水、燕京桶装水、正广和桶装水、洞庭山桶装水。随着业务的逐步开展，出现了两个比较难解决的问题，首先是用户问题，因为刘志强送的水价格普遍比较高，有很多用户不能接受，销售量受到一定的影响；其次是要水的电话来得很没有规律，有很多时候为了送一桶水跑很远的路。对于前一个问题，刘志强知道需要借助于制造水的公司的宣传，同时自己可以采取一些促销手段来解决。对于后一个问题，他经过多方的咨询和自己独立的思考，采取了如下方法：①开展调查，搞清楚每个用水人家的人口数量，了解他们用一桶水大概要多少天，然后为每户免费提供更换的备用水桶。之后通过自己的推算，预先可以知道哪些人家的水快喝完了，就可以按照自己的安排来有规律地送水，既保证用户喝的水是新鲜的，又可以降低自己的送货成本。对于临时的电话订水用户，可以将他们所要的水与预先安排好送的水放在一起送出去。这一方案实施后，公司盈利额明显增加。②用科学的方法规划送货的路线。为此，刘志强对该街道的路进行了仔细的研究，对每一条路的车流高峰时间做了详细的记录。之后请了一个软件专家为自己制作了一个小软件，可以根据具体的送货任务规划送货的路线。这样一来，送货的成本进一步降低了。

问题：刘志强为什么有利可图？他还可以采取哪些方法增加自己的收入？

（二）配送的要素

1. 集货

集货，即将分散的或小批量的物品集中起来，以便进行运输、配送作业。

集货是配送的重要环节，为了满足特定客户的配送要求，有时需要把从几家甚至数十家供应商处预订的物品集中，并将要求的物品分配到指定容器和场所。

集货是配送的准备工作或基础工作，是配送的优势之一。

2. 储存

配送中的储存有储备及暂存两种形态。配送储备物品数量较大，储存更加有计划性。暂存，是具体执行日配送时，按分拣配货要求，在理货场地所做的少量储存准备。

3. 分拣和拣选

分拣是将物品按品种、出入库先后顺序进行分门别类堆放的作业。拣选是按订单或出库单的要求，从储存场所选出物品，并放置在指定地点的作业。

4. 配货

配货是使用各种拣选设备和传输装置，将存放的物品，按客户要求分拣出来，配备齐全，送到指定发货地点。

课堂笔记

5. 配装

在单个客户配送数量不能达到车辆的有效运载负荷时，就存在如何集中不同客户的配送货物，进行搭配装载以充分利用运能、运力的问题，这就需要配装。

应用小案例：某配送中心的出货区有如下货物：水果 10 箱，箱尺寸是 40×40×40cm；方便面 100 箱，箱尺寸是 50×60×50cm；食用油 100 箱，箱尺寸 30×30×30cm。如果现在需要将这些货物送到一条配送路线上的两个客户处，需要如何装载配送车辆？已知配送车辆的尺寸为 2×4×1.5m，两个客户需要的货物分别为以上货物的一半。

问题：如何装载配送车辆？

6. 配送运输

配送运输是较短距离、较小规模、额度较高的运输形式，一般使用汽车做运输工具，如何组合最佳路线，如何使配装和路线有效搭配等，是配送运输的特点，也是难度较大的工作。

7. 送达服务

将配好的货运输到客户指定处还不算配送工作结束，这是因为送达货和客户接货往往会出现不协调，使配送前功尽弃。因此，要圆满地实现运到之货的移交，并有效地、方便地处理相关手续并完成结算，还应讲究卸货地点、卸货方式等。送达服务也是配送独具的特殊业务。

8. 配送加工

配送加工是按照配送客户的要求所进行的流通加工。流通加工即是指：物品在从生产地到使用地的过程中，根据需要施加包装、分割、计量、分拣、组装、价格贴付、标签帖付、商品检验等简单作业的总和。

应用小案例：宏达米业有限公司是黑龙江省鸡西市的一家经销东北大米的公司，每年有约 1 万吨的大米发往全国各地。以前公司都是在内部将大米装袋后再运出，但是出现了一些问题。首先是运输费用比较高，装袋后的大米运输过程中的运费、装卸费偏高。其次是不同地区不同包装的大米销量有很大差异，导致部分地区缺货，部分地区库存增加。所以，公司决定改变方式，将大米散装运输到各地，再由各地分级包装成不同分量，这一方法取得了很好的效果。

问题：宏达米业有限公司在大米配送过程中采取了何种方式，效果如何？

二、配送的特点

（1）配送是从物流据点至用户的一种特殊送货形式。在整个输送过程中处于“二次输送”“支线输送”“终端输送”的位置，配送是“中转”型送货，其起止点是物流据点和用户。通常是短距离少量货物的移动。

（2）从事送货的是专职流通企业（配送），用户（企业）需要什么配送什么，而不是生产企业（送货），生产什么送什么。

（3）配送不是单纯的运输或输送，而是运输与其他活动共同构成的组合体。配送要组织物资订货、签约、进货、分拣、包装、装配等，及时对物资进行分配、供应处理。

（4）配送是以供给者送货到户式的服务性供应。从服务方式来讲，是一种“门到门”的服务，可以将货物从物流据点一直送到用户的仓库、营业所、车间乃至生产线的起点或个体消费者手中。

（5）配送是在全面配送的基础上，完全按用户对包装种类、品种搭配、数量、时间等方面的要求所进行的运送。

三、配送的类型

（一）按配送商品的种类和数量分

1. 少品种、大批量配送

这种配送适用于需要数量较大的商品，单独一种或少数品种就可以达到较大运输量，可实行整车运输，如煤炭等。

2. 多品种、小批量配送

按用户要求，将所需的各种商品（每种商品需要量不大）配备齐全，凑成整车后由配送中心送达用户手中。日用商品的配送多采用这种方式。

（二）按配送时间及数量分

1. 定时配送

按规定的时间间隔进行配送，配送的品种和数量可根据用户的要求有所不同。

应用小案例：红润配送是一家为制造业提供材料配送的公司，因为企业的运行要求精密，货物必须在规定的时间送到，迟延意味着生产中断。因此，公司采用日配的方式为制造业提供服务，大体上是，上午的配送订货，下午送达；下午的配送订货，第二天早上送达。这样就可以使用户获得在实际需要的前半天得到送货服务的保障，保证了客户生产的平稳，使客户满意度处于比较高的水平。

问题：红润配送公司是如何进行定时配送的？

2. 定量配送

按规定的批量进行配送，但不严格限定时间，只是规定在一个指定的时间范围内配送。这种配送计划性强，备货工作简单，配送成本较低。

应用小案例：红星配送公司是一家综合性配送公司，为周边的制造业、商业客户提供配送服务。因为有部分客户对送货时间的要求不是很严格，因此，公司决定针对这部分客户采取定量配送的方式。这样操作使得送货数量固定，备货工作较为简单，可以根据托盘、集装箱及车辆的装载能力规定配送的定量，能够有效利用托盘、集装箱等集装方式，也可做到整车配送，配送效率较高。对于用户来讲，每次接货都处理同等数量的货物，有利于人力、物力的准备工作。

问题：红星配送公司是如何进行定量配送的？

3. 定时定量配送

按规定的准确时间和固定的配送数量进行配送。

应用小案例：朝霞配送公司是一家为汽车、家电及机电产品制造商提供材料配送的物流服务商。随着服务的开展，客户提出要求定时定量配送的越来越多，但是因为定时定量配送兼有定时配送和定量配送两种方式的特点，对配送企业的要求比较严格，管理和作业的难度较大，公司对该方式的使用一直比较谨慎。经过调研和自身能力的评估，公司认为，本公司的客户特点适合开展这种配送方式，因此积极地与客户协商签订了协议，依据协议，采用看板方式来确定配送的时间和数量，取得了良好的效果。

问题：朝霞配送公司是如何进行定时定量配送的？

4. 即时配送

不预先确定不变的配送数量，也不预先确定不变的配送时间及配送路线，而是按用户要求的时间、数量进行配送。

应用小案例：精准配送是一家从事电子产品配送的物流服务商，为手机店提供手机等电子产品配送是其主要的业务。因为这类产品的价格变化较快，客户往往只留很少的库存或者采取零库存策略，因此，配送的时间和数量要求非常不确定。公司经常因为客户的临时插单而影响正常的工作程序。为了解决这一问题，公司开发了一套实用的软件来处理订单，安排配送工作过程。经过努力，公司目前已经能够应对这种预先不确定时间、数量及送货路线的订单，成为配送的先进企业。

问题：精准配送公司是如何进行即时配送的？

（三）按配送的组织形式分

1. 集中配送

集中配送是由专门从事配送业务的配送中心对多个用户开展配送业务。集中配送的品种多、数量大，一次可同时对同一线路中的几家用户进行配送，其配送的经济效益明显，是配送的主要形式。

2. 共同配送

几个配送中心联合起来，共同制订计划，共同对某一地区的用户进行配

课堂笔记

送，具体执行时共同使用配送车辆。

3. 分散配送

分散配送是由商业零售网点对小量、零星商品或临时需要的商品进行的配送业务。这种配送适合于近距离、多品种、少批量的商品的配送。

应用小案例：日华配送公司坐落在一个服装零售网点附近，市场中的很多商户经常会临时要求送几件货物到附近的一些地方，因为距离比较近，商品数量也比较少，公司安排起来并不十分困难。因此，公司专门为这类要求安排了两个员工，同时配备了两辆电瓶车，技术地为客户提供服务。因为服务周到，带动了这些客户的其他大宗业务放到公司来做，促进了公司的发展。

问题：日华配送公司是如何进行分散配送的？

4. 加工配送

在配送中心进行必要的加工，将流通加工和配送一体化，使加工更有计划性，配送服务更趋完善。

（四）按配送的职能形式分

1. 销售配送

批发企业建立的配送中心多展开这项业务。批发企业在通过配送中心把商品批发给各零售商店的同时，也可与生产企业联合。生产企业可委托配送中心储存商品，按厂家指定的时间、地点进行配送。若生产厂家是外地的，则可以采取代理的方式，促进厂家的商品销售，还可以为零售商店提供代存代供配送服务。

2. 供应配送

供应配送是大型企业集团或连锁店中心为自己的零售店所开展的配送业务。他们通过自己的配送中心或与消费品配送中心联合进行配送。零售店与供方隶属于同一公司，配送成为公司内部的业务，从而减少了许多手续，缓和了许多业务矛盾，各零售店在订货、退货、增加经营品种上也得到更多的便利。

3. 销售与供应相结合的配送

配送中心与生产厂家及企业集团签订合同，负责一些生产厂家的销售配送，又负责一些企业集团的供应配送。配送中心具有上连生产企业的销售配送、下连用户的供应配送两种职能，实现了配送中心与生产企业及用户的联合。

4. 代存代供配送

用户将属于自己的商品委托配送中心代存、代供，有时还委托代订，然后组织配送。这种配送在实施前不发生商品所有权的转移，配送中心只是用户的代理人，商品在配送前后都属于用户所有。配送中心仅从代存、代理中获取收益。

应用小案例：荣升配送是一家综合性配送中心，随着业务规模的不断扩大，资金不足的问题时有出现，致使部分生产能力闲置。经过与客户的沟通，公司开展代存代供业务，即商品所有权不发生转移，配送中心只是用户的代理人，商品在配送前后都属于用户所有。配送中心仅从代存、代理中获取收益。这项业务的开展不仅解决了资金不足的问题，还降低了货物贬值等风险，促进了公司的发展。

问题：荣升配送中心开展代存代供业务的好处是什么？

课堂笔记

四、配送的流程

（一）配送作业的基本环节

配送作业是按照用户的要求，把货物分拣出来，按时按量发送到指定地点的过程。从总体上讲，配送是由备货、理货和送货三个基本环节组成的。其中每个环节又包含若干项具体的、细节性的活动。

1. 备货

备货指准备货物的系列活动，它是配送的基本环节。严格来说，备货包括两项具体活动：筹集货物和存储货物。

2. 理货

理货是配送的一项重要内容，也是配送区别于一般送货的重要标志。理货包括货物分拣、配货和包装等经济活动，其中分拣是指采用适当的方法和手段，从储存的货物中选出用户所需货物的活动。

3. 送货

送货是配送活动的核心，也是备货和理货工序的延伸。在物流活动中，送货实际上就是货物的运输。在送货过程中，常常进行三种选择：运输方式、运输路线和运输工具。

（二）配送作业的一般流程

配送作业是配送企业或部门运作的核心内容，因而配送作业流程的合理性，以及配送作业效率的高低都会直接影响整个物流系统的正常运行。

为了有货可送，必须有进货作业；为了能够保持稳定的服务水平，必须有储存作业。当收到用户订单后，首先将订单按其性质进行“订单处理”，之后根据处理后的订单信息，进行从仓库中取出用户所需货品的拣货作业。拣货完成，一旦发现拣货区所剩余的存货量过低时，则必须由储存区进行补货作业。如果储存区的存货量低于规定标准时，便向供应商采购订货。从仓库拣选出的货品经过整理之后即可准备发货，等到一切发货准备就绪，司机便可将货品装在配送车上，向用户进行送货作业。另外，在所有作业进行中，

课堂笔记

可发现只要涉及到物的流动作业，其间的过程就一定有搬运作业。如果客户有加工要求，则流程中可能加入加工作业。

（三）进货作业和订单处理

1. 进货作业

（1）进货作业基本流程。进货作业包括接货、卸货、验收入库，然后将有关信息书面化等一系列工作。进货作业的基本流程如图 1-2 所示。在其流程安排中，应注意以下事项：

①应多利用配送车司机卸货，以减少公司作业人员和避免卸货作业的拖延。

②尽可能将多样活动集中在同一工作站，以节省必要的空间。

③尽量避开进货高峰期，并依据相关性安排活动，以达到距离最小化。

④详细记录进货资料，以备后续存取核查。

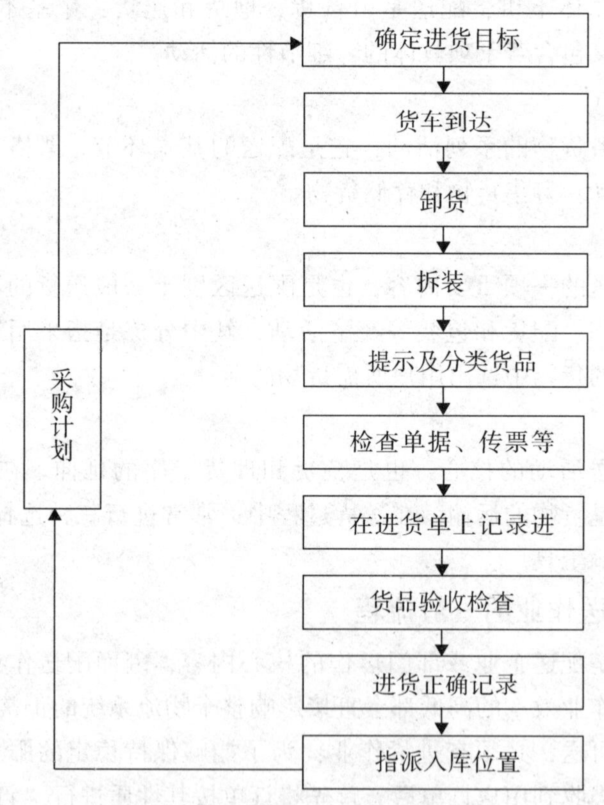

图 1-2　进货作业流程

（2）货物编码。进货作业是配送作业的首要环节。为了让后续作业准确而快速地进行，并使货物品质及作业水准得到妥善维持，在进货阶段对货物进行有效的编码是一项十分重要的内容。编码结构应尽量简单，长度尽量短，一方面便于记忆，另一方面也可以节省机器存储空间，减少代码处理中的差

课堂笔记

错，提高信息处理效率。常用的编码方法有：顺序码、分组编码、实际意义编码、后位数编码、暗示编码。

（3）货物分类。货物分类是将多品种货物按其性质或其他条件逐次区别，分别归入不同的货物类别，并进行有系统的排列，以提高作业效率。

在实际操作中，对品项较多的分类储存，可分为两个阶段，上下两层输送同时进行。

①由条码读取机读取箱子上的物流条码，依照品项做出第一次分类，再决定归属上层或下层的存储输送线。

②上、下的条码读取机再次读取条码，并将箱子按各个不同的品项，分门别类地放到各条储存线上。

③在每条储存线的切离端，箱子堆满一只托盘后，一长串货物即被分离出来；当箱子组合装满一层托盘时，就被送入中心部（利用推杆，使其排列整齐），之后，箱子在托盘上一层层堆叠，堆到预先设定的层数后完成分类。

④操作员用叉式堆高机将分类的货物依类运送到储存场所。

（4）货物验收检查。货物验收是对产品的质量和数量进行检查的工作。其验收标准及内容如下：

①货物验收的标准：

采购合同或订单所规定的具体要求和条件；

采购合同中的规格或图解；

议价时的合格样品；

各类产品的国家品质标准或国际标准。

②货物验收的内容：

质量验收；

包装验收；

数量验收。

（5）货物入库信息的处理。到达配送中心的商品，经验收确认后，必须填写“验收单”，并将有关入库信息及时准确地录入库存商品信息管理系统，以便及时更新库存商品的有关数据。货物信息录入的目的在于为后续作业环节提供管理和控制的依据。此外，对于作业辅助信息也要进行搜集和处理。

2. 订单处理

（1）订单处理的含义。从接到客户订单开始到着手准备拣货之间的作业阶段，称为订单处理。通常包括订单资料确认、存货查询、单据处理等内容。

（2）订单处理的基本内容及步骤。订单处理分人工和计算机两种形式。人工处理具有较大弹性，但只适合少量的订单处理。计算机处理则速度快、效率高、成本低，适合大量的订单处理。因此，目前主要采取后一种形式。订单处理的基本内容及步骤如图 1-3 所示。

课堂笔记

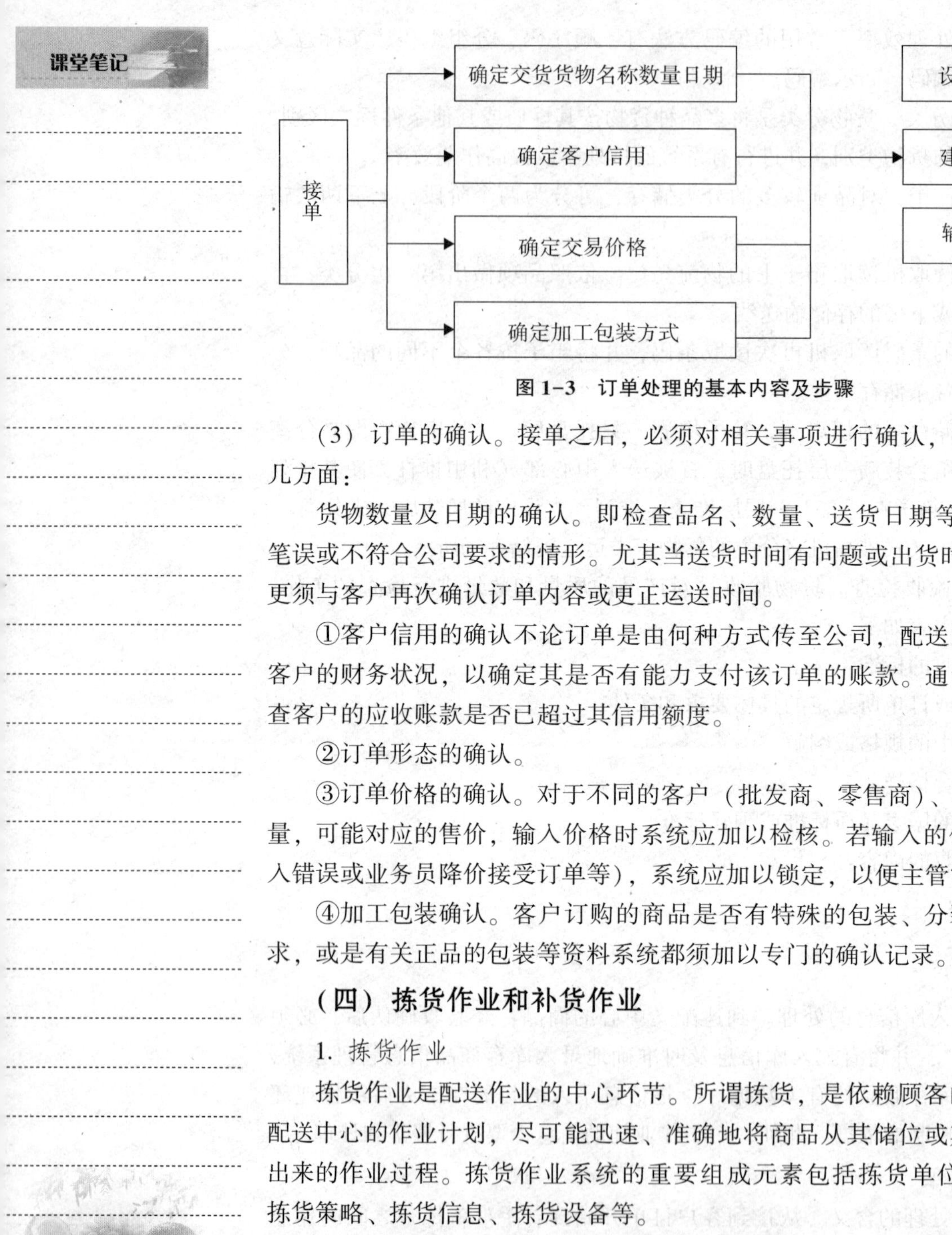

图 1-3 订单处理的基本内容及步骤

(3) 订单的确认。接单之后，必须对相关事项进行确认，主要包括以下几方面：

货物数量及日期的确认。即检查品名、数量、送货日期等是否有遗漏、笔误或不符合公司要求的情形。尤其当送货时间有问题或出货时间已延迟时，更须与客户再次确认订单内容或更正运送时间。

①客户信用的确认不论订单是由何种方式传至公司，配送系统都要核查客户的财务状况，以确定其是否有能力支付该订单的账款。通常的做法是检查客户的应收账款是否已超过其信用额度。

②订单形态的确认。

③订单价格的确认。对于不同的客户（批发商、零售商）、不同的订单批量，可能对应的售价，输入价格时系统应加以检核。若输入的价格不符（输入错误或业务员降价接受订单等），系统应加以锁定，以便主管审核。

④加工包装确认。客户订购的商品是否有特殊的包装、分装或贴标等要求，或是有关正品的包装等资料系统都须加以专门的确认记录。

（四）拣货作业和补货作业

1. 拣货作业

拣货作业是配送作业的中心环节。所谓拣货，是依赖顾客的订货要求或配送中心的作业计划，尽可能迅速、准确地将商品从其储位或其他区域拣取出来的作业过程。拣货作业系统的重要组成元素包括拣货单位、拣货方式、拣货策略、拣货信息、拣货设备等。

(1) 拣货作业流程。在配送作业环节中，拣货作业不仅工作量大，工艺复杂，而且要求作业时间短，准确度高，服务质量好。拣货作业流程如下：制作拣货作业单据，安排拣货路线，分派拣货人员，拣货。

整个拣货作业所消耗的时间主要包括以下四大部分：

①订单或送货单经过信息处理，形成拣货指示时间；

课堂笔记

②行走或搬运货物的时间；

③准确找到货物的储位并确认所拣货物及数量的时间；

④拣选完毕，将货物分类集中的时间。

（2）拣货方式。拣货作业最简单的划分，是将其分为按订单拣取、批量拣取与复合拣取三种方式。按订单拣取是分别按每份订单拣货；批量拣货是多张订单累积成一批，汇总后形成拣货单，然后根据拣货单的指示一次拣取商品，再根据订单进行分类；复合拣取是将以上两种方式组合起来的拣货方式，即根据订单的品种、数量及出库频率，确定哪些订单适合按订单拣取，哪些订单适合批量拣取，然后分别采取不同的拣货方式。

2. 补货作业

补货作业是将货物从仓库保管区域搬运到拣货区的工作，其目的是确保商品能保质保量按时送到指定的拣货区。

（1）补货方式：

①整箱补货；

②托盘补货；

③货架上层—货架下层的补货方式。

（2）补货时机：

①批组补货。每天由计算机计算所需货物的总拣取量和查询动管区存货量后得出补货数量，从而在拣货之前一次性补足，以满足全天拣货量。这种一次补足的补货原则，较适合一日内作业量变化不大，紧急插单不多或是每批次拣取量大的情况。

②定时补货。把每天划分为几个时点，补货人员在时段内检查动管拣货区货架上的货品存量，若不足则及时补货。这种方式适合分批拣货时间固定且紧急处理较多的配送中心。

③随机补货。指定专门的补货人员，随时巡视动管拣货区的货品存量，发现不足则随时补货。这种方式较适合每批次拣取量不大，紧急插单多，以至于一日内作业量不易事先掌握的情况。

（五）配货作业和送货作业

1. 配货作业

配货作业是指把拣取分类完成的货品经过配货检查过程后，装入容器和做好标志，再运到配货准备区，待装车后发送。配货作业既可采用人工作业方式，也可采用人机作业方式，还可采用自动化作业方式，但流通加工组织方式有一点区别。

2. 送货作业

送货作业是利用配送车辆把用户订购的物品从制造厂、生产基地、批发

课堂笔记

商、经销商或配送中心，送到用户手中的过程。送货通常是一种短距离、小批量、高频率的运输形式，它以服务为目标，以尽可能满足客户需求为宗旨。

送货作业的各阶段的操作过程中，需要注意的要点有：明确订单内容，掌握货物的性质，明确具体配送地点，适当选择配送车辆，选择最优配送线路及充分考虑各作业点装卸货时间。

（六）退调作业和信息处理

1. 退调作业

退调作业涉及退货商品的接收和退货商品的处理。而退货商品的处理，还包含着退货商品的分类、整理（部分商品课重新入库）、退供货商或报废销毁以及账务处理。

2. 信息处理

在配送中心的运营中，信息系统起着中枢神经的作用，其对外与生产商、批发商、连锁商场及其他客户等联网，对内向各子系统传递信息，把收货、储存、拣选、流通、加工、分拣、配送等物流活动整合起来，协调一致，指挥、控制各种物流设备和设施高效率运转。在配送中心的运营中包含着三种“流”，即物流、资金流和信息流。

物流信息系统的具体功能包括：

（1）掌握现状。

（2）接受订货。

（3）指示配送。

（4）配送工作组织。

（5）费用结算。

（6）日常业务管理。

（7）库存补充。

（8）与外部沟通。

第二节　配送中心认知

一、配送中心（Distribution Center）的概念

《中华人民共和国国家标准物流术语》中规定，从事配送业务的物流场所或组织，应基本符合下列要求：

（1）主要为特定的用户服务。

（2）配送功能健全。

课堂笔记

（3）完善的信息网络。

（4）辐射范围小。

（5）多品种、小批量。

（6）以配送为主，储存为辅。

配送中心在以下几个方面发挥着较好的作用：

（1）减少交易次数和流通环节。

（2）产生规模效益。

（3）减少客户库存，提高库存保证程度。

（4）与多家厂商建立业务合作关系，能有效而迅速地反馈信息，控制商品质量。

（5）配送中心是现代电子商务活动中开展配送活动的物质技术基础。

二、配送中心的类型

配送中心是一种新兴的经营管理形态，具有满足多量少样的市场需求及降低流通成本的作用，但是，由于建造企业的背景不同，其配送中心的功能、构成和运营方式就有很大区别，因此，在配送中心规划时应充分注意配送中心的类别及其特点。配送中心的具体分类方式如下：

（一）按配送中心的设立者分类

1. 制造商型配送中心（Distribution Center built by Maker，MDC）

制造商型配送中心是以制造商为主体的配送中心。这种配送中心里的物品100%由自己生产制造，用以降低流通费用，提高售后服务质量和及时将预先配齐的成组元器件运送到规定的加工和装配工位。从物品制造到生产出来后条码和包装的配合等多方面都较易控制，所以按照现代化、自动化的配送中心设计比较容易，但不具备社会化的要求。

2. 批发商型配送中心（Distribution Center built by Wholesaler，WDC）

批发商型配送中心是由批发商或代理商所成立的配送中心，以批发商或代理商为主体。批发是物品从制造者到消费者手中的传统流通环节之一，一般是按部门或物品类别的不同，把每个制造厂的物品集中起来，然后以单一品种或搭配向消费地的零售商进行配送。这种配送中心的物品来自各个制造商，它所进行的一项重要活动是将物品进行汇总和再销售，而它的全部进货都是社会配送的，社会化程度高。

3. 零售商型配送中心（Distribution Center built by Retailer，ReDC）

零售商型配送中心是由零售商向上整合所成立的配送中心，以零售业为主体。零售商发展到一定规模后，就可以考虑建立自己的配送中心，为专业物品零售店、超级市场、百货商店、建材商场、粮油食品商店、宾馆饭店等服务，其社会化程度介于前两者之间。

课堂笔记

4. 专业物流配送中心（Distribution Center built by TPL，TDC）

专业物流配送中心是以第三方物流企业（包括传统的仓储业和运输企业）为主体的配送中心。这种配送中心有很强的运输配送能力，地理位置优越，可迅速将到达的货物配送给用户。它为制造商或供应商提供物流服务，而配送中心的货物仍属于制造商所有，配送中心只是提供仓储管理和运输配送服务。这种配送中心的现代化程度往往较高。

（二）按服务范围分类

1. 城市配送中心

城市配送中心是以城市范围为配送范围的配送中心，由于城市范围一般处于汽车运输的经济里程，这种配送中心可直接配送到最终用户，且采用汽车进行配送。所以，这种配送中心往往和零售经营相结合，由于运距短，反应能力强，因而从事多品种、少批量、多用户的配送较有优势，如图 1-4 所示。

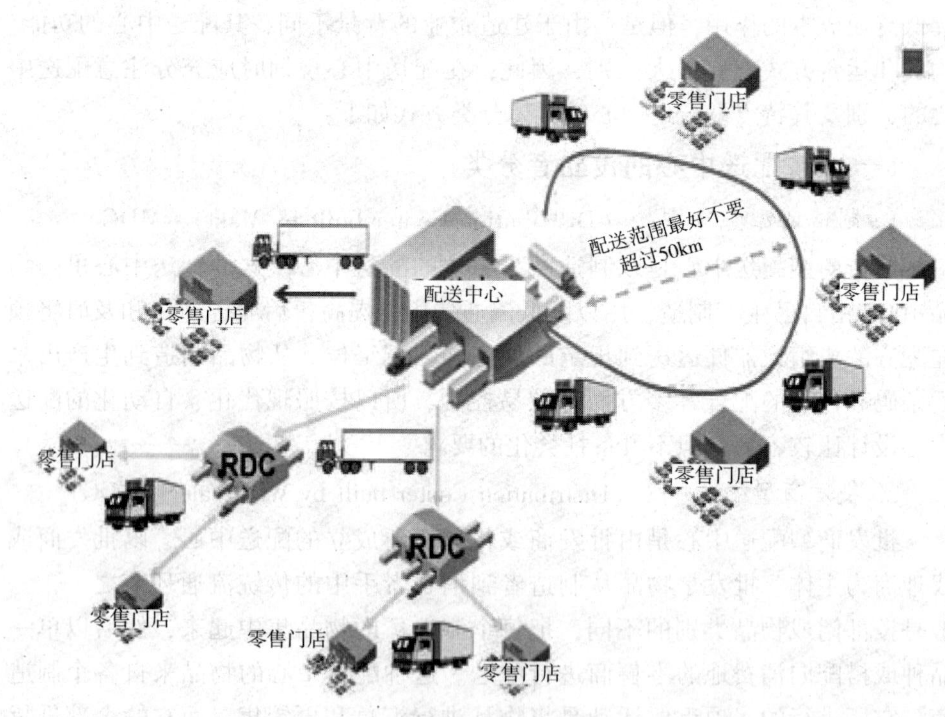

图 1-4　城市配送中心

2. 区域配送中心（Regional Distribution Center，RDC）

区域配送中心是以较强的辐射能力和库存准备，向省（州）际、全国乃至国际范围的用户配送的配送中心，如图 1-5 所示。这种配送中心配送规模较大，一般而言，用户量也较大，配送批量也较大，往往是配送给下一级的城市配送中心，也配送给营业所、商店、批发商和企业用户。虽然也从事零

课堂笔记

星的配送，但不是主体形式。

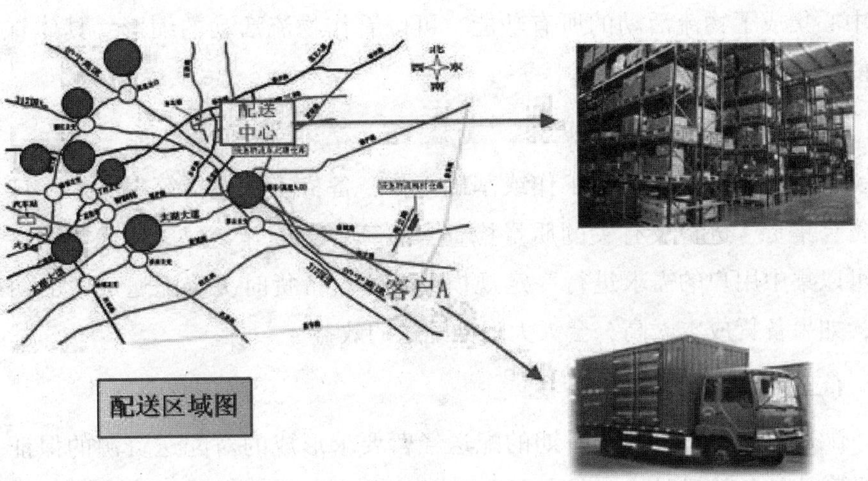

图 1-5　区域配送中心

(三) 按配送中心的功能分类

1. 储存型配送中心

储存型配送中心是以储存为主要业务的配送中心，有很强的储存功能。例如，美国赫马克配送中心的储存区可储存 16.3 万个托盘。我国目前建设的配送中心，多为储存型配送中心，库存量较大。

2. 流通型配送中心

流通型配送中心包括通过型或转运型配送中心，基本上没有长期储存的功能，仅以暂存或随进随出的方式进行配货和送货的配送中心。典型方式为：大量货物整批进入，按一定批量零出。一般采用大型分货机，其进货直接进入分货机传送带，分送到各用户货位或直接分送到配送汽车上。

3. 加工型配送中心

加工型配送中心是以流通加工为主要业务的配送中心。

(四) 按配送货物的属性分类

根据配送货物的属性，可以分为食品配送中心、日用品配送中心、医药品配送中心、化妆品配送中心、家电品配送中心、电子（3C）产品配送中心、书籍产品配送中心、服饰产品配送中心、汽车零件配件配送中心及生鲜处理中心等。

课堂笔记

三、配送中心的功能

一方面，配送中心集成了物流和商流活动，是商物合一；另一方面，配送中心集成了物流活动的所有功能，可以看作物流活动的缩影。具体有以下功能：

（一）备货功能

备货功能是配送准备工作或基础工作，备货工作包括筹集货源、订货或购货、集货、进货及有关的质量检查、结算、交接等。配送的优势之一，就是可以集中用户的需求进行一定规模的备货。备货时决定配送成败的初期工作，如果备货成本太高，会大大降低配送的效益。

（二）储存功能

配送的储存是按一定时期的配送经营要求形成的对配送资源的保证。这种类型的储备数量较大，储备结构也较完善，视货源及到货情况，可以有计划地确定周转储备及保险储备结构及数量。配送的储备保证有时在配送中心附近单独设库解决。

另一种储存形态是暂存，是具体执行日配送时，按分拣配货要求，在理货地所做的少量储备准备。由于总体储存效益取决于储存数量，所以，这部分暂存数量只会对工作方便与否造成影响，而不会影响储存的总效益，因而在数量上控制并不严格。

还有另一种形式的暂存，即是分拣、配货之后形成的发送货载的暂存，这个暂存主要调节配货与送货的节奏，暂存时间不长。

（三）分拣与配货功能

分拣和配货时配送不同于其他物流形式的有特点的功能要素，也是影响配送成败的一项重要支持性工作。分拣机配货时完善送货、支持送货准备性工作，是不同配送企业在送货时进行竞争和提高自身经济效益的必然延伸，所以，也可以是说送货向高级形式发展的必然要求。有了分拣及配货就会大大提高送货服务水平，所以，分拣及配货是决定整个配送系统水平的关键要素。

（四）配装

和一般送货不同，通过配装送货可以大大提高送货水平及降低送货成本，所以，配装是配送系统中有现代特点的功能要素，也是现代配送不同于以往送货的重要区别之处。

课堂笔记

（五）配送运输功能

配送运输属于运输中的末端运输、支线运输，和一般运输形态的区别在于：配送运输是较短距离、较小规模、额度较高的运输形态，一般使用汽车做运输工具。

（六）送达服务

配好的货物需要送到客户的手中，配送中心的送达活动需要考虑送货的地点、卸货的方式及相关手续的办理等，是配送工作的圆满结束。

（七）配送加工

在配送中，配送加工这一功能要素不具有普遍性，但往往是有重要作用的功能要素。主要原因是通过配送加工，可以大大提高客户的满意程度。

配送加工是流通加工的一种，但配送加工有它不同于一般流通加工的特点，即配送加工一般只取决于用户的要求，其加工目的较为单一。

四、配送中心设施设备

（一）装卸搬运设备

装卸搬运设备主要包括叉车、托盘、输送机等。

（二）包装机械

包装机械主要包括包装机械和辅助包装机械。完成裹包、灌装、充填等包装工序的包装机械称为主要包装机械，完成洗涤、烘干、检测、盖印、计量、输送和堆垛工作的包装机械称为辅助包装机械。

（三）仓储机械设备

仓储机械设备包括货架、堆垛机等。

（四）分拣设备

分拣设备大致可以分为人工分拣设备和自动分拣设备两种。

（五）配送运输设备

配送运输设备包括厢式汽车、集装箱牵引车和挂车、半挂牵引车和半挂车。

五、配送中心的岗位与职责

配送中心的一些必要岗位的设置应由配送中心的作业流程来决定。配送中心一般可以设置以下岗位：

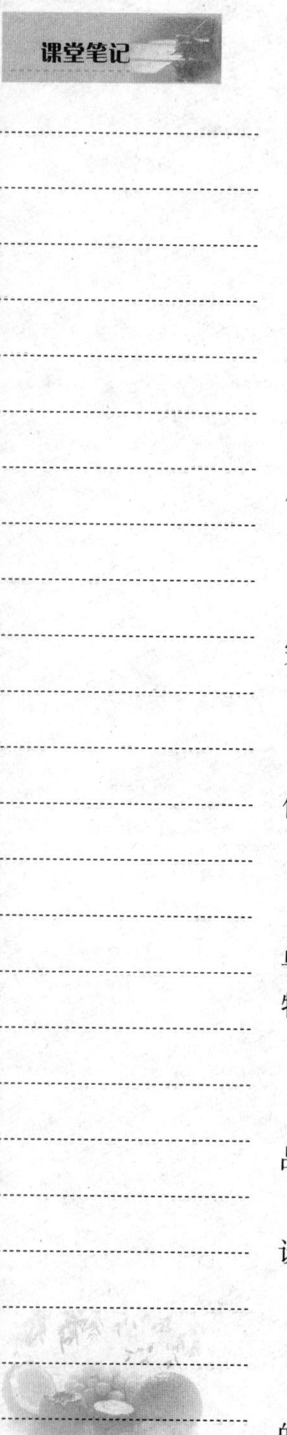

（一）采购或进货管理组

采购或进货管理组负责订货、采购、进货等作业环节的安排及相应的事务处理，同时负责货物的验收工作。

（二）储存管理组

储存管理组负责货物的保管、拣取、养护等作业运作与管理。

（三）加工管理组

加工管理组负责按照要求对货物进行包装、加工。

（四）配货组

配货组负责对出库货物的拣选和组配（按客户要求或方便运输的要求）作业进行管理。

（五）运输组

运输组负责按客户要求制订合理的运输方案，将货物送交客户，同时对完成配送进行确认。

（六）营业管理组或客户服务组

营业管理组或客户服务组负责接收和传递客户的订货信息，送达货物的信息，处理客户投诉，受理客户退换货请求。

（七）财务管理组

财务管理组负责核对配送完成表单、出货表单、进货表单、库存管理表单，协调控制监督整个配送中心的货物流动，同时负责管理各种收费发票和物流收费统计、配送费事结算等工作。

（八）退货与退货作业组

当营业管理组或客户服务组接收到退货信息后，将安排车辆回收退货商品，再集中到仓库的退货处理区，重新清点整理。

以上岗位设置是一般配送中心设置的主要岗位。由于配送中心的规模、设施设备、作业内容、服务对象不同，岗位设置也不尽相同。

六、配送中心的结构

配送中心虽然是在一般中转仓库基础上演化和发展起来的，但配送中心的内部结构和布局和一般仓库相比有较大的不同。一般配送中心的内部工作区域结构配置如下：

（一）接货区

在这个区域里完成接货及入库前的工作，如接货、卸货、清点、检验、分类入库准备等。接货区的主要设施有：

（1）进货铁路和公路。

（2）卸货站台。

（3）暂存验收检查区域。

（二）储存区

在这个区域里储存或分类储存所进的物资。由于这是个静态区域，进货要在这个区域中有一定时间的放置，所以和不断进出的接货区比较，这个区域所占的面积较大。在许多配送中心里，这个区域往往占总面积一半左右。对某些特殊配送中心（如水泥、煤炭配送中心），这一部分在中心总面积中占一半以上。

（三）理货、备货区

在这个区域里进行分货、拣货、配货作业，为送货做准备。不同的配货中心其区域面积有较大的不同。例如，对多用户、多品种、少批量、多批次配送（如中、小件杂货）的配送中心，需要进行复杂的分货、拣货、配货等作业，所以，这部分占配送中心很大一部分面积。也有一些配送中心这部分面积不大。

（四）分放、配装区

在这个区域里，按用户需要，将配好的货暂存等待外运，或根据每个用户货堆状况决定配车方式、配装方式，然后直接装车或运到发货站台装车。这个区域对货物进行暂存，暂存时间短、周转快，所以面积相对较小。

（五）外运发货区

在这个区域将准备好的货装入外运车辆发出。外运发货区结构和接货区类似，有站台、外运线路等设施。有时候，外运发货区和分放配装区是一体的，所分好之货直接通过传送装置进入装货场地。

（六）加工区

有许多类型的配送中心还设置配送加工区域，在这个区域进行分装、包装、切载、下料、混配等各种类型的流通加工。加工区在配送中心所占面积较大，但设施装置随加工种类不同有所区别。

（七）管理指挥区（办公区）

这个区域可以集中设置于配送中心某一位置，有时也可分散设置于其他区域中。其主要的内涵是营业事务处理场所、内部指挥管理场所、信息场所等。

课堂笔记

同步测试

一、单选题

1. 配送是指“在（　　），根据用户的要求，对物品进行拣选、加工、包装、分割、组配等作业，并按时送达指定地点的物流活动”。

A. 经济合理区域范围内　　B. 城市范围内

C. 工厂区域内　　D. 城市之间

2. 配送将物流和（　　）紧密结合起来。

A. 装卸　　B. 供应链

C. 商流　　D. 仓储

3. 将分散的或小批量的物品集中起来，以便进行运输、配送的作业称为(　　)。

A. 集货　　B. 分货

C. 存货　　D. 流通

4. 使用各种拣选设备和传输装置，将存放的物品，按客户要求分拣出来，配备齐全，送入指定发货地点是(　　)。

A. 配货　　B. 集货

C. 存货　　D. 分货

5. 适用于需要数量较大的商品，单独一种或少数品种就可以达到较大运输量，可实行整车运输，这种配送方式称为(　　)。

A. 多品种大批量配送　　B. 少品种大批量配送

C. 多品种少批量配送　　D. 定时配送

6. 按用户要求，将所需的各种商品（每种商品需要量不大）配备齐全，凑成整车后由配送中心送达用户手中，这种配送方式称为(　　)。

A. 多品种大批量配送　　B. 少品种大批量配送

C. 多品种少批量配送　　D. 定时配送

7. 按规定的批量进行配送，但不严格确定时间，只是规定在一个指定的时间范围内配送称为(　　)。

A. 定时配送　　B. 定量配送

C. 定时定量配送　　D. 即时配送

8. 几个配送中心联合起来，共同制订计划，共同对某一地区的用户进行配送，具体执行时共同使用配送车辆，称为(　　)。

A. 集中配送　　B. 共同配送

课堂笔记

C. 分散配送　　　　　　　　　　D. 加工配送

9. 以第三方物流企业（包括传统的仓储企业和运输企业）为主体的配送中心是(　　)。

A. 制造商型配送中心　　　　　　B. 批发商型配送中心

C. 零售商型配送中心　　　　　　D. 专业物流配送中心

10. 配送以(　　)为出发点。

A. 自身的需要　　　　　　　　　B. 市场规模

C. 用户要求　　　　　　　　　　D. 产品特点

11. 配送以送货为目的，但(　　)。

A. 送是配的前提　　　　　　　　B. 拣货是订单的前提

C. 配和送不分先后　　　　　　　D. 配是送的前提

12. 配送有资源配置作用，是“最终配置”，因而是接近顾客的配置。(　　)是经营战略至关重要的内容。

A. 设备　　　　　　　　　　　　B. 工资水平

C. 接近顾客　　　　　　　　　　D. 车辆多少

13. 配送运输是较短距离、较小规模、额度较高的运输形式，一般使用(　　)做运输工具。

A. 汽车　　　　　　　　　　　　B. 火车

C. 轮船　　　　　　　　　　　　D. 飞机

14. 在配送中，配送加工这一功能要素(　　)。

A. 具有普遍性　　　　　　　　　B. 不具有普遍性

C. 是每个配送中心必备的　　　　D. 是没利润的

15. 以下最容易采取整车运输的是(　　)。

A. 少品种大批量配送　　　　　　B. 定时配送

C. 共同配送　　　　　　　　　　D. 分散配送

二、多选题

1. 以下属于配送要素的是(　　)。

A. 集货　　　　　　　　　　　　B. 结算

C. 储存　　　　　　　　　　　　D. 配装

2. 按配送的职能形式分，配送可以分为(　　)。

A. 销售配送　　　　　　　　　　B. 供应配送

C. 销售与供应相结合的配送　　　D. 代存代供配送

3. 配送作业的基本环节包括(　　)。

A. 备货　　　　　　　　　　　　B. 理货

课堂笔记

C. 加工　　D. 送货

4. 按配送时间及数量分，配送可分为(　　)。

A. 定时配送　　B. 定量配送

C. 定时定量配　　D. 即时配送

5. 按配送中心的功能分类可以分为(　　)。

A. 储存型配送中心　　B. 流通型配送中

C. 加工型配送中　　D. 区域配送中心

6. 按配送商品的种类和数量分，配送可以分为(　　)。

A. 储存型配送中心　　B. 多品种少批量配送

C. 少品种大批量配送　　D. 区域配送中心

7. 即时配送不预先确定不变的配送数量，也不预先确定(　　)，而是按用户要求的时间、数量进行配送。

A. 配送时间　　B. 配送价格

C. 配送软件　　D. 配送路线

8. 严格来说，备货包括两项具体活动(　　)。

A. 配送路线　　B. 送货

C. 筹集货物　　D. 存储货物

9. 在送货过程中，常常进行三种选择(　　)。

A. 运输方式　　B. 理货

C. 运输路线　　D. 运输工具

10. 配送中心的储存管理组，负责货物的(　　)等作业运作与管理。

A. 保管　　B. 拣取

C. 加工　　D. 养护

三、简答题

1. 如何理解配送的概念。

2. 简述配送的特点。

四、案例题

江门福海配送中心是一家电子产品零件配送商，为开发区方圆20千米左右区域内的电器制造企业配送材料，在这个区域内还有5家类似的配送中心。目前，福海有客户50家，平均每个客户需要配送的零件的种类在60种左右，客户要求的送货时间集中在早9：00—10：00、下午3：00—4：00。为了更好地为客户服务，福海公司与客户一起开发了一个电子网络系统，通过系统，福海可以随时查询客户的材料库存及使用状况，根据客户的情况组织安排配送工作。由于区域内的电器制造企业分散，零件需要的变化也比较大，配送中心常常因为客户紧急需要，为了配送较少的零件而安排车辆，影响了配送的效率。同时各家配送中心的客户分布交叉，互相缺少配合。

课堂笔记

问题：

1. 福海配送中心的配送属于哪种配送类型？

2. 为了提高配送中心的工作效率，在车辆安排及配送管理方面可以进一步采取哪些方法？

课堂笔记

第二章 订单管理

知识目标

●理解订单处理内涵，掌握订单处理类型；了解接受订货方式，掌握订单确认流程，掌握存货分配模式，掌握分配后存货不足的异动处理方式

●理解订单处理过程要素，掌握订单处理过程遵循的原则，掌握影响订单处理时间的因素

技能流程

●能正确叙述订单处理的基本概念

●能识别订单中哪些要素需要进行确认，能掌握不同形态订单的处理方法

●能够利用订单处理作业流程处理订单

●能快速、准确地建立客户档案

●能够根据客户需求与企业实际对存货进行合理分配

●能够制订订单处理异常的应变计划

●能正确利用宏观层面的订单管理要素，对整个订单处理过程进行管理

●能够根据相关的优先权法则，缩短订单处理时间

●能够根据具体情况，合理处理高峰订货时间的订货请求

●能够根据订单确认的管理要点，对订单确认作业岗位职责进行扩展或细化处理

●能够结合客户档案内容，制定适合自己公司的客户档案

●能够处理无法按正常步骤进行存货分配的订单

●能够根据影响订单处理时间的因素，考虑订单处理的相关原则，选择相应的订单处理方法，提高订单处理的效率和客户服务水平

作业流程

订单处理流程如图 2-1 所示。

课堂笔记

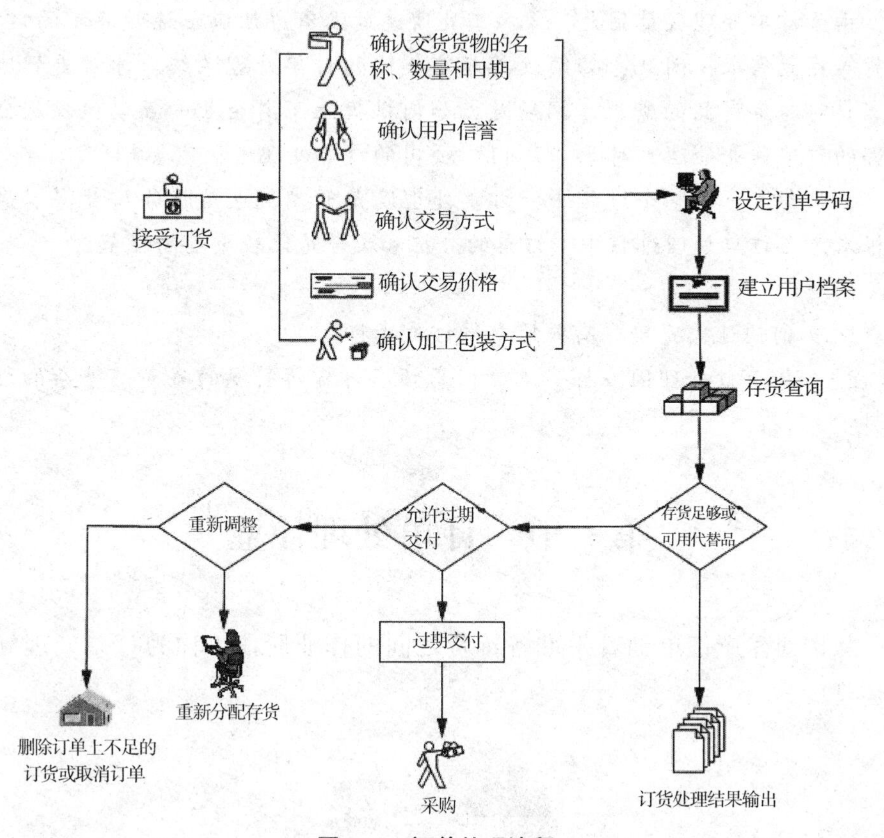

图 2-1　订单处理流程

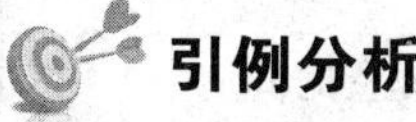

案例导入

引例："7-11"是闻名世界的连锁型便利超市集团。由于每家店铺的大部分空间用于销售，因此货架上的产品必须频繁补货，这样才能使店铺经营的商品对客户来说方便可得。为了应对如此巨大的店铺群集补货，"7-11"的做法是使每一家店铺都能得到一份针对该店铺存货的清单和订货指南。店铺补货人员在每天规定的时间采用便捷电子订单录入器，读取货架上的商品余量信息，对照库存清单和订货指南，键入所需每种商品数量信息。这种补货信息传输到地区配送中心后，配送中心的电子订单处理系统马上将这一补货信息转换成发货指令，从而较好地完成了频繁补货作业活动。正是由于"7-11"拥有如此先进的电子订单处理系统，才使得这家以连锁便利为业态特点的零售业巨头在行业中长期立于不败之地。

引例分析

"7-11"作为世界著名的连锁型便利超市集团，每天处理的订单数以万

课堂笔记

计。由于订单处理数量巨大，靠人工处理速度没有办法满足连锁超市的订货、补货等巨大需求，因此，必须改善超市集团的订单处理系统，才能更好地满足客户对超市商品的需求。问题是，如何根据上下游企业的互动，以及公司内部的订单作业处理，对于“7-11”公司的订单处理进行完善？

在服务客户的整个过程中，订单处理既是开端，也是服务质量得以保障的根本。在订单处理过程中，订单的分拣和集合是比较重要的环节。

问题：

1. 如何快速、正确、有效地取得订货资料？

2. 如何有效处理因多样、少量、高频度订货所引发的多量、繁杂的订货资料？

第一节　订单处理作业

从接到客户订单到着手准备拣货之间的作业阶段，称为订单处理（见图 2-2）。

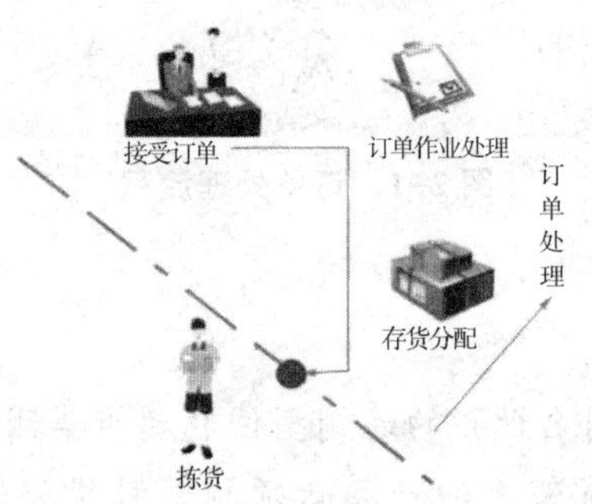

图 2-2　订单处理

订单处理要求做到迅速、准确、服务周到。从订单处理的类型来看，有工业订单处理、零售订单处理和消费者订单处理三种主要类型。其订单格式如表 2-1 至表 2-3 所示，订单处理流程如图 2-3 至图 2-5 所示。

表 2-1　工业订单格式

<table>
<tr><td>制单日期</td><td></td><td>发货单号</td><td colspan="2"></td><td>订单下达时间</td><td></td><td>要求到货时间</td><td></td></tr>
<tr><td>用户名称</td><td></td><td>收货地址</td><td colspan="4"></td><td>收货人</td><td></td></tr>
<tr><td>联系方式</td><td></td><td>出库及运输要求</td><td colspan="6"></td></tr>
<tr><td>发运特殊要求</td><td colspan="3"></td><td>配送车队</td><td colspan="2"></td><td>提货时间
（小时）</td><td></td></tr>
<tr><td colspan="9">出货明细</td></tr>
</table>

课堂笔记

（续表）

装箱类型（Packing Model）（机柜/散件）	产品代码（Com Code）		产品描述（Desription）	序列号（Serial）	数量（Qty）	单位（Unit）
	外体	内件				

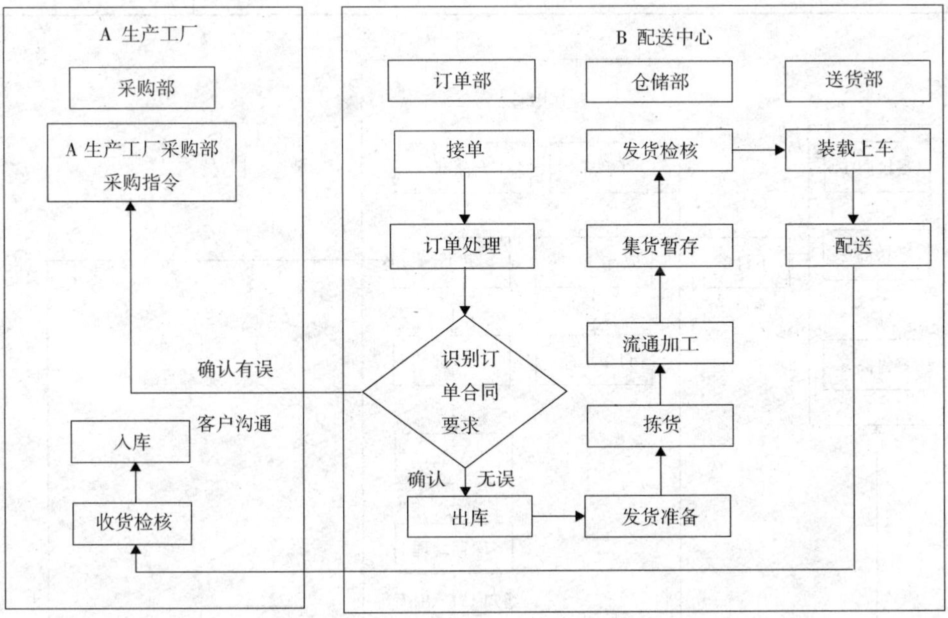

A 生产工厂
采购部
A 生产工厂采购部
采购指令
入库
收货检核
确认有误
客户沟通

B 配送中心
订单部
仓储部
送货部
接单
订单处理
识别订单合同要求
确认　无误
出库
发货准备
拣货
流通加工
集货暂存
发货检核
装载上车
配送

图 2-3　工业订单处理

课堂笔记

表 2-2　零售订单格式：面向大型超市的零售订单

请购单号

厂商		编号		地址			电话	
订购内容								
项次	物料名称	料号	单位	订购数量	单价	金额	交货日期	数量
1								
2								
3								
4								
5								
6								
合计金额（大写）			万仟佰拾元			交货地点		

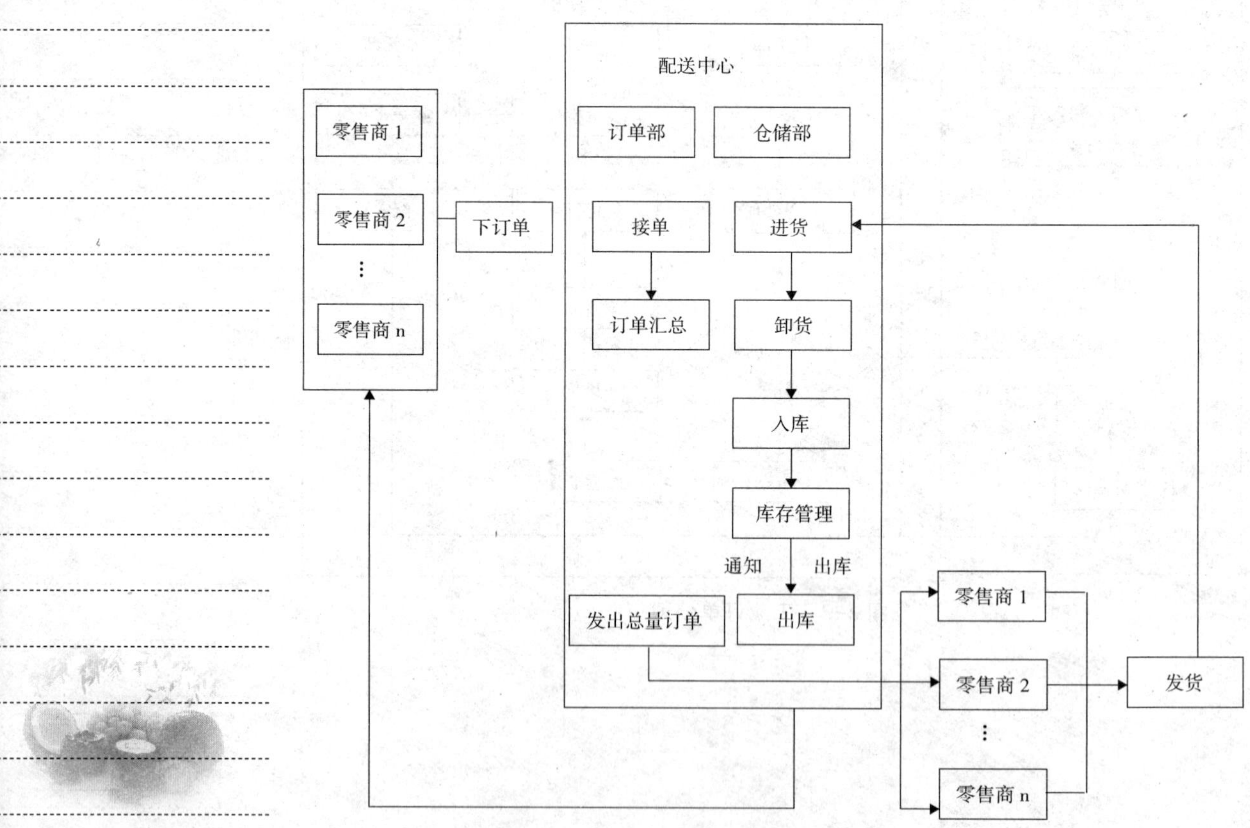

图 2-4　零售订单处理

课堂笔记

表 2-3　消费者订单格式

<table>
<tr><td colspan="2">订货单位：
（甲方）
地址：
邮编：
电话：
联系人：
传真：
开户行：
账号：</td><td colspan="2">供货单位：
（乙方）
地址：
邮编：
电话：
联系人：
传真：
开户行：
账号：</td><td colspan="2"></td></tr>
<tr><td>订单号</td><td></td><td>产品编号</td><td></td><td>最终用户</td><td></td></tr>
<tr><td>产品名称</td><td></td><td>产品总量</td><td></td><td>采购批次</td><td></td></tr>
<tr><td>交货批次</td><td colspan="5"></td></tr>
<tr><td>生产日期</td><td colspan="5"></td></tr>
<tr><td>交货日期</td><td colspan="5"></td></tr>
<tr><td>交货地点</td><td colspan="5"></td></tr>
<tr><td>单价（元）</td><td colspan="2"></td><td>合计（元）</td><td colspan="2"></td></tr>
<tr><td>备注</td><td colspan="5"></td></tr>
</table>

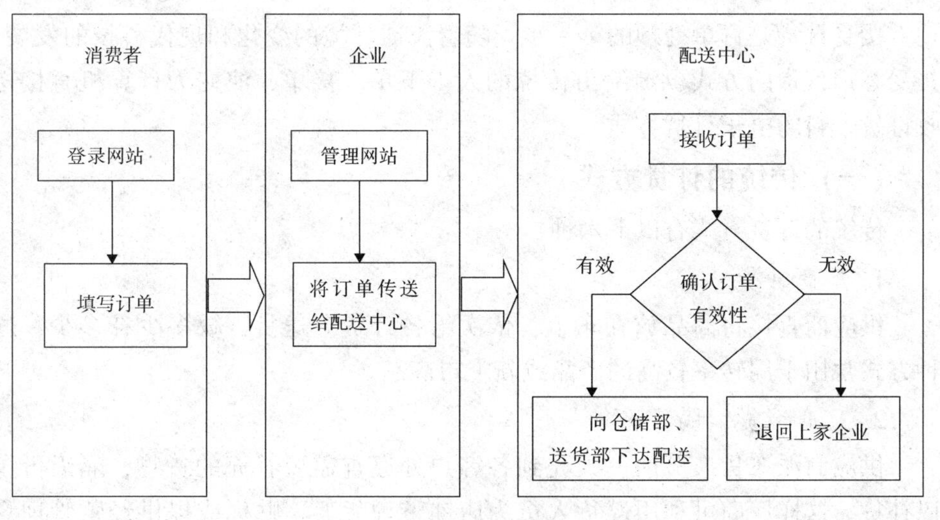

图 2-5　消费者订单处理

在企业的生产经营活动中，订单处理是从接收客户订单开始到货物分拣出来以后完成备货的一项目的性很强的工作，涉及客户订单资料确认、存货查询和单据处理。国外研究机构的调研结果表明，与订单准备、订单传输、

课堂笔记

活动订单录入、订单履行相关的物流活动占到整个订单处理周期的50%~70%。如果企业想提高客户服务水平，就必须加强订单处理过程的上述各项活动的管理，缩短整个订单处理周期。

萨姆森-帕卡德公司是一家生产各种规格工业用软管接头及阀门的企业，每天处理50份订单，每份订单的处理周期为15~25天。其中，订单处理时间为4~8天，留给生产备货的时间为11~17天。由于订单处理时间过长，客户经常抱怨。萨姆森-帕卡德公司通过改变订单处理流程，减少订单处理时间，从而使订单处理周期缩短了25%，因而使客户感到满意。萨姆森-帕卡德公司也因此使老客户更加依赖公司的物流服务，巩固了自己在行业中的地位。

联邦快递公司在订单处理方面的流程是，用条码给每份货运单据加编号，以便能够在运送过程中用条码扫描器方便、快速地读取信息，进行卸货、装货、转运发货作业活动。联邦快递公司采用电子订单处理系统后，能够事先对发货路线安排、交货日期计划及客户提货等方面进行全面规划，这也是联邦快递公司的核心竞争力所在。

订单处理分人工处理和计算机处理两种形式。人工处理具有较大弹性，但只适合少量的订单处理，一旦订单数量较多，处理将变得缓慢且容易出错。而计算机处理速度快，效率高，成本低，适合大量的订单处理。目前，主要采用计算机处理形式。

一、接受订单

接受订货是订单处理的第一步。随着流通环境的变化和现代科技的发展，接受客户订货的方式也渐渐由传统的人工下单、接单，演变为计算机直接送收订货资料的电子订货方式。

（一）传统的订货方式

传统的订货方式有以下六种：

1. 厂商补货

供应商直接将商品放在车上，依次给各订货方送货，缺多少补多少，这种方式常用于周转率较高的商品或新上市商品。

2. 厂商巡货，隔日送货

供应商派巡货人员前一天先到各客户处巡查需要补充的货物，隔天再予以补货。这样厂商可利用巡货人员为店铺整理货架、贴标或提供经营管理意见等的机会促销新产品或将自己的产品放在占优势的货架上。

3. 口头订货

订货人员以电话方式向厂商订货，但因客户每天需订货的种类可能很多，数量也不尽相同，因而错误率较高。

课堂笔记

4. 传真订货

客户将缺货资料整理成书面资料，利用传真机发给厂商。利用传真机可快速订货，但传送的资料常因品质不良而增加事后的确认作业量。

5. 邮寄订单

客户将订货表单，或订货磁片、磁带邮寄给供应商。目前，这种方式的邮寄效率及品质基本上已经不能满足市场的需求。

6. 业务员跑单

接单业务员到各客户处推销产品，而后将订单带回公司。

不管利用何种方式订货，上述订货方式皆需人工输入资料且经常重复输入，并且在输入、输出之间常出现时间误差，造成无谓的浪费。随着现代经济的发展，客户更趋于高频率的订货，且要求快速配送，传统的订货方式显然已无法满足需求，因而新的订货方式——电子订货应运而生。

（二）电子订货系统（Electronic Order System，EOS）

通过电子传递方式取代传统人工书写、输入、传送的订货方式，即将订货资料转为电子资料形式，再由通信网络传送进行传送，其做法通常可分为以下三种：

1. 订货簿或货架标签配合手持终端机及扫描器

订货人员携带订货簿及手持终端机巡视货架，若发现商品缺货则用扫描器扫描订货簿或货架上的商品标签，再输入订货数量，当所有订货资料皆输入完毕后，再利用数据机将订货资料传给供应商。

2. 销售时点系统（Point of Sale，POS）

客户若有 POS 收银机，则可在商品库存档里设定安全库存量，每进行一笔商品销售业务，计算机会自动扣除该商品库存，当库存低于安全存量时，即可自动产生订货资料，将订货资料确认后通过电信网络传给供应商。

3. 订货应用系统

客户资讯系统里若有订单处理系统，就可将订货应用系统产生的订货资料经转换软件转成与供应商约定的共同格式，在约定时间将订单资料传送出去。

电子订货方式是一种传送速度快、可靠性及正确性高的订单处理方式，它不仅可以大幅度提高客户服务水平，还可以有效地缩减存货及相关成本费用，但其运作费用较为昂贵。传统订货与电子订货比较如表 2-4 所示。

表 2-4　传统订货与电子订货比较

项目	速度	可靠性	正确性	存货及相关费用	客户服务水平	运作费用
传统订货	慢	低	低	较高	较低	低
电子订货	快	高	高	较低	高	高

课堂笔记

二、订单确认

（一）货物数量及日期确认

货物数量及日期的确认是对订单资料项目的基本检查，即检查品名、数量、送货日期等是否有遗漏、笔误或不符合公司要求的情形。尤其是当送货时间有误（见图 2-6）或出货时间延迟（见图 2-7）时，须与客户再次确认订单内容或更正送达时间。若采用电子订货方式接单，也须对已接受的订货资料加以检验确认。

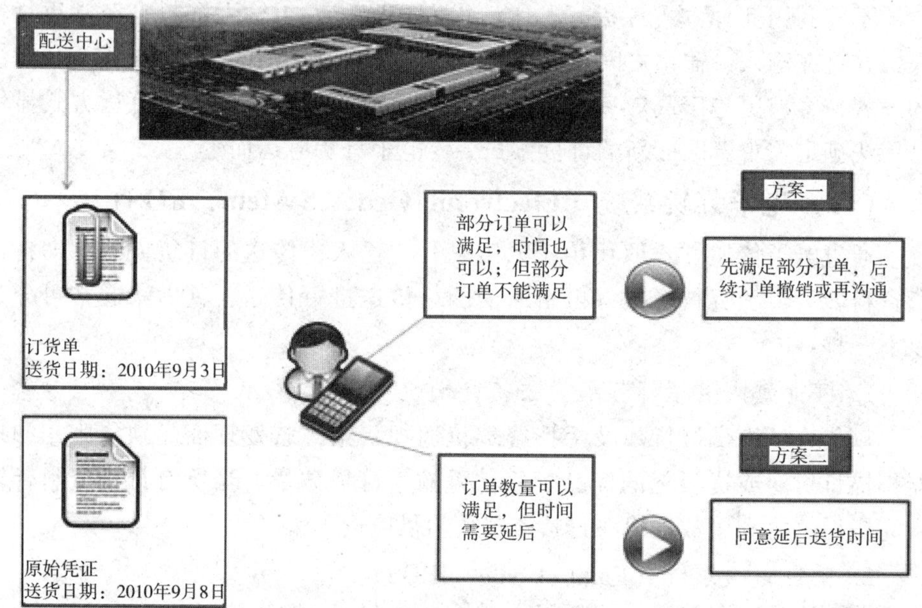

图 2-6　送货时间有误确认

想一想：当送货时间有问题或出货时间延迟时，该如何做？

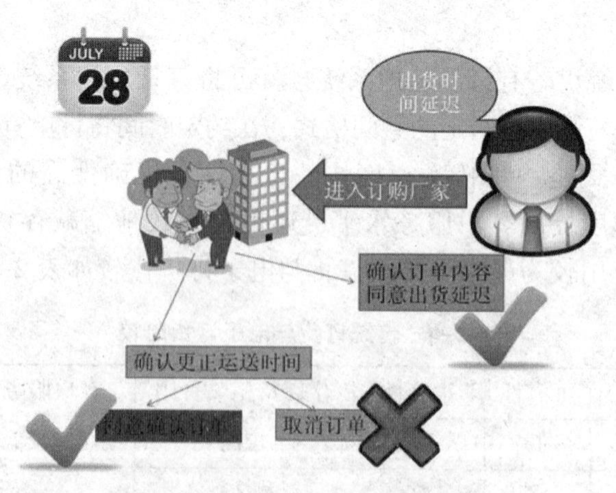

图 2-7　出货时间延迟确认

课堂笔记

（二）客户信用的确认

不论订单是由何种方式传至公司，配送系统都必须首先查核客户的财务状况，以确认其是否有能力支付该订单的账款。通常的做法是检查客户的应收账款是否已超出其信用额度，如图 2-8 所示。接单系统中一般采取以下两种途径来查核客户信用状况。

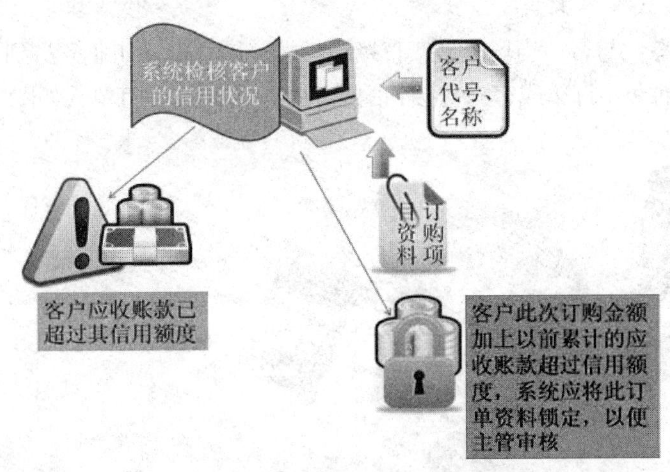

图 2-8　接单系统核查客户信用状况

想一想：客户信用的核查由谁负责？

1. 输入客户代号或客户名称

当输入客户代号和名称资料后，系统即加以检核客户的信用状况，若客户应收账款已超过其信用额度，系统会给予警示，为输入人员决定是继续输入其订货资料还是拒绝其订单提供参考。

2. 输入订购项目资料

如客户此此订购金额加上以前累计的应收账款超过信用额度，系统应将此订单资料锁定，以便主管审核。审核通过后，此订单资料才能进入下一个处理步骤。

原则上，客户信用的查核由销售部门负责，但有时销售部门往往为了获取订单并不太重视这项审核工作，因而也有些公司授权运销部门负责审核客户的信用问题。

（三）订单形态确认

配送中心虽有整合传统批发市场的功能及高效率的物流信息处理功能，但在面对较多的交易对象时，仍须根据客户的不同要求采取不同的做法，在接受订货业务上，表现为具有多种订单的交易形态，所以，应对不同的客户采取不同的交易及处理方式。

课堂笔记

1. 一般交易订单

交易形态：一般的交易订单，即接单后按正常的作业程序拣货、出货、发送、收款的订单。

处理方式：接单后，将资料输入订单处理系统，按正常的订单处理程序处理，资料处理完后进行拣货、出货、发送、收款等作业。

2. 现销式交易订单

交易形态：与客户当场交易，直接给货的交易订单。如业务员到客户处巡货，补货所得到的交易订单或客户直接到配送中心取货的交易订单，如图2-9所示。

图 2-9　现销式交易订单交易形态

处理方式：订单资料输入后，因货物此时已交给客户，所以，订单资料不再参与拣货、出货、发送等作业，只记录交易资料即可。

3. 间接交易订单

交易形态：客户向配送中心订货，直接由供应商配送客户的交易订单。

处理方式：接单后，将客户的出货资料传给供应商代配。须注意的是，客户的送货单是自行制作或委托供应商制作的，应对出货资料加以核对确认。

4. 合约式交易订单

交易形态：与客户签订配送契约的交易订单。如签订某期间内定时配送某数量的商品，如图 2-10 所示。

处理方式：在约定的送货日，将配送资料输入系统处理以便出货配送；或一开始便输入合约内容中的订货资料并设定各批次送货时间，以便在约定日期系统自动产生所需的订单资料。

5. 寄库式交易订单

交易形态：客户因促销、降价等市场因素先行订购一定数量的商品，然后再视需要要求出货的订单。

处理方式：当客户要求配送寄库商品时，系统应查核客户是否确实有此项寄库商品，若有，则出此项商品，否则应加以拒绝，如图 2-11 所示。采用这种方式，须注意交易价格应依据客户当初订货时的单价计算，而不是依现价计算。

图 2-10　合约式交易订单交易形态

可以看出，不同的订单交易形态有不同的订货处理方式，因而接单后应先确定其交易形态，然后针对不同形态的订单采取不同的处理方式。

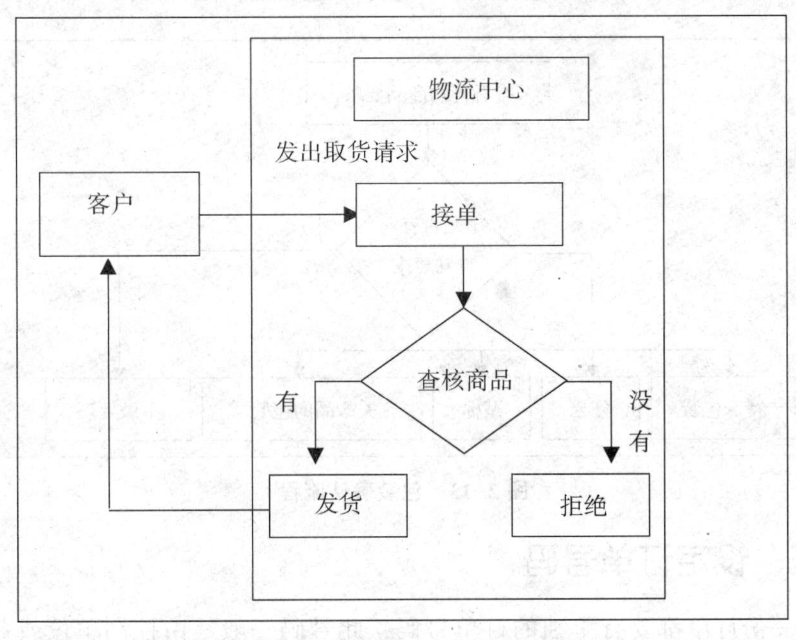

图 2-11　寄库式交易订单处理

（四）订单价格确认

不同的客户（批发商、零售商）、不同的订购批量有不同的售价，因而输入价格时系统应加以检核。若输入的价格不符（输入错误或业务员降价接受订单等），系统应加以锁定，以便主管审核。价格确认流程如图 2-12 所示。

课堂笔记

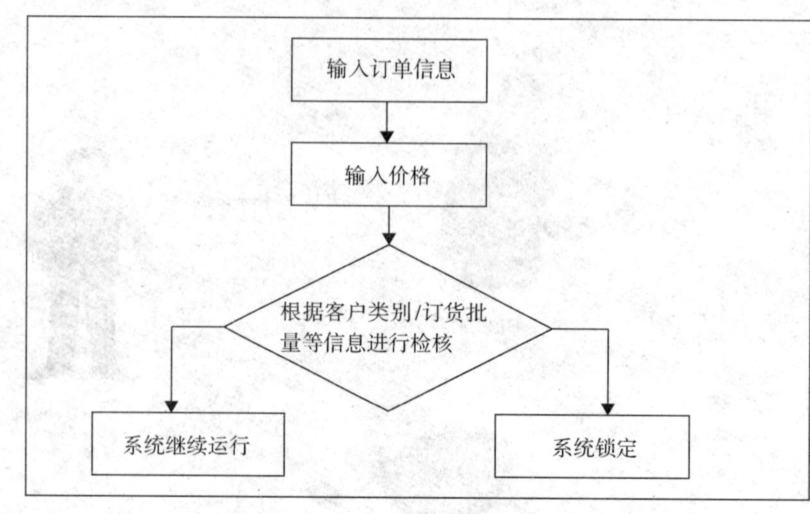

图 2-12　价格确认流程

（五）加工包装确认

客户订购的商品是否有特殊的包装、分装或贴标等要求，或是有关赠品的包装等，资料系统都须专门进行确认和记录。包装确认流程如图 2-13 所示。

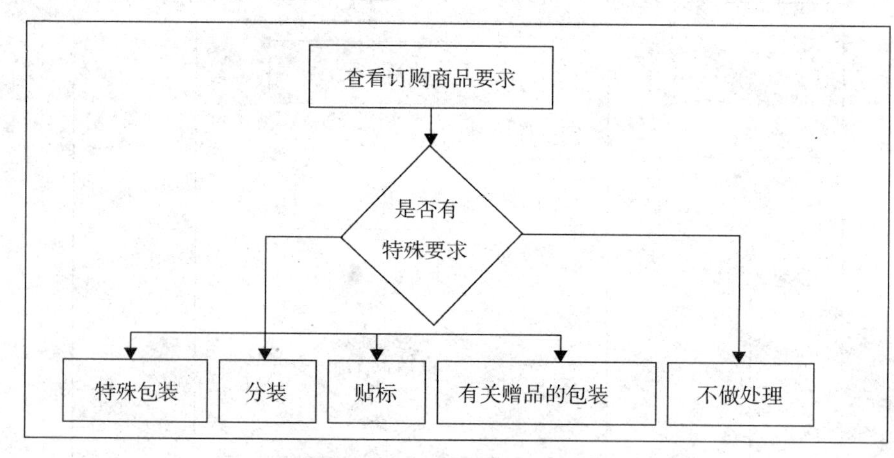

图 2-13　包装确认流程

三、设定订单号码

每一份订单都要有单独的订单号码，此号码一般是由控制单位或成本单位来制定，它除了便于计算成本外，还有利于制造、配送等一切相关的工作。所有工作的说明单及进度报告等都应附有此号码。

四、建立客户档案

将客户状况详细记录，不但有益于当次交易的顺利进行，而且有益于以后合作机会的增加。客户档案表应包括的内容如表 2-5 所示。

表 2-5　客户档案表内容

客户姓名、代号、等级形态
客户信用度
客户销售付款及折扣率的条件
开发或负责此客户的业务员
客户配送区域
客户收账地址
客户点配送路径顺序
客户点适合的车辆形态
客户点的卸货特征
客户配送要求
过期订单处理指示

五、存货分配

（一）存货查询

存货查询的目的在于确认库存是否能满足客户需求。存货资料一般包括品项名称、号码、产品描述、库存量、已分配存货、有效存货及期望进货时间。

在输入客户订货商品的名称、代号时，系统应查核存货的相关资料，看是否缺货，若缺货，则应提供商品资料或此商品的已采购未入库信息，以便于接单人员与客户的协调，从而提高接单率及接单处理效率。

（二）存货分配

将订单资料输入系统，确认无误后，最主要的处理业务在于如何对大量的订货资料进行最有效的分类、调拨，以便后续物流作业的顺利进行。

存货分配模式可分为单一订单分配及批次分配两种。

1. 单一订单分配

这种情况多为线上即时分配，即在输入订单资料时，就将存货分配给订单。

2. 批次分配

输入所有的订单资料后，一次分配库存。配送中心因订单数量多，客户类型等级多，且多为每天固定配送次数，因此，采取批次分配是确保配送中心库存能力的最佳分配方式。

根据作业的不同，各配送中心的分批原则可能不同，总体来说，常有以下几种划分方法：

（1）按接单时序划分。这种方法将整个接单时段划分为几个合理区段。

若一天有多个配送批次，可配合配送批次将订单按接单先后顺序分为几个批次来处理。如图 2-14 所示。

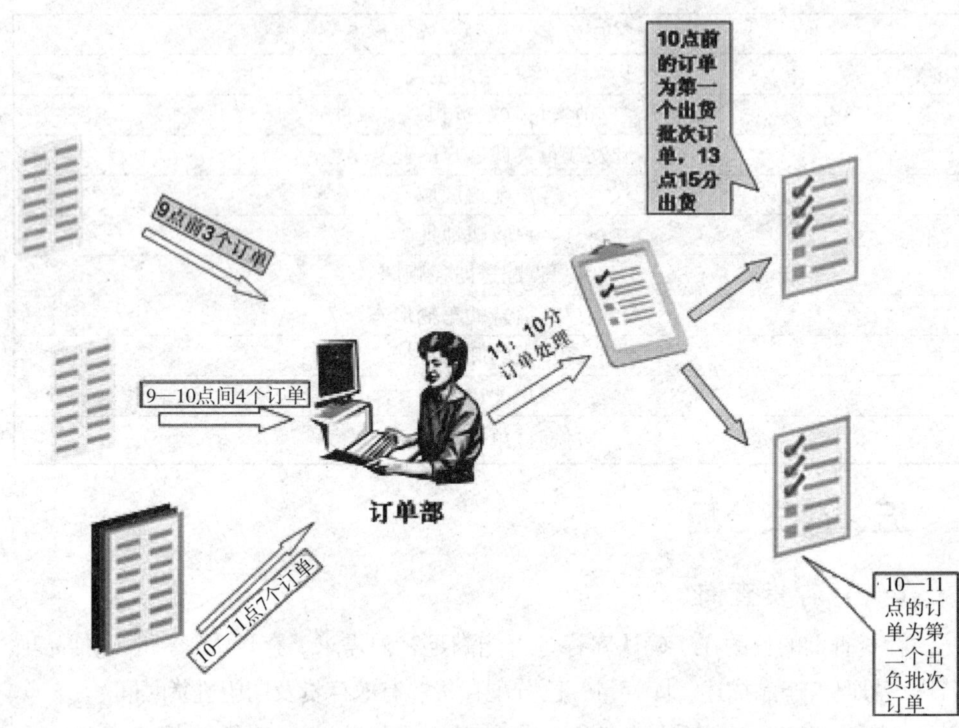

图 2-14　按接单时序划分批次

（2）按配送区域划分。即将同一配送区域的订单汇总后一起处理，如图 2-15所示。

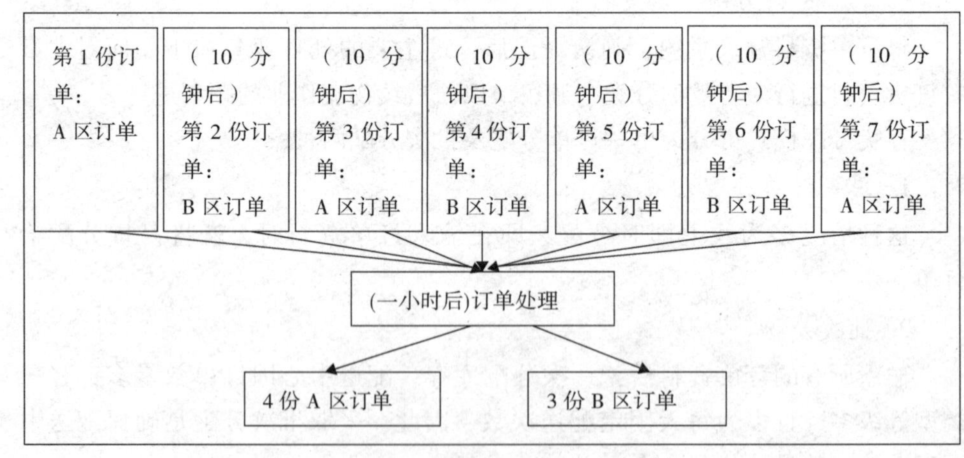

图 2-15　按配送区域划分批次

（3）按流通加工需求划分。即将需要加工处理或需要相同流通加工处理的订单一起处理，如图 2-16 所示。

课堂笔记

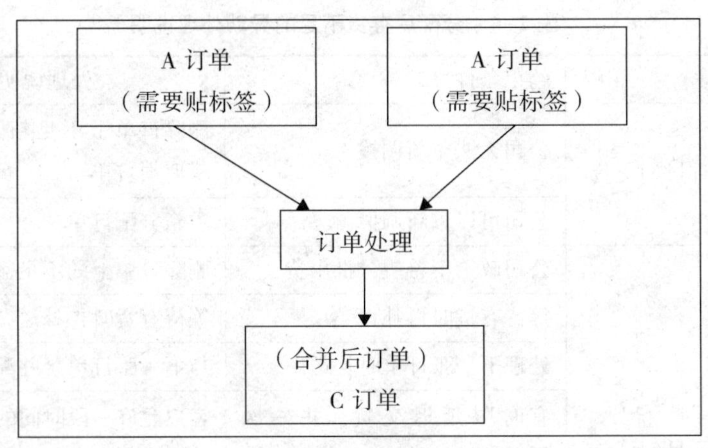

图 2-16　按流通加工需求划分批次

（4）按车辆需求划分。若配送商品需要特殊的配送车辆（如低温车、冷冻车、冷藏车）或由于客户所在地、卸货特性等需要特殊配送车辆，可汇总合并一起处理，如图 2-17 所示。

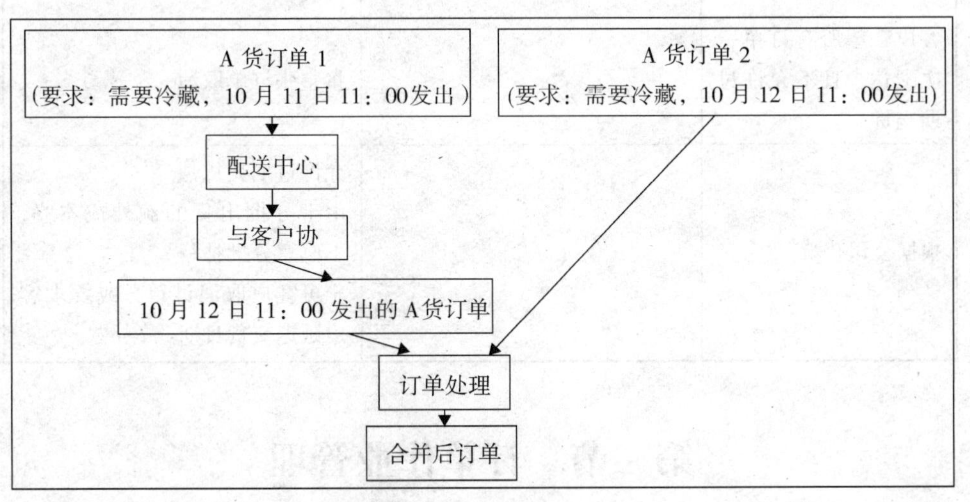

图 2-17　按车辆需求划分批次

（三）分配后存货不足的异动处理

若现有存货数量无法满足客户需求，且客户又不愿接受替代品时，则依据客户意愿与公司政策来规定对应方式，如表 2-6 所示。

课堂笔记

表 2-6　分配后存货不足的异动处理说明

情况类别	约束条件	处理说明
客户不允许过期交货	公司无法重新调拨	删除订单上不足额的订货，甚或取消订单
	公司可以重新调拨	重新分配订单
客户允许不足额订单	公司政策不希望分批出货	删除订单上的不足额部分
	等待有货时再补送	等待有货时再补送
	处理下一张订单时补送	与下一张订单合并配送
	有时限延迟交货，并一次配送	客户允许一段时间的过期交货，并要求所有订单一次配送
	无时限延迟交货，并一次配送	不论等多久，客户皆允许过期交货，且希望所有订货一起送达，则等待所有订单到达再出货
客户希望所有订单一次配达，且不允许过期交货		将整张订单取消
根据公司政策		允许过期交货 由于分批出货的额外成本高，不愿意分批补货 宁可客户取消订单，或要求客户延迟交货日期

第二节　订单作业管理

一、订单处理过程要素

配送企业的整个订单处理过程包含了客户订货周期中的诸多活动，从宏观层面上讲，包含订单准备、订单传输、订单录入、订单履行、订单状况报告五大块。

从具体作业层面而言，订单作业管理就是从接手客户订单到着手准备拣货之间的作业阶段，即对订货处理阶段涉及的作业活动进行的微观管理。简而言之，就是对接受订货、订单确认、设定订单号码、建立客户档案、存货分配等环节进行管理。

课堂笔记

（一）宏观层面的订单管理要素

1. 订单准备

订单准备是指企业搜索所需产品或服务的必要信息，从而正式提出购买要求的各活动。其具体工作内容包括选择合适的供应商，由客户或销售人员填制订单，决定库存的可得率，与销售人员打电话通报订单信息，等等。各个公司根据自己的业务情况，纷纷进行了相应的改善，取得了相应的效果，如Lotasfood公司的例子。

应用小案例：Lotsafood公司成立于1986年，向美国东部几个州的批发商供应罐装蔬菜、水果、调味品以及其他特殊商品等多达100种的货物。该公司建立了一套改进对批发商服务的质量以及提高公司销售人员效率的方案，这一方案的目标是把销售人员从接收订单中解放出来，按预订计划接收批发商的订单。公司的销售人员不再处理客户订单，以前，销售人员将订单积累起来，一直积累成较大数量时才发往总部。按照新方案，批发商可按定好的计划，直接用电子邮件向公司总部发订单，如果错过定好的日期，批发商只能等待下一次机会。这一方案旨在增加销售人员所能联系客户的数量。通过取消准备订单的需要，让销售人员把更多的时间花在销售模式和促销的努力上。

但是，新方案在实施当中，许多批发商没有能按预定计划行事，他们对别人何时要他们发订单这一点并不习惯，一些批发商对这一缺乏灵活性的严密管理持反对态度。而另一些批发商一直依赖销售人员来决定他们需要什么订单，觉得新的体系反而使问题更加复杂化。

如果订单未按计划到达公司总部，批发商不得不等待两个星期。出现货物脱销时，受影响的批发商会失去销售Lotsafood公司20%~50%产品的机会，但只有Lotsafood公司从中受害，因为批发商和零售商手中有好几个供货来源，当他们脱销了这个公司的产品时，他们就转而销售其他牌子的产品。

Lotsafood公司没有设专门的运输部门，过去，公司3个销售人员安排运输事宜。当订单积累到30 000磅（大约一满卡车的量）时，他们就将订单发往公司总部以便运输。为某个紧急的批发商快运时，一地的销售人员会将另一地销售人员手中的订单拼凑起来。新的做法意味着公司总部将依照固定的计划运输，即使订单总量不足30 000磅，也会为批发商安排运输。

问题：

（1）公司订单准备阶段失败的原因在哪里？

（2）如何能够把该公司的订单准备内容设计得更合理？请提出自己的方案？

2. 订单传输

传送订单信息是订单处理过程中的第二道工序，涉及订货请求从发出地

课堂笔记

点到订单录入地点的传输过程。

订单传输可以通过两种方式来完成：人工方式和电子方式。

3. 订单录入

订单录入是指配送企业在订单实际履行前进行的各项工作。包括：

（1）核对订货信息，如商品名称与编号、数量、价格等的准确性。

（2）检查所需商品是否可得。

（3）必需是准备补货订单或取消订单的文件。

（4）审核客户信用。

（5）必需时，转录订单信息。

（6）开具账单。

进行上述工作是必需的，因为订货请求所包含的信息往往与要求的格式不符，无法做进一步处理，其结果要么表述不够准确，要么在交给订单履行部门执行之前还须做一些额外的准备工作。

4. 订单履行

（1）订单履行活动组成如图 2-18 所示，包括：通过提取存货、生产或采购来获取所订购的货物；对货物进行运输包装；安排送货；准备运输单证。

其中有些活动可能会与订单录入同时进行，以缩短订单处理时间。

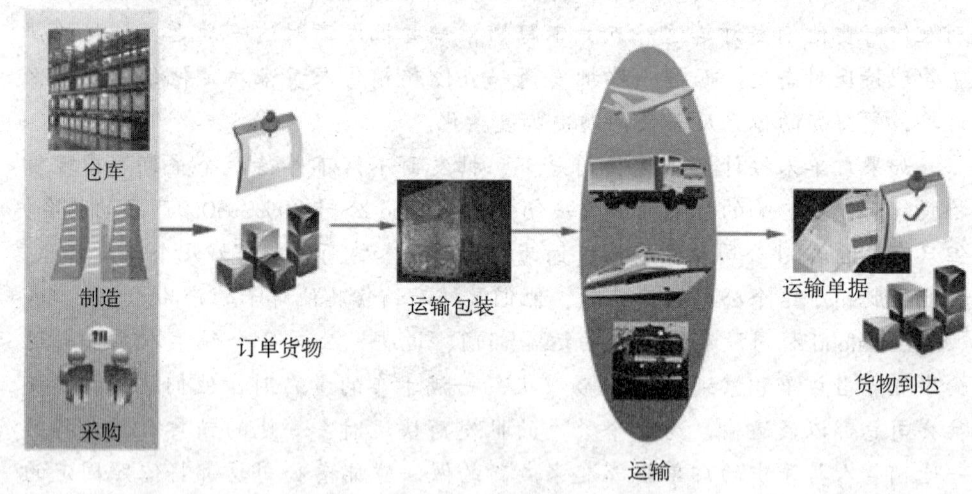

图 2-18　订单履行活动

应用小案例：

2010 年 6 月 19 日下午，一辆装满海尔空调的厢式货车驶出海尔亦庄物流中心的大门，开到 8 公里以外旧宫的海尔专卖店去卸货。

这辆 6 米长的大卡车上没有任何海尔标志，司机苗师傅和他雇用的一个司机负责运输和搬运。他原本是一位个体运输老板，靠花 10 万元买的这辆货车养家糊口。一年前加盟海尔后，只要他每天能完成海尔的任务，每月就能

课堂笔记

拿到9 300元的配送费，虽然刨掉油费和副手的工资之后所剩不多，但是这份收入比他原来在路边拉野活儿要强。

在大货车开出海尔亦庄仓库的同时，海尔物流北京配送中心的经理刘永昌就能在办公室的电脑屏幕上看到车实时的位置。此时，电脑上有大约40个小红点在北京郊区的道路上闪烁。而在青岛海尔物流总监王正刚的电脑上，类似苗师傅这样的小红点，每天最少也有一万个在移动。

最繁忙的时候，同时跑在路上的加盟车辆多达1.6万台，它们没有一辆真正属于海尔公司，却都在为这家公司提供服务。经过海尔物流信息系统的联结，这支队伍组成了中国家电物流行业最大的一条配送供应链，海尔位于链主的位置，掌控整个运输队，它在中国共拥有42个类似亦庄的物流基地。

在过去的二十多年里，这家青岛当地的冰箱制造小厂迅速膨胀为国内最大的家电制造企业，2009年海尔销售额达到1 220亿元人民币，在全国各个级别市场总共拥有超过4万个销售终端。而庞大的销售额和广泛的网点布局同时意味着巨大的运输量，也意味着复杂的配送体系，这令海尔物流成为家电行业订单最多、配送情况最复杂的供应链管理者。

对王正刚而言，集团每年巨大的销售额形成的300多万份物流订单，是海尔物流最大的靠山，庞大的配送规模令海尔物流能最大限度地压缩成本，让分摊到每一件海尔产品的运输成本并不高于同行。

海尔物流的低成本建立在外包运输给苗师傅这样的个体户的基础之上。如果自己拉野活儿，运气好时能拉几单长途货物，挣个上万元。但一旦活计接不上，他的车就要闲下来，这时汽车的折旧、每天的保险、司机的工资都会令他犯愁。而海尔最吸引他们的是源源不断的配送订单。“平均起来还是做加盟司机收入更多更稳定，但就是搬运太累，再干几年可能就搬不动那么重的空调了。”苗师傅说。

在整个家电物流行业，整合个体运输司机是最通用的降低物流成本的手段。对海尔物流来说，如果不把订单外包给个体运输老板，物流投入将高到公司无法想象和控制的地步——即使是全国只养一万辆运输车，每台车10万元，一次性投入在车上的固定资产支出就要10个亿，一台车最少需要两个司机，这就是两万人的队伍，两万人的工资和保险等，都是巨大的开支。“这个行业要是自己养车队养人肯定是死路一条。”王正刚说。

为了让这个野队伍以统一的形象面对客户，海尔建立了一套培训和激励体系来管理这些松散的货车司机，让他们在对客户提供物流服务时达到海尔的要求。

“给专卖店老板送货时，这些老板可不会管送货的是不是海尔的正式员工，如果配送不及时，服务不够好，他们就会认为是海尔的问题。”刘永昌说。因此，每个加盟海尔的司机在与海尔物流签订合同后都会接受一周多的培训，主要是服务标准培训。同时，海尔有一套完善的客户调查体系，保证客户对每个司机服务质

课堂笔记

量的监督。例如，在北京的这些司机中，被分为“金牌司机”“银牌司机”和“铜牌司机”三类，准时送达率最高、客户投诉率最低的司机将被授予“金牌司机”称号，每年会被送到总部青岛培训，在收入上也更高。

你能在海尔的整个售后服务体系中见到类似的外包做法。从2009年起，海尔就在从制造业向服务业转型。给海尔从事电器售后服务的大部分都是加盟的电器维修个体户。付友利是青岛崂山区一家海尔社区店的老板，他给海尔干过多年的售后维修加盟，“它给每个上门服务人员进行了服务标准培训，举例来说，每次服务完后，海尔的400客服系统会让顾客对上门人员的服务质量打分，海尔会额外付给上门人员8元钱的奖励，大家当然尽量想办法让消费者评价‘非常满意’了。”

问题：

1. 海尔物流如何通过订单履行，保证自己的物流配送体系？

2. 订单履行如何能够促进企业的发展？

（2）优先权法则。

①先收到处理。

②使处理时间最短。

③预先确定顺序号。

④优先处理订货量小、相对简单的订单。

⑤优先处理承诺交货日期最早的订单。

⑥优先处理距离约定交货日期最近的订单。

5. 订单状况报告

订单处理过程的最后环节，是通过不断向客户报告订单处理过程中或货物过程中的延迟，确保优质的客户服务。

具体而言，该项活动包括：

（1）订单周转中跟踪订单。

（2）与客户交换订单处理进度、订单货物交接时间等方面的信息。

这是一种监控活动，一般不会影响到处理订单的时间。

（二）微观层面的订单管理要素

1. 接受订单

接受订单阶段涉及与客户沟通，将客户的订货信息转化为配送企业的物流信息，因此，该阶段的作业管理人员必须对配送作业中涉及的术语、工作权限等了然于心。

（1）接受订货的要点：

①将订单信息转换为物流信息；

课堂笔记

②正确回答到货时间；

③将接受订货信息和分配信息提供给相关部门。

（2）界定相关作业名词。如在作业过程中，涉及与客户进行交流的相关术语。

①订货单号生成规则。

②订货单状态：尚未审核、正在审批、手工作废、自动取消、已审核。

③供应商的流水号含义。

④订货日、到货日、取消日的含义。

⑤到货量和包装量的区分，赠品数量与进价的关系。

⑥订货单类型。商品订货单：此订单对所有的可订货商品进行订货，不可以修改商品的进货价；商品促销订货单；此订单只能对有促销进价的商品订货；商品首次订货单：对有首单折扣的商品订货；商品可变价订货单：该订单可以修改商品的进货价；商品永续订货单：适用于每天都订货的商品。

（3）制定工作职责：

① 与客户进行良好的沟通；

②审核订货单及相应供货、质量等要求；

③在系统中输入完全的订货信息，提交上级主管审批；

④及时提醒上级主管进行作业确认处理。

（4）制定工作流程：

①根据客户要求，将相关订货信息录入配送公司作业系统；

②选择不同的订货单类型；

③在系统中，录入部门和供应商根据客户要求选择相关商品，同时确认商品明细中的商品类型，如是“促销”或者是“正常”商品；

④查阅订货参考，确认商品批次等相关信息；

⑤根据客户需要的数量、类型等输入；

⑥保存并审核。

如某配送公司的作业流程如下：

①系统自动列出该供应商作为主供应商可供应该部门的所有商品，手工可增加该供应商作为副供应商可供应的商品。商品明细中红色为促销商品黑色为正常商品；

②双击商品可出现系统对此商品的订货参考；

③商品的输入方法多样，既可选择也可直接录入；

④“订货人”改为商场下订单的人员；

⑤“保存”并“审核”。

其中，永续订货单审核时不修改商品的途径，永续订货单收货时也不修改商品的在途量；永续订单的订货数量对收货没有任何限制。

课堂笔记

（5）高峰订货时间的处理。由于配送中心的特性不同，可能会有不同的高峰订货时间，整体而言造成高峰的几个较常见的原因和处理方法如下：

①订货截止时间。若设定订货截止时间，在这个时间的前一小时通常会出现大量订单。为避免这种巨额的订单在某一时刻涌入，可以将客户分类，为每类客户设定不同的订货截止时间，来分散高峰订货量。

②账款结算日。若设定账款结算日，则结算的后一天，也常有大量订单出现。可设定多种结算日期，以分散高峰时段的拥挤。

③节日或假日。节日或假日的前后时间，通常也是订货量较多的时段。这种因季节性或因消费需求变化引起的高峰订货量较不易控制，只能由人员调用或系统功能加强来加以调控。

2. 订单确认

订单上的订货资料已经输入系统，而且所有需要确认的条件都已经核查处理完毕，则此订货资料即为配送中心已接受的客户的出货资料，其中要包括物品项目、数量单价、交易配送条件等，配送中心要以此资料作为出货依据，并尽可能按照约定的条件完成出货。

当输入的项目发生错误时，与业务形态有关，一定要停止当前处理，改正相应的错误，必须对每一份订单做出完结的处理，不能影响下面的工作。

（1）订单确认的要点：

①区分不同的订单形态及处理方式；

②按照订单内容进行细致确认，保证不出现不必要的错误；

③能够及时把处理好的订单传递到下一个作业环节。

（2）界定相关作业名词：

①订单状态种类。已输入及已确认订单：订单上的订货资料已经输入系统，而且所有需要确认的条件都已经核查处理完毕的订单；已分配订单：经过库存分配完毕的已确认订单；已拣货订单：经过库存分配，生成出货指示资料的订单；已出货订单：经过分类、装车、出货后的已拣货订单等。

②订单形态。如一般交易订单、现销式交易订单、间接交易订单、合约式交易订单等，每种交易订单背后的交易流程必然不同。

（3）制定工作职责：

①确认订单上的内容与客户要求无误；

②确认客户信用额度，能够准确及时地将不合乎公司要求的订单锁定，并传递给主管进行相关作业处理；

③根据不同的订单形态，选择正确的交易流程处理订单；

④与原始订货单进行对比，确认商品价格、配送类型等订单确认条件是否无误；

⑤及时提交确认完毕的订单给后续作业环节。

课堂笔记

3. 设定订单号码

订单号码具有预算、计划、分析和期末处理等功能，因此合理编制订单号码不仅可以简化作业流程，而且可以强化对具体工作的监督。

如通过订单号码，可以调用建立的订单资料档案，并进行整理、分析。例如，宏观层面上可以分析：订单状态明细表、未出货订单明细表、缺货订单明细表、未取款订单、未结账订单。

微观层面上可以分析：物品销售量、每种物品的市场销售情况、客户等级、每位客户的订货特点、订单处理过程中每个环节的情况。

4. 建立客户档案

通过高效科学的客户关系管理，把企业的注意力集中在客户身上，使企业能够最大限度地利用其以客户为中心的资源，从而提高客户满意度、忠诚度，提高企业的盈利能力。

除一般性的客户资料外，与物流有关或在订单处理中需用到的特殊资料也应该包括在内：

（1）建立配送区域。基于地理性或相关性，将客户按不同区域分类。

例如：大分类——市内、郊区、长途；

中分类——南城、北城、东城、西城等；

小分类——A 区、B 区等。

（2）建立配送路径顺序。按街道路线、客户位置等因素，将不同客户分配于各自适当的配送路径顺序。

（3）建立车辆类型。客户所在地点的街道，有车辆大小限制，应将适合该客户的车辆类型放在资料文件中。

（4）建立卸货环境特性。客户所在地点或客户卸货位置环境，由于建筑物本身或周围环境的特别限制（如地下室有限高或到层楼），可能造成卸货时有不同的要求及难易程度，必须把车辆及工具的调度考虑进出去。

（5）建立配送要求。客户对于送货时间有特定要求，或有协助上架、贴标等要求时，也应在资料文件中说明。

（6）建立客户等级。

（7）建立客户类型。

（8）建立信用级别。

5. 存货分配

（1）参与分配订单的范围。如果订单是按正常步骤进行操作的，那么整个处理过程会按照事先设定的流程进行，并准时出货。但是在现实中常常会发生一些意想不到的情况，导致一些订单处理无法按正常步骤进行，因此在分配订单时，要考虑这些因故未能按时出货的订单是否继续参与分配。

课堂笔记

① 延迟交货订单。因缺货而顺延的订单，现在已有库存，有的话是否参与分配，完成出货。

② 前次已参与分配的未出货订单。对于已经参与了库存分配，却因故未出货的订单，是否从新分配库存。

③缺货补送订单。对于客户前张订单上的缺货物品，这次是否已有库存，这些缺货资料是否参与分配，以便补货出货。

④ 解除锁定订单。在订单资料输入后进行核查及确认处理的作业环节中，由于某些条件不符被锁定的资料，事后经再次审核通过，解除锁定的订单资料是否参与当次库存分配。

⑤远期订单。对于一些还未到交货期限的订单，系统应自动追踪其交货日期，以便在交货日期自动将其纳入参与分配范围，做到按时交货。

（2）多仓、多储位、多批次号的库存分配选择。若物品存放地点有多个仓库、多个储位或多个批号，则在分配库存时应该考虑如何选择适当的出货仓库、出货批号、出货储位，以便达到适时（选择离客户最近的仓库出货）、适品（即批号或储位的选择，做到先进先出）的配送。

二、订单作业处理优化

应用小案例：某药品公司实行连锁经营，旗下有100多家店铺。由于店铺内绝大部分的空间都用于药品的陈列、展示和销售，所以货架上的药品必须经常补充。如果货架上某种药品缺货，而店里也无货进行补充，将给店铺带来一定的损失。如果在一定时间内还无法补货的话，将造成严重的缺货损失，甚至客户流失。这时就需要有订单处理系统来方便、快捷、准确地处理订单，以保证连锁店内的需求。

每家分店都得到一份针对该店印就的库存清单或订货指南，上面印制着总部授权给每家分店销售的商品。店铺经理或工作人员用手持式电子订单录入器读出订货指南或货架上的条形码，接着输入每种商品所要的数量。随后该信息传送到该公司的配送中心，在配送中心进行订单录入、订单履行。配送中心启用订单处理系统把全天收到的订货及调整信息按商品、仓库进行汇总。收到全部订单后，订单处理系统根据商品和仓库供货区、订货总量生成拣货清单，同时把拣货清单分传给各分店。系统还对货架上的药品进行监控，当药品库存到达安全库存量时，系统会自动生成货物补货清单，提醒库存管理人员进行大宗药品的补货，同时提出合理的经济订货批量。

问题：

1. 如果该药品公司没有高效的订单处理系统，会导致什么样的结果？

2. 该药品公司的订单处理系统有何特点？

课堂笔记

（一）订单处理过程遵循原则

1. 要使客户产生信赖感

客户订单的基础是产生信赖感。订单处理人员每次接到订单后在处理过程中都要认识到，如果这次处理不当将会影响下次订货。尤其在工业品购买中，要明确订单处理工作是开展客户经营的重要组成部分，两者有密不可分的联系，要通过订单处理建立客户对产品和服务的信任感和认同感。

2. 尽量缩短订货周期

订货周期是指从发出订单到收到货物所需的全部时间。订货周期的长短取决于订单传递的时间、订单处理的时间以及货物的运输时间。这三方面的安排都是订单处理的内容。尽量缩短订单周期，将大大减少客户的时间成本，提高客户所获得的让渡价值，这是保证客户满意的重要条件。

3. 提供紧急订单

在目前以客户需求为导向的市场机制下，强调为客户服务，在紧要关头提供急需的服务，是与客户建立长期相互依赖关系极为重要的手段。

4. 减少缺货现象

保持客户联系订单的关键之一是减少缺货现象的发生，工业原料和各种零件一旦缺货，会影响到客户的整个生产安排，后果极为严重。此外，缺货现象是客户转向其他供货来源的主要原因，企业要想尽量地扩大市场，保持充足的供货是一个必要的前提条件。

5. 不忽略小批量订货的客户

小客户的订货量少，但也是大批买卖的前驱，而且大客户也有要小批量的时候。对小客户的订单处理得当将会提高小客户的满意度，可能带来以后的大批量订购或持续订购。最重要的是，客户与企业建立了稳定而信任的供销关系，将为以后的继续订购打下良好的基础，企业的声誉也将因为小客户的传播而树立起来。因此，在成本目标允许的范围内，尽量做出令小批量购买的客户的满意安排。

6. 装配力求完整

企业提供的货物应尽量做到装配完整，以便于客户使用为原则。实在办不到时，也应采取便于客户自行装配的措施，如适当的说明及图示等，或通过网上进行技术支持。

7. 提供对客户有利的包装

针对不同客户的货物应采取不同的包装，有些零售商货物包装要适于在货架上摆放，有些要适于经销商及厂商促销活动，应以便于客户处理为原则。

8. 要随时提供订单处理的情况

物流部门要使客户能够随时了解配货发运的进程，以预计何时到货，便

课堂笔记

于安排使用或销售。这方面的信息是巩固与客户关系的重要手段，也利于企业本身的工作检查。在暂时缺货的情况下，物流部门应主动及时地告知客户有关情况，做出适当的道歉与赔偿，以减少客户的焦虑和不满。

（二）影响订单处理时间因素

整个订单处理过程的众多要素都可能会影响订单处理的时间，因此掌握影响订单处理时间的因素，从而采取相应的措施，能够显著提高订单处理的效率和客户服务水平。常见的影响因素有以下几种：

1. 订单处理系统的技术水平

采用的技术是否先进合理，很大程度上决定了订单处理的速度。

例如，订单处理系统中，传递订单信息所需的时间会因所选用的传输方式不同而大不一样。销售人员搜集、拣选订单后经邮寄传送所花费的时间可能最长，而各种形式的电子信息传输方法，如电话、电子数据交换、卫星通信等则是最快捷的。

又如，条形扫描技术对于准确、快捷、低成本地录入订单信息尤为重要，与利用计算机键盘录入数据相比，条码扫描技术有显著的优越性，这正是条码技术在零售、制造和服务行业应用日益广泛的原因。

2. 处理订单的先后顺序

按照订单收到的先后次序进行处理似乎对所有的客户更加公平，但它却可能延长订单的平均处理时间。当订单处理工作繁忙的时候，订单处理工作人员可能会先处理订单量小、相对简单的订单，而那些订货量较大的订单则被压到最后才处理，但这些大订单往往能为企业带来更多的利润。因此，从企业自身角度出发，应该把有限的时间、生产能力以及人力资源配置到更有利可图的订单上，让享有优先级的订单被优先处理，而对其他订单则稍后处理。

3. 并行处理与顺序处理

仔细安排订单处理流程中的各项工作能显著缩短订单处理的时间。如果完全依次完成各项工作，订单处理时间是最长的；如果几项工作同时进行，则总的订单处理时间就会缩短。

如仅仅做一个微小的改动，即将一份订单复制多份，这样，销售人员在查看其中一份副本的同时可以进行订单信息转录和客户信用核查（并行处理）工作，从而缩短订单处理时间。

4. 订单履行的准确度

如果企业能够准确无误地完成客户订单的处理过程，不产生任何错误，那么订单处理时间很可能是最短的。尽管错误可能在所难免，但是如果公司将订单处理时间看成经验的首要因素，就应该严格控制出错的次数。

课堂笔记

5. 订单的批处理

在订单处理过程中，有不少企业是把订单收集成组，达到一定规模后进行批处理，这样做可以大幅度降低订单处理成本。但另一方面，握有订单直至达到一定批量时再处理则会增加订单的处理时间，尤其是那些先收到的订单来说，其等待的时间最长。

订单的优化处理并非一件易事，不仅需要考虑客户的因素，还要考虑公司订单处理技术、产品包装等多方面的因素。在下面的案例分析中，海烟物流结合自己的实际情况，在订单处理流程优化方面取得了一些自己的经验，值得考虑和研究。

应用小案例：为适应上海商业结构调整，发挥上海商业中心城市的作用，积极应对国内外市场竞争，上海烟草（集团）公司、上海市烟糖集团、上海捷强集团及各区县烟草糖酒有限公司等22家企业共同投资成立了上海海烟物流发展有限公司（以下简称“海烟物流”）。作为第三方物流，它以集约化经营为目标，通过整合上海烟草业和糖酒业的优势资源，实施统一配送，打造高速、有效的商业服务体系。同时，通过建立采购中心、物流中心、商业信息中心、品牌营销中心，逐步形成一个集现代物流、流通加工、商品销售、品牌代理于一体的物流企业。

成立海烟物流也是上海烟草集团实现商业集约经营，提高综合竞争力的重大举措，是做精做强企业，实现“国内一流，国际先进”目标的战略性部署。刚刚走上规范发展之路的海烟物流为2005年的工作做了如此定位：开展“管理优化年”活动，通过对各项经营管理流程的再造和优化，提高配送能力和效率，提高配送质量，提升客户满意度。

海烟物流以优化流程起步，在规范内部管理上力求跨出成功的第一步。服务客户：着力于提高质量提高效率，商品配送讲究准确、及时，是提高客户服务质量的重要环节。

（1）优化订单处理流程。

在优化订单方面，公司着重开展了3项工作：一是对22家有限公司的订单按时间顺序进行分批接收、创建，优先处理急需货物的订单，节省订单创建的等待时间；二是根据生产批次及运输线路情况，对订单分批处理，减少处理时间；三是通过对软件系统进行优化，提高系统处理订单的适用性和灵活性。

（2）优化配送路线。

公司进一步整合资源，缩短配送时间，保证在规定时间里将商品送达。一是细致分析全市卷烟配送路线，根据中班模式的运作情况全面优化配送路线；二是根据配送距离的远、中、近进行三种路线划分，近线设置为复线，每天配送两次。

课堂笔记

(3) 优化流程降低成本。

在非卷烟商品的配送方面，海烟物流着眼于便利终端客户。自5月24日起，公司启动了“和酒”(一种黄酒品牌) 直送业务。由海烟物流运输部门从供应商仓库提货后直接送往终端客户，精减了原先商品在海烟物流仓库停留中转这一环节，压缩了仓储成本。此举也大大节省了相关各方的运作成本，有助于提高海烟物流的品牌经营能力。

(4) 信息资源。

注重企业流程再造，第三方物流的核心就是以信息和市场网络为支撑，借助现代电子信息技术和数字技术，在特定时间内，向客户提供个性化的系列物流服务。在海烟物流信息系统中，条码技术、数据库技术、电子数据交换、企业资源计划等技术与观念均已普及。

通过相互传递货源、订单信息、实际收发货信息和路线信息，进行物流的优化和实时监控。多管齐下的海烟物流信息化建设，优化了海烟物流企业内部的流程整合，保证了海烟物流对仓储、运输、拣选成本的有效控制和降低。

问题：

1. 海烟物流在进行订单处理优化时，考虑了何种原则？

2. 海烟物流采用了何种优化方法，其具体内容是什么？

同步测试

一、单选题

1. 不论订单是由何种方式传至公司，配送系统都必须首先查核客户的(　　)。

A. 财务状况　　B. 货物数量

C. 送货日期　　D. 客户编码

2. 不同的订单交易形态有(　　)的订货处理方式。

A. 相同　　B. 不同

C. 没有区别　　D. 差别不大

3. 接受订货是订单处理的第(　　)步。

A. 一　　B. 二

C. 三　　D. 四

4. (　　)是指输入所有的订单资料后，一次分配库存。

A. 单一订单分配　　B. 订单录入

C. 批次分配　　D. 库存分配

5. 出现分配后存货不足情况时，订单处理时按照删除订单上不足额的订货，甚或取消订单进行的情况是指(　　)。

A. 客户希望所有订单一次配达，且不允许过期交货

课堂笔记

B. 客户允许不足额订货补送

C. 客户允许不足额订单

D. 客户不允许过期交货

6. ( )是指企业搜集所需产品或服务的必要信息，从而正式提出购买要求的各项活动。

A. 订单录入　　B. 订单准备

C. 订单履行　　D. 订单传输

7. ( )的先后次序可能会影响到所有订单的处理速度，也可能影响到较重要订单的处理速度。

A. 订单录入　　B. 订单准备

C. 订单履行　　D. 订单传输

8. 订单处理过程的最后环节是( )。

A. 订单录入　　B. 订单准备

C. 订单履行　　D. 订单状况报告

9. 通过设定订单处理中的先后次序及相关程序，它们将改变所有订单处理的时间，描述的是( )。

A. 订单处理系统的技术水平　　B. 订单履行的准确度

C. 处理订单的先后顺序　　D. 订单的批处理

10. 掌握影响订单处理时间的因素，从而采取相应的措施，能够显著提高订单处理的效率和( )。

A. 企业利润　　B. 客户服务水平

C. 订单处理的时间　　D. 减少缺货

11. 供应商直接将商品放在车上，依次给各订货方送货，缺多少补多少的方式是( )

A. 厂商补货　　B. 厂商巡货，隔日送货

C. 口头订货　　D. 邮寄订单

12. 接单后，将资料输入订单处理系统，按正常的订单处理程序处理，资料处理完后进行拣货、出货、发送、收款等作业的交易方式是( )。

A. 现销式交易订单　　B. 间接交易订单

C. 一般交易订单　　D. 合约式交易订单

13. 与客户签订配送契约的交易订单是( )。

A. 现销式交易订单　　B. 间接交易订单

C. 一般交易订单　　D. 合约式交易订单

14. 在约定的送货日，将配送资料输入系统处理以便出货配送的交易方式是( )。

A. 现销式交易订单　　B. 间接交易订单

课堂笔记

C. 一般交易订单　　D. 合约式交易订单

15. 输入所有的订单资料后，一次分配库存，指的是(　　)。

A. 单一订单分配　　B. 批次分配

C. 间接分配　　D. 直接分配

二、多选题

1. 从订单处理的类型来看，有(　　)主要类型。

A. 工业订单处理　　B. 零售订单处理

C. 消费者订单处理　　D. 商业订单处理

2. 订单处理分(　　)等形式。

A. 人工处理　　B. 订单确认

C. 计算机处理　　D. 存货查询

3. 订单确认的主要内容包括(　　)等。

A. 货物数量及日期的确认　　B. 客户信用的确认

C. 订单形态确认　　D. 订单价格确认

4. 存货分配模式可分为(　　)。

A. 单一订单分配　　B. 批次分配

C. 数量分配　　D. 时间分配

5. 根据作业的不同，各配送中心的分批原则可能不同，总的来说，常有(　　)划分方法。

A. 按接单时序划分批次　　B. 按配送区域路径划分批次

C. 按流通加工需求划分批次　　D. 按车辆需求划分批次

6. 配送企业的整个订单处理过程包含了客户订货周期中的诸多活动，具体而言，包括(　　)。

A. 订单准备　　B. 订单履行

C. 订单录入　　D. 订单状况报告

7. 订单录入是指配送企业在订单实际履行前所进行的各项工作，包括(　　)。

A. 人工传输　　B. 核对订货信息

C. 审核客户信用　　D. 开具账单

8. 订单履行中，可供选择的优先权法则包括(　　)。

A. 先收到先处理

B. 使处理时间最短

C. 预先确定顺序号

D. 优先处理订货量小、相对简单的订单

9. 订货周期的长短取决于(　　)。

A. 订单传递的时间　　B. 订单处理的时间

课堂笔记

C. 货物运输时间　　D. 订单状况报告

10. 影响订单处理时间常见的因素有(　　)。

A. 订单处理系统的技术水平　　B. 订单履行的准确度

C. 处理订单的先后顺序　　D. 订单的批处理

三、简答题

1. 简述订单处理作业流程。
2. 简述订单订货方式及其特点。
3. 如何确认订单内容。
4. 简述存货查询及依订单分配存货的方法。
5. 简述分配订单后，存货不足的处理方法。
6. 简述订单履行中，可供选择的优先权法则。
7. 简述订单处理过程中应遵循的基本原则。
8. 简述常见的影响订单处理时间的因素。

课堂笔记

第三章 拣货作业管理

知识目标

- 了解拣货作业的含义
- 掌握拣货作业的基本流程
- 掌握拣货方式、种类及操作流程
- 掌握拣货策略的影响因素和运作特点
- 理解拣货路径的影响因素
- 掌握拣货路径的规划设计
- 了解拣货作业计划的内容及作用
- 理解拣货作业计划的编制步骤
- 了解拣货作业计划的编制方法
- 掌握拣货作业流程优化的内容

技能流程

- 能选择适当的拣货方式
- 能选择适当的拣货策略
- 能进行拣货路径规划
- 能编制拣货作业计划
- 能实施拣货作业计划

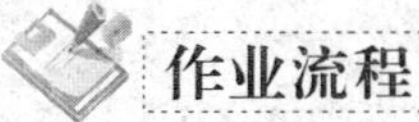

作业流程

拣货作业基本流程如图 3-1 所示。

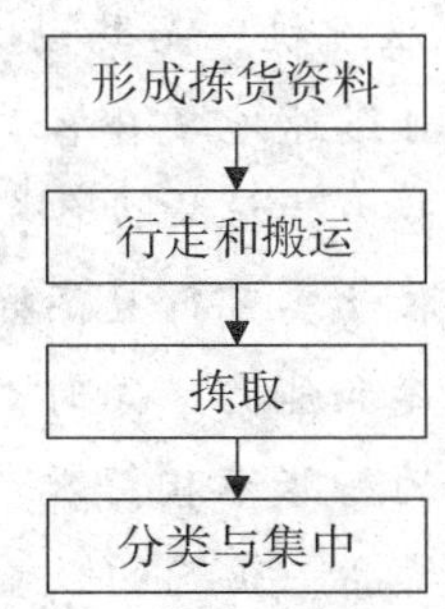

图 3-1　拣货作业基本流程

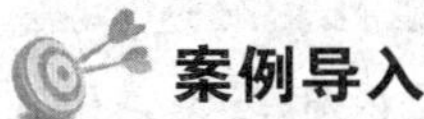

案例导入

引例：上海联华生鲜食品加工配送中心是目前我国国内设备最先进、规模最大的生鲜食品加工配送中心，总投资 6 000 万元，建筑面积 35 000 平方米，年生产能力 20 000 吨，其中肉制品 15 000 吨，生鲜盆菜、调理半成品 3 000吨，西式熟食制品 2 000 吨，产品结构分为 15 大类，约 1 200 种生鲜食品。在生产加工的同时，配送中心还从事水果、冷冻品及南北货的配送任务。

该配送中心商品对于储存性货物的物流运作如下：

进货先要接受订单品种和数量的预检，预检通过方可验货，验货时须进行不同要求的品质检验，终端系统检验商品条码并记录数量。在商品进货数量上，定量的商品进货数量不允许大于订单的数量，对不定量的商品提供一个超值范围。对于需要重量计量的进货，系统和电子秤系统连接，自动去皮取值。

拣货采用播种方式，根据汇总取货，汇总单标明从各个仓位取货的数量，取货数量为本批配货的总量，取货完成后系统预扣库存，被取商品从仓库仓间拉到拣货区。在拣货区，拣货人员根据各路线、各门店配货数量对各门店进行播种拣货，并检查总量是否正确，如不正确向上校核。如因商品的数量不足或其他原因造成门店的实配量小于应配量，拣货人员通过手持终端调整实发数量，配货检验无误后使用手持终端确认拣货数据。

在拣货时，冷藏和常温商品被分置在不同的拣货区。

问题：上海联华生鲜食品加工配送中心的拣货采用播种方式，这种方式是如何操作的？还有其他的拣货方式吗？

课堂笔记

引例分析

在配送中心的各项作业中，拣货作业是十分重要的一个环节，其作业相当于人体的心脏、空调系统的压缩机。而其动力的产生来自于客户的订单，拣货作业的目的也就在于正确且迅速地集合客户所订购的货品。要达到这一目的，必须根据订单分析采用适当的拣货设备，按拣货作业过程的实际情况运用一定的方法策略组合，采取切实可行且高效的方式提高拣货效率，将各项作业时间缩短，提升作业速度和能力。同时，必须在拣货时防止错误，避免送错货，尽量减少内部库存的料账不相符现象的发生。因此，如何在无拣选错误率的情况下，将正确的货品、正确的数量在正确的时间内及时配送给顾客，是拣货作业最终的目的及功能。

引例中的上海联华生鲜食品加工配送中心根据货物的属性及配送特点，采用播种方式进行拣货；根据货物属性的不同，采用了分区拣货策略。并且通过适当的拣货设备进行货品、数量等的核对工作，使拣货、送货工作顺利进行。

第一节　拣货作业

一、拣货的概念

拣货作业是配送作业的中心环节。所谓拣货，是依据顾客的订货要求或配送中心的作业计划，将商品从其储位或其他区域拣取出来的作业过程。拣货作业不仅工作量大，工艺复杂，而且要求作业时间短，准确度高，服务质量好。因此，加强对拣货作业的管理非常重要。在拣货作业中，根据配送的业务范围和服务特点，即根据客户订单所反映的商品特性、数量多少、服务要求、送货区域等信息，采取科学的拣货方式，进行高效的作业是配送作业中关键的一环。

拣货作业在实际作业情形下大致可分为以下四个部分：

（一）形成拣货资料

拣货作业必须在拣货信息的指导下才能完成。拣货信息来源于顾客的订单或配送中心的送货单，因此，有些配送中心直接利用顾客的订单或配送中心的送货单作为拣货指示，即拣货作业人员直接凭订单或送货单拣取货物。这种信息传递方式无法准确标示所拣货物的储位，使拣货人员延长寻找货物时间和拣货行走路径。在国外大多数配送中心一般先将订单等原始拣货信息

课堂笔记

经过处理后，转换成拣货单或电子拣货单号，指导拣货人员或自动拣取设备进行拣货作业，以提高作业效率和作业准确性。拣货单格式如表 3-1 所示。

表 3-1　拣货单

拣货单编号			包装单位			储位号码
商品名称		数量	托盘	箱	单件	
规格型号						
商品编码						
生产厂商						
拣货时间	年 月 日 时 分 至 时 分	拣货人				
核查时间	年 月 日 时 分 至 时 分	核查人				

序号	订单编号	用户名称	(包装单位)			数量	出货单位	备注
			单件	箱	单件			
1								
2								
3								
4								
5								
6								
7								
8								
9								
10								
11								
12								

（二）行走和搬运

拣货时，拣货作业人员或机器必须直接接触并拿取货物，因此造成拣货过程中的行走与货物的搬运，缩短行走和货物搬运距离是提高配送中心作业效率的关键。这一过程有两种完成方式，如表 3-2 所示。

表 3-2　两种行走和搬运方式的比较表

类型	方法	特点
人至物方式	拣货人员以步行或搭乘拣货车辆方式到达货物储存位置	货物静止，移动方为拣取者

课堂笔记

（续表）

类型	方法	特点
物至人方式	拣取人员在固定位置作业，不必去寻找商品的储存位置，主要移动方是货物	货品处于动态，如轻负载自动仓储、旋转自动仓储等，拣取者静止

（三）拣取

当货品出现在拣取者面前时，其一般采取的两个动作为拣取与确认。拣取是抓取物品的动作，确认则是确定所拣取的物品、数量是否与指示拣货的信息相同。在实际的作业中，配送中心多采用读取品名与拣货单据做对比的确认方式，较先进的做法是利用无线传输终端机读取条码后，再由计算机进行确认。配送中心通常对小体积、小批量、搬运重量在人力范围内且出货频率不是特别高的货品，采取手工方式拣取；对体积大、重量大的货物，利用升降叉车等搬运机械辅助作业；对于出货频率很高的货品则采用自动分拣系统进行拣货。

（四）分类与集中

配送中心在收到多个客户的订单后，可以形成批量拣取，然后再根据不同的客户或送货路线分类集中，有些需要进行流通加工的商品还须根据加工方法进行分类，加工完毕再按一定方式分类出货。多品种分货的工艺过程较复杂，难度也大，容易发生错误，必须在统筹安排形成规模效应的基础上，提高作业的精确性。在物品体积小、重量轻的情况下，可以采取人力分货，也可以采取机械辅助作业，或利用自动分货机自动将拣取出来的货物进行分类与集中。分类完成后，货物经过查对、包装便可以出货、装运、送货了。分货过程如图 3-2 所示。

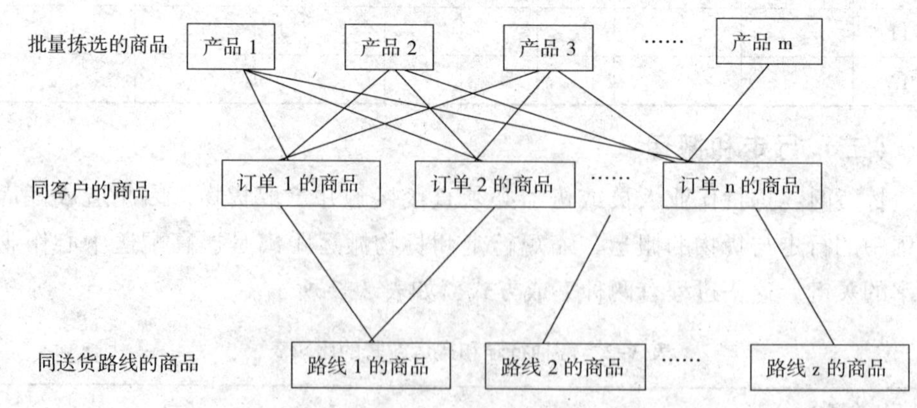

图 3-2　分货过程

课堂笔记

二、拣货方式选择

（一）拣货方式

拣货作业最简单的划分方式，是将其分为按订单拣取、批量拣取与复合拣取三种，下面分别介绍。

1. 按订单拣取

按订单拣取又称“拣取式”“摘果式”或“人到货前式”拣取作业。

按订单拣取是针对每一份订单，拣取者巡回于仓库内，按订单所列的商品及数量，将客户所订购的商品逐一从仓库储位或其他作业区中取出，然后集中的拣货方式。按订单拣货的作业流程如图 3-3 所示。

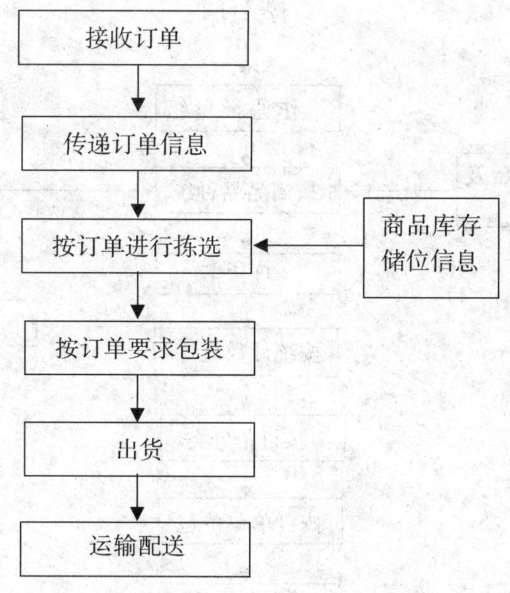

图 3-3　按订单拣货的作业流程

课堂笔记

按订单拣取的工艺如图 3-4 所示。

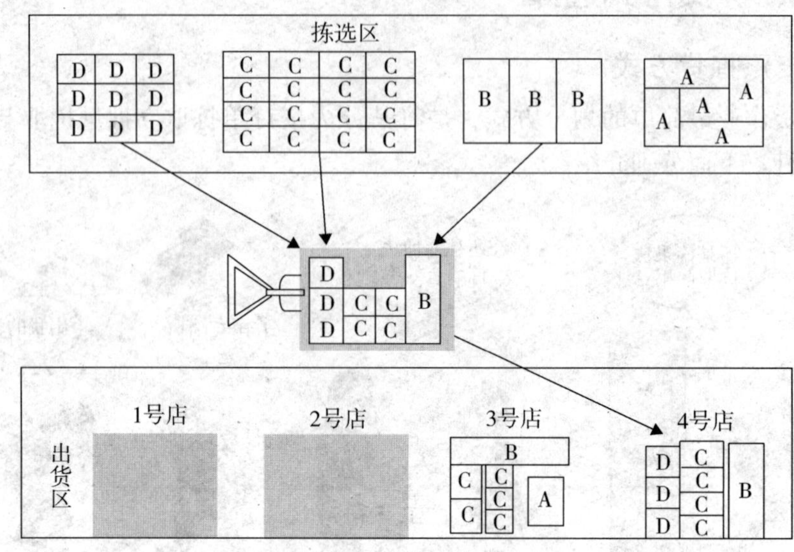

图 3-4　按订单拣取的工艺

2. 批量拣取

批量拣取又称"分货式""播种法"。

批量拣取即把多张订单集合成一个批次，按商品品种汇总后再进行拣取，然后按客户或不同订单分类处理。批量拣取作业流程如图 3-5 所示。

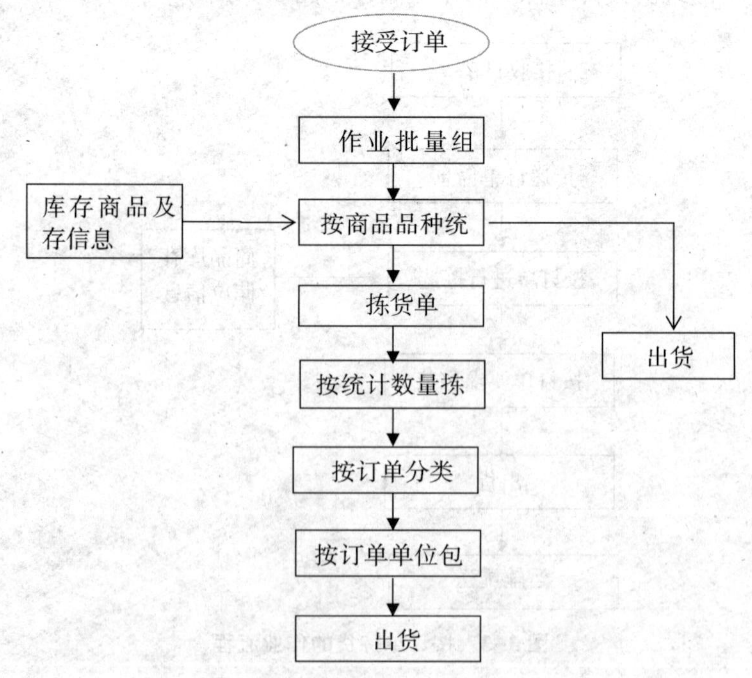

图 3-5　批量拣取作业流程

课堂笔记

批量拣取的工艺如图 3-6 所示。

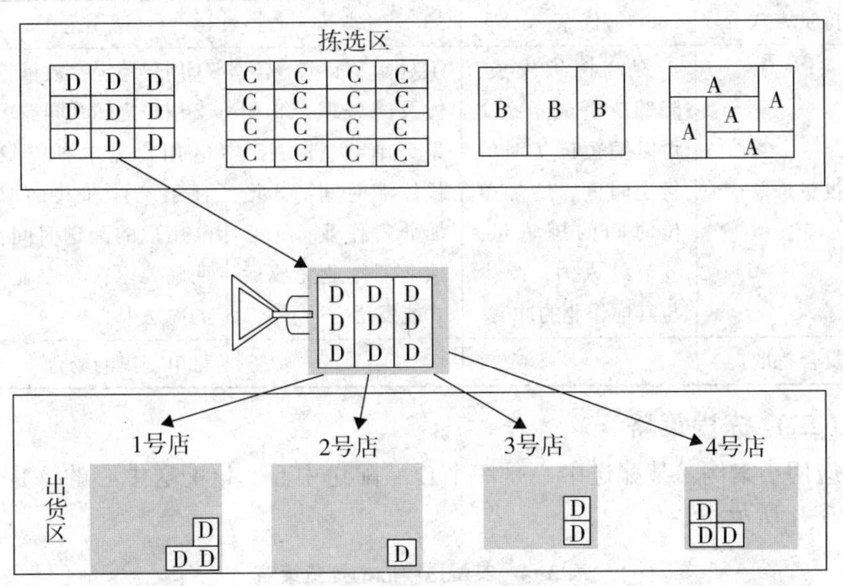

图 3-6　批量拣取的工艺

3. 复合拣取

复合拣取是将按订单拣取和批量拣取组合起来的拣货方式，即根据订单的品种、数量及出库频率，确定哪些订单适用于按订单拣取，哪些订单适用于批量拣取，然后分别采取不同的拣货方式。

各种拣货方式优缺点比较如表 3-3 所示。

表 3-3　各种拣货方式优缺点

拣货方式	优点	缺点	适用范围
按订单拣取	①作业方法简单；②作业前置时间短；③作业人员责任明确，易于安排人力；④拣货后不用进行分类作业，适用于配送批量大的订单的处理；⑤导入容易，作业弹性大	①商品品类多时，拣货行走路径加长，拣货效率降低；②拣货区域大时，搬运系统设计困难；③少量多次拣取时，造成拣货路径重复，效率降低	①用户不稳定；②用户之间共同需求差异较大；③用户需求种类较多，不便于统计和共同取货；④用户的配送时间有明确要求且要求不一；⑤传统仓库改建成的配送中心

课堂笔记

（续表）

拣货方式	优点	缺点	适用范围
批量拣取	①提高拣货规模，降低拣货成本；②可以缩短拣货时的行走时间，增加单位时间的拣货量；③节约人力，减少与其他作业的冲突	①对紧急订单无法做及时处理；②积累订单数量时，延长停滞时间；③增加分货作业；④必须全部作业完成后才能发货	①用户稳定，数量较多；②用户之间共同需求大；③用户需求种类较少，便于统计和共同取货；④用户的配送时间没有明确要求；⑤专业性强的配送中心
复合拣取			订单密集的场合

（二）拣货策略

应用小案例：某配送中心是一个食品配送中心，该配送中心的拣货策略如表 3-4 所示。

表 3-4　某配送中心的拣货策略

分区 资料项目	栈板储架拣货区	数位显示储架拣货区	计算机拣货台车拣货区
保管单位	栈板	箱	箱
拣货单位	箱	单品	单品
商品特性	体积大、量大、频度较低	体积小、量中、频度高	体积小、量小、频度低
拣货方式	合计量分批拣取后分类（SAP）	按订单拣取（SOP）	固定量分批拣取时分类（SWP）
拣货资讯	贴标签	电子信息	电子信息

问题：三种拣货方式各有哪些特点？

由表 3-4 可看出，分区策略有箱及单品两种拣货单位分区，其中单品拣货区有数位显示储架与计算机拣货台车两种拣货方式的分区，而数位显示储架拣货区内又使用到工作分区的策略，如此在规划时即按部就班地针对各拣货策略逐一考量，必能有效提升拣货效率。

拣货策略是影响拣货作业效率的重要因素，对不同的订单需求应采取不同的拣货策略。决定拣货策略的四个主要因素为：分区、订单分割、订单分批和分类。

1. 分区策略

所谓分区策略就是将拣货作业场地做区域划分，按分区原则的不同，有以下四种分区方法：

（1）货品特性分区。货品特性分区就是根据货品原有的性质，将需要特别储存搬运或分离搬运的货品进行区隔，以保证货品的品质在储存期间保持一定。

（2）拣货单位分区。将拣货作业区按拣货单位划分，如箱装拣货区、单品拣货区，或是具有特殊货品特性的冷冻品拣货区等。其目的是使储存单位与单位分类统一，以方便分拣与搬运单元化，使拣货作业单纯化，一般来说，拣货单位分区所形成的区域范围是最大的。

（3）拣货方式分区。在不同的拣货单位分区中，依拣货方法及设备的不同，又可细分为若干分区。分区的原则通常按商品销售的 ABC 分类而来。按各品类的出货量大小及拣取次数的多少，各做 A、B、C 群组划分。再根据各群组的特征，决定合适的拣货设备及拣货方式。这种方式可将作业区单纯化、一致化，以减少不必要的重复行走所耗费的时间。

（4）工作分区。在相同的拣货方式下，将拣货作业场地细分成不同的分区，由一个或一组固定的拣货人员负责拣取区域内的货物。这一策略的优点在于能减少拣货人员所需记忆的存货位置及移动距离，缩短拣货时间。同时，也可以配合订单分割策略，运用多组拣货人员在短时间内共同完成订单的拣取。接力式拣货就是工作分区下的产物，只是其订单不做分割或不分割至各工作分区，拣货人员以接力的方式来完成所有的拣货作业。

以上的拣货分区可同时存在或单独存在于一个配送中心内。

2. 订单分割策略

当订单上订购的货品项目较多，或是拣货系统要求及时快速处理时，为使其能在短时间内完成拣货处理，可将订单分为若干子订单交由不同拣货区域同时进行拣货作业。将订单按拣货区域进行分解的过程叫订单分割。

订单分割一般是与拣货分区相对应的，对于采用拣货分区的配送中心，其订单处理过程的第一次就是要按区域进行订单的分割，各个拣货区根据分割后的子订单进行拣货作业，各拣货区子订单拣选完成后，再进行订单的汇总。

下面介绍几种订单的分割方法：

（1）拣选单位分区的订单分割策略，如图 3-7 所示。

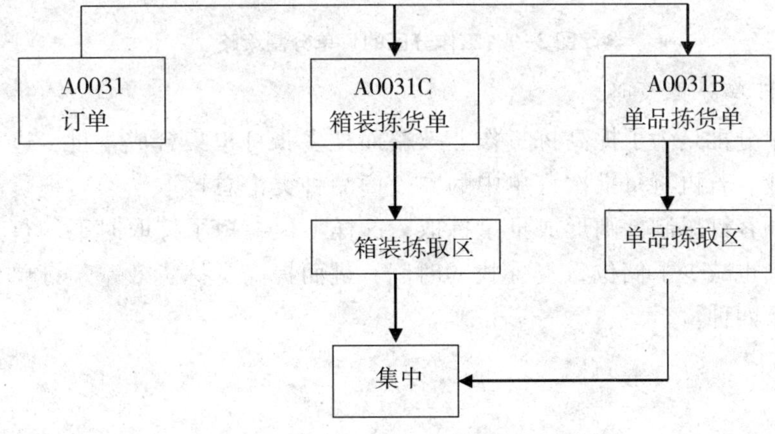

图 3-7　拣选单位分区的订单分割策略

（2）拣选方式分区的订单分割策略，如图 3-8 所示。

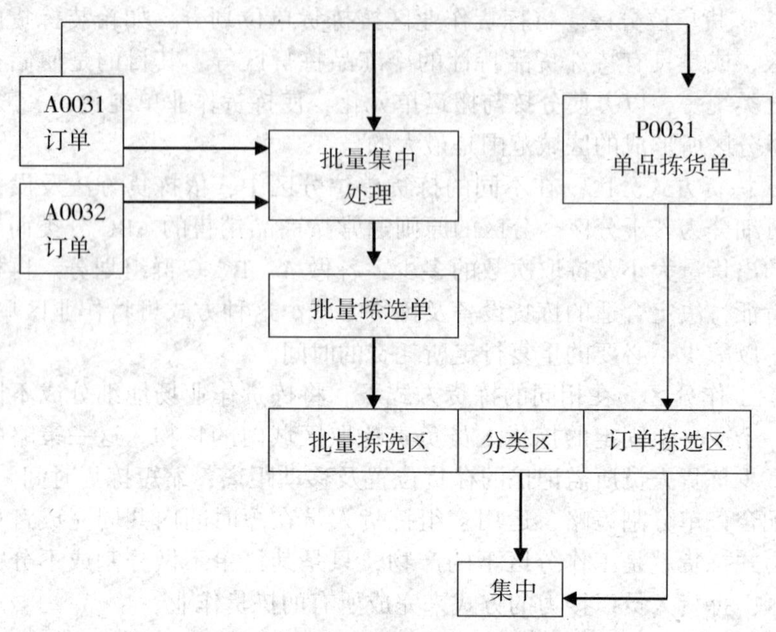

图 3-8　拣选方式分区的订单分割策略

（3）工作分区的订单分割策略，如图 3-9 所示。

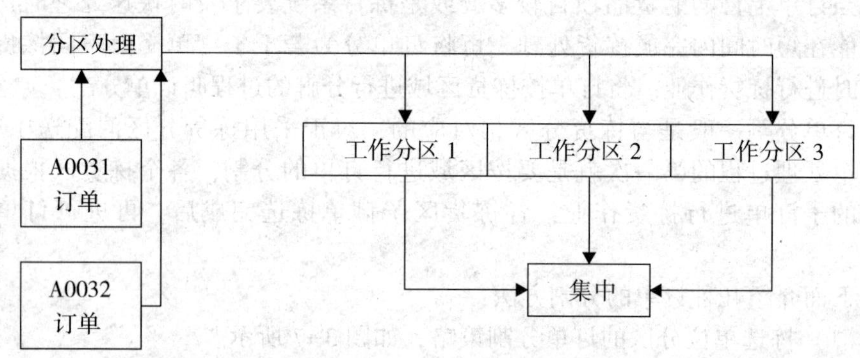

图 3-9　工作分区的订单分割策略

3. 订单分批策略

订单分批是为了提高拣货作业效率而把多张订单集合成一批，进行批次分拣作业。若再将每批次订单中的同一商品种类汇总拣取，然后把货品分类至每一顾客订单制，则形成批量拣取，这样不仅缩短了拣取时平均行走搬运的距离，也减少了储位重复寻找的时间，进而提高了拣货效率。订单分批方式有以下四种：

(1) 总合计量分批。合计拣货作业前所有累积的订单中每一商品项目的总量，再按这一总量进行拣取，如图 3-10 所示。这样便可将拣取路径减至最短，同时储存区域也较单纯化，但需要功能强大的分类系统来支持。此种方式适合于周期性配送，例如可将所有的订单在中午前搜集，在下午做合计处理，隔日一早再进行拣取、分类工作。

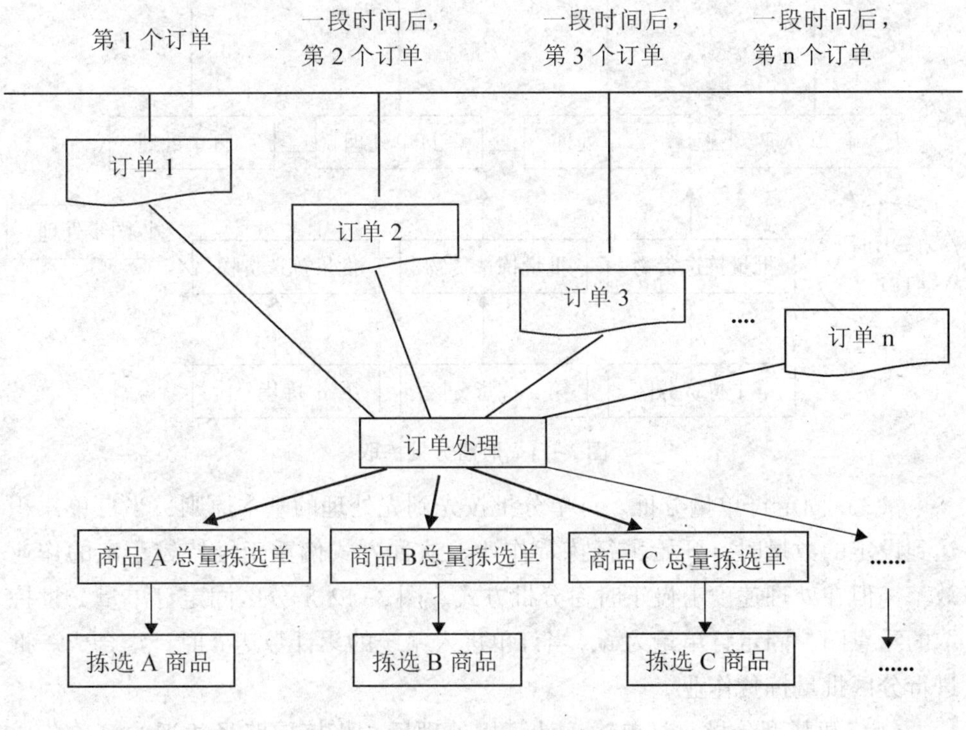

图 3-10　总合计量分批

(2) 时窗分批。当客户要求紧急发货时，可利用此策略，开启短暂而固定的时窗 5 或 10 分钟，再将这一时窗中所有的订单做成一批，进行批量拣取。这一方式常与分区及订单分割联合运用，特别适合于到达间隔时间短而平均的订单形态，同时订购量及种类不宜太多。图 3-11 是分区时窗分批拣取的示意图，所开时窗长度为 1 小时。各拣货分区利用时窗分批同步作业时，会因分区工作量不平衡和时窗分批拣货量不平衡而产生作业的等待问题。因此，如果能将作业等待的时间缩短，将大幅度提高拣货的产出效率。这种分拣方式较适合密集频繁的订单，且能应付紧急插单的需要。

课堂笔记

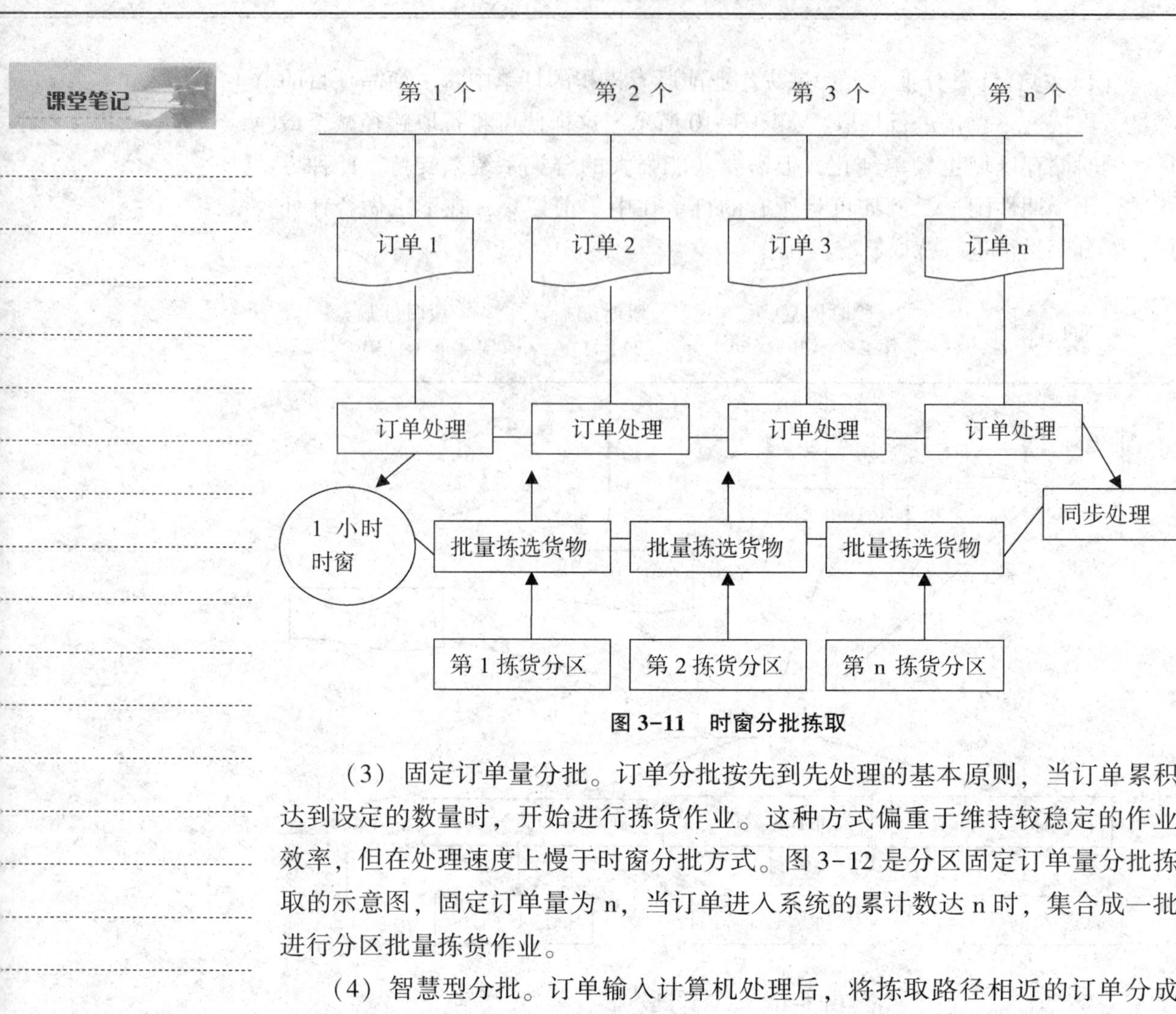

图 3-11 时窗分批拣取

（3）固定订单量分批。订单分批按先到先处理的基本原则，当订单累积达到设定的数量时，开始进行拣货作业。这种方式偏重于维持较稳定的作业效率，但在处理速度上慢于时窗分批方式。图 3-12 是分区固定订单量分批拣取的示意图，固定订单量为 n，当订单进入系统的累计数达 n 时，集合成一批进行分区批量拣货作业。

（4）智慧型分批。订单输入计算机处理后，将拣取路径相近的订单分成一批。采用这种分批方式的配送中心通常将前一天的订单汇总后，经过计算机处理在当天产生拣货单据，速度较快。

要做到智慧型分批。最重要的就是货品储存位置和货位编码的相互配合，使得订单输入货品编号后就可凭借货品货位编号了解货品储存位置的情况，再根据拣选作业路径的特性，找出订单分批的法则。

4. 分类策略

当采用批量拣货作业方式时，拣货完后还必须进行分类，因此需要相配合的分类策略。具体可分为以下两类：

（1）分拣时分类。在分拣的同时将货品按订单分类，这种分类方式常与固定量分批或智慧型分批方式共同使用。因此，需使用计算机辅助台车作为拣货设备，才能加快分拣速度，同时避免错误发生。较适用于少量多样的场合，且由于拣选台车不可能太大，所以每批次的客户订单量不宜过大。

（2）分拣后集中分类。一般有两种分类方法：一是以人工作业为主，将

课堂笔记

货品总量搬运到空地上进行分发，而每批次的订单量及货品数量不宜过大，以免超出人员负荷；二是利用分类输送机系统进行集中分类，是较自动化的作业方式。当订单分割越细，分批批量品相越多时，越适合使用后一种方式。

以上四类拣货策略可单独或联合运用，也可以不采用任何策略，直接按订单拣选。

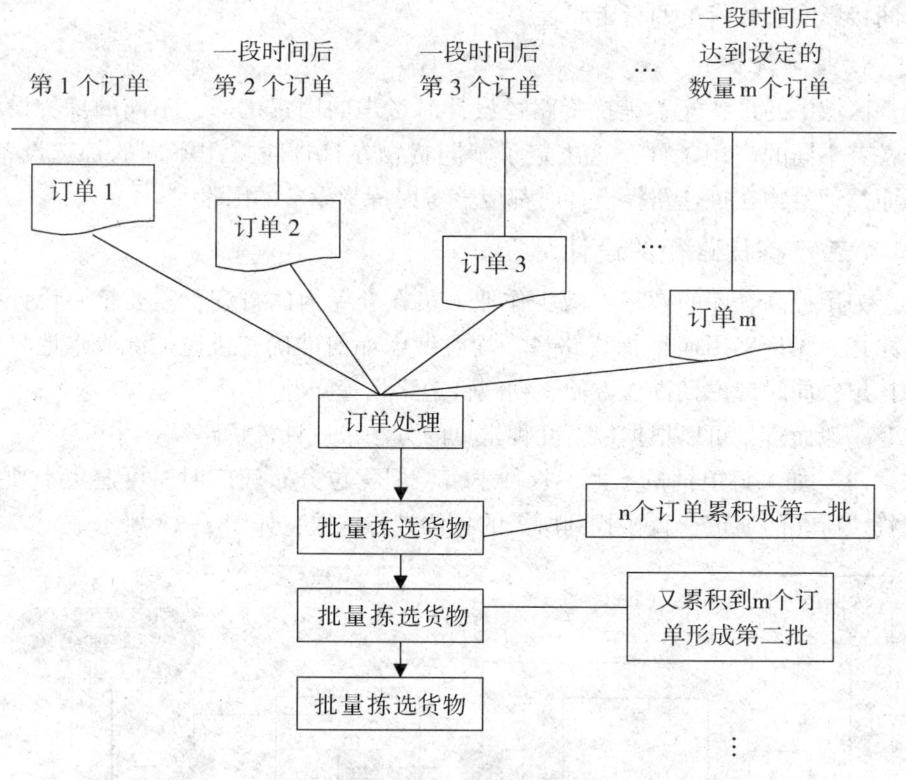

图 3-12　固定订单量分批拣取

三、拣货路径规划

拣货路径规划管理是“人到货”拣选方式管理中的重要内容，其管理内容是确定拣选的顺序和拣选行走的路线，目的是为了能在尽可能短的时间内完成拣选工作。

（一）影响拣货路径的因素

拣货路径的设计与拣货区域布局、拣货方式及策略、订单批量及货物种类、拣货设备等因素相关。

1. 拣货区域布局

拣货区域中货架排列格局，货架长度、宽度、深度，巷道数量、宽度等都是影响拣货路径的重要因素。

课堂笔记

2. 拣货方式及策略

拣货方式、策略的应用就是确定拣货单上货物的拣选顺序，再由拣货员从其储位上取出。这决定了拣货员的行走路径。

3. 订单批量及货物种类

订单批量及货物种类决定了在拣货过程中拣货方式、拣货策略等的应用。这间接影响着拣货员的行走路径。

4. 拣货设备

区域中的设备配置是拣货路径设计时考虑的因素之一，不同的拣货设备具备着不同的应用条件，这决定了不同货物在拣选时采用不同的拣选设备，因而每种货物在拣选路径设计时都应该考虑拣货设备的因素。

（二）拣货路径的设计

为了提高仓库的效率，减少作业人员在仓库内的行程，需要精心设计拣货路径。无论采用何种拣货路径，均要考虑如何准确、快速、低成本地将货物拣出，同时考虑到操作方便、缩减行走路径等问题。

一般而言，可以根据以下几种常见的方法来设计拣货路径：

（1）如果订单批量不大、货种不多，但货位分布较广时，可避免不须拣选货位所在的通道，直接找到所需的货位进行拣选，如图 3-13 所示。

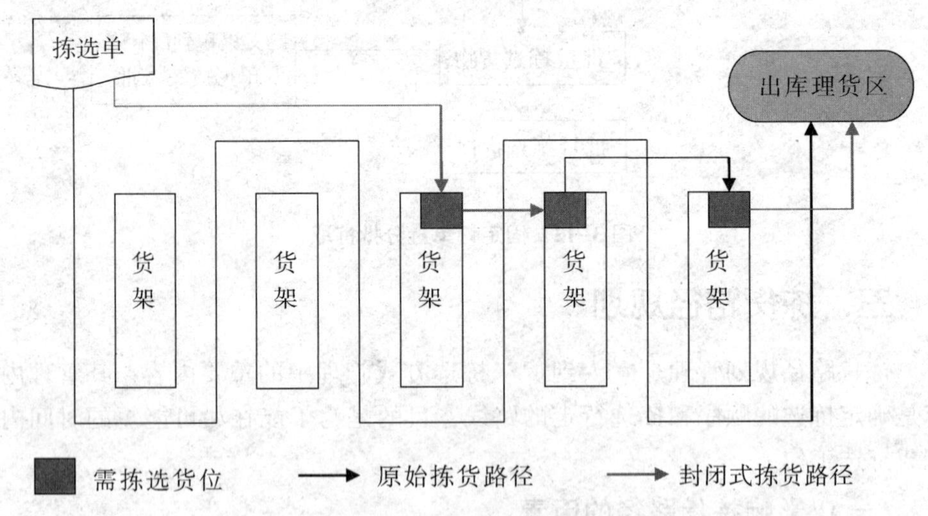

图 3-13　封闭式拣货路径

（2）如果订单批量大、货种多，可将订单分成多张拣选单，这些拣选单采用并联拣选的方式同时进行拣货，如图 3-14 所示。

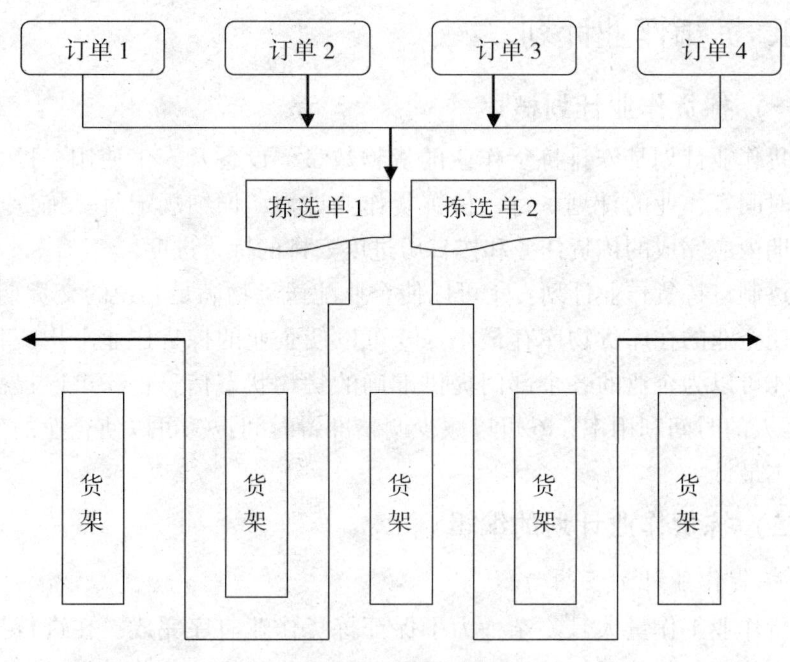

图 3-14　并联拣选路径

（3）如果订单批量不大，但货种多，可采用串联拣选方法进行拣货，如图 3-15 所示。工作分区中的接力式拣货就是这样一种拣货方法。

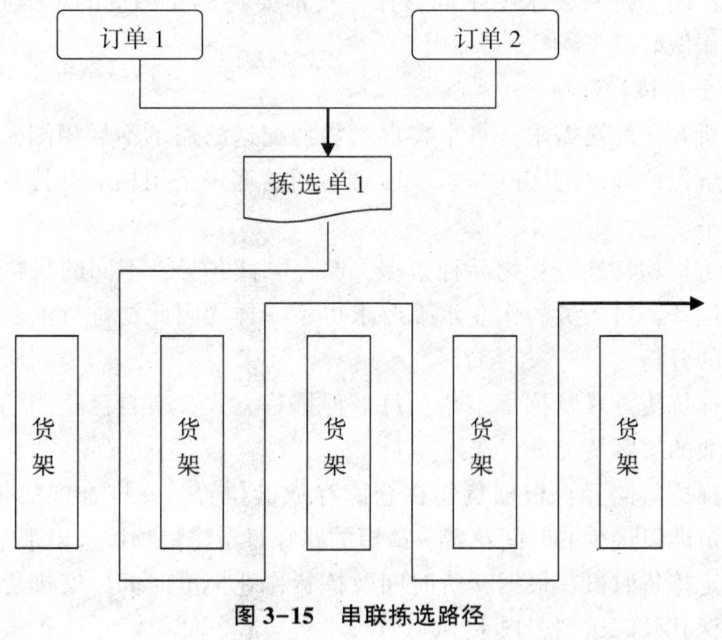

图 3-15　串联拣选路径

课堂笔记

四、拣货作业计划

（一）拣货作业计划概述

拣货作业计划是安排拣货作业的货物数量、设备及人工使用、投入时间和出产时间等作业的计划。每一份拣货作业计划，详细规定每一拣货环节在某一时期内应完成的拣货任务和按日历进度安排的拣货进度。

通过制订拣货作业计划：①可以使企业配送货物满足客户的交货期要求；②可以使企业的在库货物库存最小；③可以使企业的拣货作业平均流程时间最短；④可以为企业的各个部门提供准确的货物状态信息；⑤可以提高企业机器/工人的时间利用率；⑥可以减少调整准备时间；⑦可以使企业的生产和人工成本最低。

（二）拣货作业计划的编辑

1. 拣货作业计划编辑步骤

拣货作业工作量大且复杂，为了保证拣货作业有序完成，在进行拣货前须根据出货订单的货品、等级、数量等情况对货物进行拣货计划的安排。编辑拣货作业计划的步骤如下：

（1）收集拣货资料。拣货资料是拣货作业的依据，不同企业拣货资料的形式方式不同，拣货要求也不同，在拣货前要将需要拣货的单据收集齐全，为后续工作做好准备。

（2）分析拣货资料。

①分析客户配送需求：每个客户对货物配送的需求不尽相同，因此拣货之前须了解每位客户的实际需求，针对不同的客户采用相应的拣货方式，提高服务水平。

②分析货物特性：货物品种繁多，储存方式各异，不同的货物须对应不同的拣货设备，对人员的作业水平要求也不一样，因此在拣货前还必须进行货物特性的分析。

③选择拣货方式及拣货策略：每一种拣货方式都有自己适用的条件，需要根据企业的实际情况进行选择。

④选择拣货路径：根据货物在仓库存放的位置，安排合理的拣货路径，使作业人员能以最少的时间花费、最短的路径行走将货物拣选出来。

⑤确定拣货时机：根据交货时间及拣货作业标准时间，安排货物的拣选时机，确保其及时送到客户手中。

⑥安排拣货人员和设备：根据拣货方法和时间安排，选择相应的设备并配备恰当数量的作业人员，保证按时完成拣货任务。

（3）分析拣货作业工作事项。在拣货方式、拣货设备、拣货路径、拣货人员各要素分析完成后，还须分析在拣货作业中的工作事项，并且对这些工作事项进行具体安排。

课堂笔记

（4）编制拣货作业计划。

2. 拣货作业计划的编制方法

（1）关键日期表。它是一种较简单的进度计划方法，一般只列出关键活动和进行的日期。

（2）干特图（线条图、横道图）。它是以每条横条表示每项活动的起止时间。

（3）网络计划技术。它是指许多相互联系与相互制约的活动所需资源与时间及其顺序安排的一种网络状计划方法。其基本原理是利用网络图标表示计划任务的进度安排和各项活动之间的关系；在此基础上进行网络分析，计算网络时间值、确定关键路线；利用时差，不断改进网络计划，求得工期、资源和成本的优化。

3. 干特图的编制

干特图具有简单、醒目和便于编制等特点，在企业管理工作中被广泛应用。下面主要介绍用干特图来编制拣货作业计划。

（1）干特图表。在干特图中，横轴方向表示时间，纵轴方向并列机器设备名称、操作人员和标号等。图表内以线条、数字、文字代号等来表示计划（实际）所需时间、计划（实际）产量、计划（实际）开工或完工时间等。

（2）干特图的绘制步骤：

①明确项目牵涉的各项活动、项目。内容包括项目名称（包括顺序）、开始时间、日期、人物类型（依赖/决定性）和依赖于哪一项任务。

②创建干特图草图。将所有的项目按照开始时间、工期标注到干特图上。

③确定项目活动依赖关系及时序进度。使用草图，按照项目的类型将项目关联起来，并安排项目进度。

此步骤将保证在未来计划有所调整的情况下，各项活动仍然能够按照正确的时序进行。也就是确保所有依赖性活动能并且只能在决定性活动完成之后按计划展开。

应避免关键性路径过长。关键性路径是由贯穿项目始终的关键性人物所决定的，它既表示了项目的最长耗时，也表示了完成项目的最短可能时间。请注意，关键性路径会由于单项活动进度的提前或延期而发生变化。而且要注意不要滥用项目资源，同时，对于进度表上的不适用于关键性任务，因此作为关键性路径的一部分，它们的时序进度对整个项目至关重要。

④计算单项活动任务的工时量。

⑤确定活动任务的执行人员及适时按需调整工时。

⑥计算整个项目时间。

课堂笔记

第二节　拣货管理

一、拣货作业基本原则

（一）拣货的要点

除了少数拣货作业使用自动化设备以外，大多数还是依靠人工劳动的密集作业方式。因此，规划拣货系统时，应结合“七不”原则，以提高拣货作业人员的劳动生产率。

1. 不要等待

零闲置时间。尽量减少拣货人员的等待时间，以动作时间分析、人机时间分析方式改善。要研究瓶颈在什么地方、能力与负荷、拣取的缺陷等问题，还要分析不同时间、日期的作业密度，以及作业管理是否充分、分拣清单的样式和发布、时间等各种问题，减少作业上的损失。

2. 不要拿取

零搬运。多利用输送带、无人搬运车等设备，减少劳动强度。

3. 不要走动

缩短动线。物流的动线越简单越好，拣货通道通常是一条龙的格局。拣货的步行时间一般占到全部作业时间45%~60%。可采取拣货工作分区，物至人拣取或导入自动仓库等自动化设备。

4. 不要思考

零判断业务。不要存在需要让作业人员思考判断才能进行的作业。根据货架和场地管理，提出单纯简洁的作业指示。如果能够排除需要思考的事情，就不需要熟练作业者，也不会出现“作业效率难以提高，差错较大”的情况。不应该存在货架的中上下段难以区分，需要作业人员思考的问题。有时为简化作业，不依赖熟练工，使用条形码自动识别装置及自动化设备也是一种选择。

5. 不要寻找

科学的储位管理。随时管理，整顿物品，货位编排异动要确实登录，拣取时以电子标签灯号实时指示。

6. 不要书写

无纸作业。日常作业中常常发生纸张作业的问题，因为需要书写的东西大量增加，转记过程的差错就难免会产生。如果订货信息不用纸张打出，而是用计算机传递指示拣货，根据信息进行数字分拣或灵活运用pos拣货，就能节约时间和纸张，达到无纸化作业，避免笔误造成作业失误。

课堂笔记

7. 不要检查

利用条形码由计算机检查。越低拣货率，缩短复点时间。

应用小案例：速达配送中心是一家综合性的配送中心，该配送中心在运营过程中发现一系列问题：①分拣工作量大、工作效率低；由于是商品装箱，在三班倒的工作模式下，夜班工人经常要工作到深夜两三点钟。②分拣错误率高：由于全部是人工操作，经常出现“串货”现象。③信息化程度低：由于使用分拣程控室提供的分拣详单装箱，无法实现针对每个零售户一屏一户的实时信息管理。系统信息无法实时更新，出错复查的难度很大。④外包装形象差：由于是单品货物直接交给客户，没有外包装，给客户的形象感差。⑤送货差错率高：由于送货时需要同箱号对应，人为出现差错的概率大大增加。

2009 年，为了解决配送中心分拣作业存在的问题，更好地服务广大客户，该配送中心决定对现有流程进行调整。在整个物流系统中，分拣系统的设计尤为关键。速达配送中心意识到这一点，在分拣系统设计时，对现有的设备及工作进行了整理。该配送中心认为分拣作业区要完成的工作包括：重力式货架的单品补货、A 字形自动分拣机的箱装补货、箱装及托盘装货物自动分拣等工序。分拣作业区主要包括两条相对独立的 A 字形自动分拣线，可同时进行四个订单的分拣工作。

速达配送中心同时引进叠层自动套膜封口热收缩包装机和高速标签打印机，用于自动分拣后的包装和贴标签。改进之后新的分拣、配送作业流程如下：

第一，经 A 形架自动分拣，打标后的货物经过点数机（按客户需求隔离）后，进入叠层自动套膜封口热收缩包装机进行包装。

第二，包装好的货物由分拣员与计算机显示的分拣信息进行核对，确认无误后粘贴同步打印、输出的外包装标签（包含商户信息及其所需商品信息），并装入周转箱。

第三，经重力货架自动分拣系统的单品货物直接进入到出货区。

第四，配送人员根据包装上的标签信息将物品分送到终端客户。采用新的工作流程后，各方反应良好。速达配送中心的经济效益与社会效益也明显上升。这个新流程主要从拣货要点的“七不”原则对现有的系统进行了改造。

问题：速达配送中心如何根据“七不”原则对现有系统进行改造？

（二）拣货作业合理化的原则

拣货作业合理化原则包括以下内容：

1. 存放时应考虑易于出库和拣货

存放时要了解和记忆各种货物的存放位置，出入库频繁的货物应存放在

课堂笔记

距离较近的地方，这样可以缩短取货时间。

2. 提高保管效率，充分利用存储空间

在现实中存储空间不能充分利用的情况是常见的，除了提倡立体化存储外，可以通过减少通道所占用的空间来提高保管效率，还可以使用一些有特色的保管和搬运设备。

3. 减少拣选错误

拣货作业中，误发货往往是不可避免的，然而这是最大的浪费，应加以避免。为了解决这一问题，除了实现机械化和自动化之外，还要求作业者尽可能减少目视及取物操作上的错误。为此，在作业指示和货物的放置方面要仔细研究。

4. 作业应力求平衡，避免忙闲不均的现象

必须重视收货入库、接受订单后出库等作业和进、出卡车装卸作业时刻表的调整。通常卡车卸货到入库前的暂存，以及出库和卡车装载之间的理货作业，是作业不能均衡调节的重要因素，其他作业也应周到考虑、合理安排。这样做可以减少忙乱，节约人力。

5. 事务处理和作业环节要协调配合

要调整物流和信息流，使两方面的作业都没有等待时间。通常在物流作业之前要进行信息处理，例如，在发货时先要根据发货通知将货物取出，在出库区进行理货作业，然后填写出库单，这些事务工作完成后，配送车辆的司机再拿着出库单来提货。

6. 拣货作业的安排要和配送线路的顺序一致

向配送车辆装货时必须考虑配送顺序，而在出库区理货时又要考虑装载方便。在拣选货物时也要依据这个原则，即拣货作业的安排要和配送路线的顺序一致。

7. 缩短配送车辆的滞留时间

缩短滞留时间是减少运输成本的重要因素。首先，如前所述，作业均衡化、事务处理和作业环节协调配合对缩减车辆等待时间是必需的；其次，减少卡车的装卸时间也是很重要的，为了减少装卸时间，应尽可能采用单元化集装系统，有效地应用各种托盘进行装卸作业；还应在理货时考虑配送顺序，便于卡车在短时间内完成装卸作业。如果想进一步提高效率，还可以采用大型集装箱或拖车，使卡车的等待时间减少到最低限度。

二、拣货作业区域规划

合理化的动线是物流效率化的基本思想，也就是希望货品由入库开始，直至出库都能运行顺畅。由于拣货作业是整个配送作业的核心部分，所以拣

货作业区域规划对拣货作业效率的影响非常重大。以下是拣货作业区域的主要布局模式：

1. 储存区和拣货区共用托盘货架的拣货方式

体积大、发货量大的物品适合这种模式。一般是托盘货架第一层（地面层）为拣货区，第二层和第三层以上为储存区。当拣货结束后再由储存区向拣货区补货。

2. 储存区和拣货区共用的零星拣货方式

（1）流动货架拣货方式。入库时，在进货区把货品直接由货车卸到入库输送机上，入库输送机自动把货品送到储存区和拣货区。出库时，拣取完的货物立即被放置于出库输送机上，自动把货品送到发货区。

这种方式适用于进出货量较小、体积不大或外形不规则货品的拣货工作。因为进货、保管、拣货、发货都是单向物流动线，可配合入出库的输送机作业。让流动货架来实现储存和拣货的动管功能，可以达到先入后出的管理效果。

这种方式的拣取单位可分为箱拣货和单品拣货两种形式。拣货方式可配合加贴条码标签作业进行输送带的分类作业。单品拣货还可进行拆箱作业，并可利用储运箱为拣货用户的装载单位进行集货，再通过输送带分送到发货区，当然储运箱应具有条码、发货单卡之类的识别功能。

流动货架的优点在于：仅在拣货区通道上行走便可方便拣货，使用出入输送机提高效率，出入库输送机分开可同时进行出入库作业。图 3-16 为单列流动货架拣货方式。

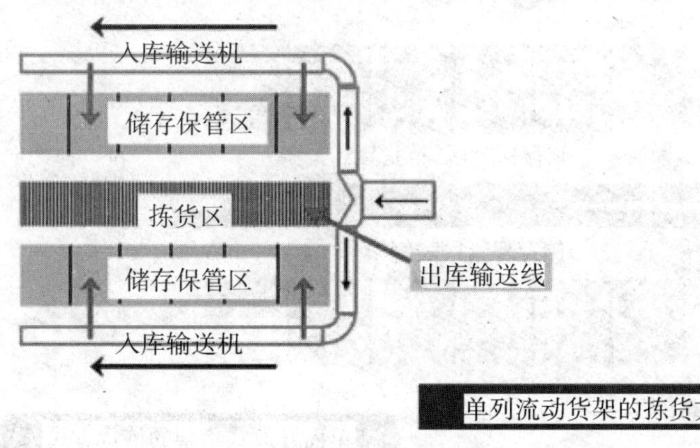

图 3-16　单列流动货架拣货方式

规模较大的物流配送中心可采用多列流动货架进行平行作业。然后，再用合流输送机将各线拣选货物集中。图 3-17 为多列流动货架拣货方式。

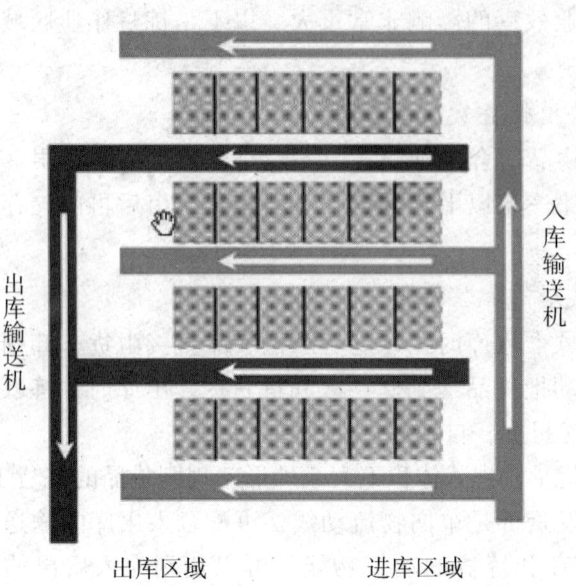

图 3-17　多列流动货架拣货方式

（2）一般货架拣货方式。用单面开放式货架进行拣货作业，入库和出库是在同一侧。因此，可共用一条入库输送机来进行补货和拣货作业。此种方式虽然节省空间，但是必须注意入库和出库时间必须错开，以免造成作业混乱。图 3-18 为单面开放式货架拣货方式。

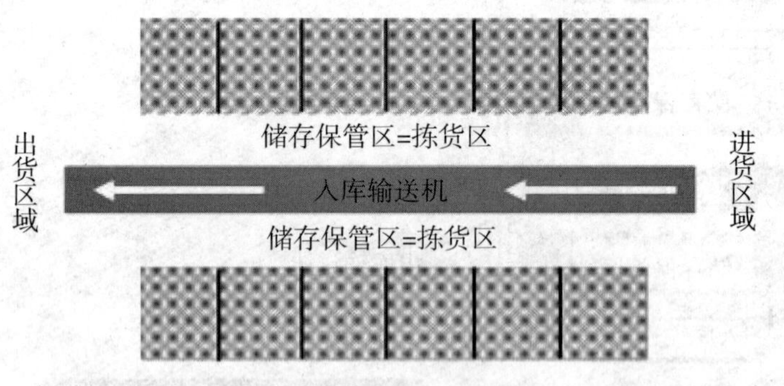

图 3-18　单面开放式货架拣货方式

（3）阁楼式货架拣货方式。如利用有限空间进行大量拣货作业，可用楼阁式货架拣货。上层为小型轻货架，用于单品拣取；下层为大型重货架，为箱拣取。采取阁楼式货架拣货方式拣货，作业时，拣取位置不宜超过 1.8 米，否则操作困

课堂笔记

难。这样可充分利用仓储空间。图 3-19 为楼阁式货架拣货方式。

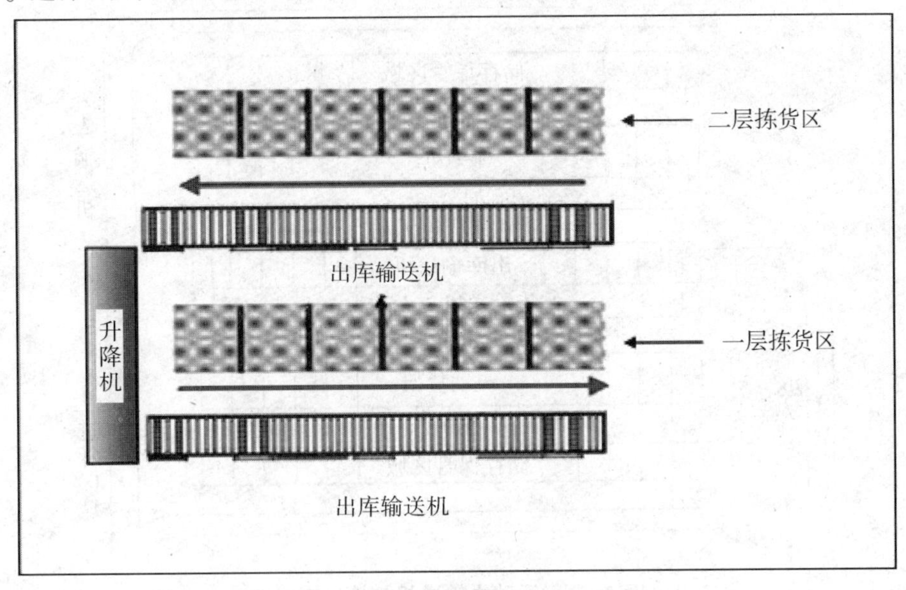

图 3-19　楼阁式货架拣货方式

3. 储存区与拣货区分开的零星拣货方式

这种方式的特点是储存区与拣货区不在同在一个货架，要通过补货作业把货品由储存区送到拣货区。此种方式适合于进出货量中等的情况。图 3-20 为储存区与拣货区分开的零星拣货方式。

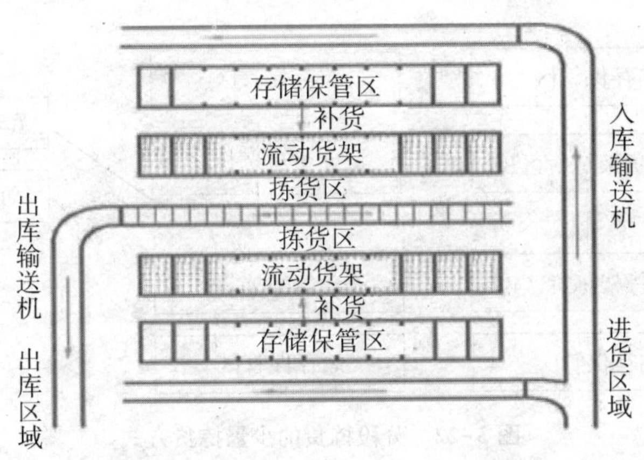

图 3-20　储存区与拣货区分开的零星拣货方式

如果作业是多品种、小批量的单品发货方式，则可在拣货区的出库输送机两侧增设无动力拣货输送机，如图 3-21 所示。这种方式的优点是拣货员拣取货物利用输送机，一边推着空储运箱，一边按拣货单依箭头方向在流动货架前边走边拣货。当拣货完毕便把储运箱移动到动力输送机上。这种方式工作方便，效率较高。

课堂笔记

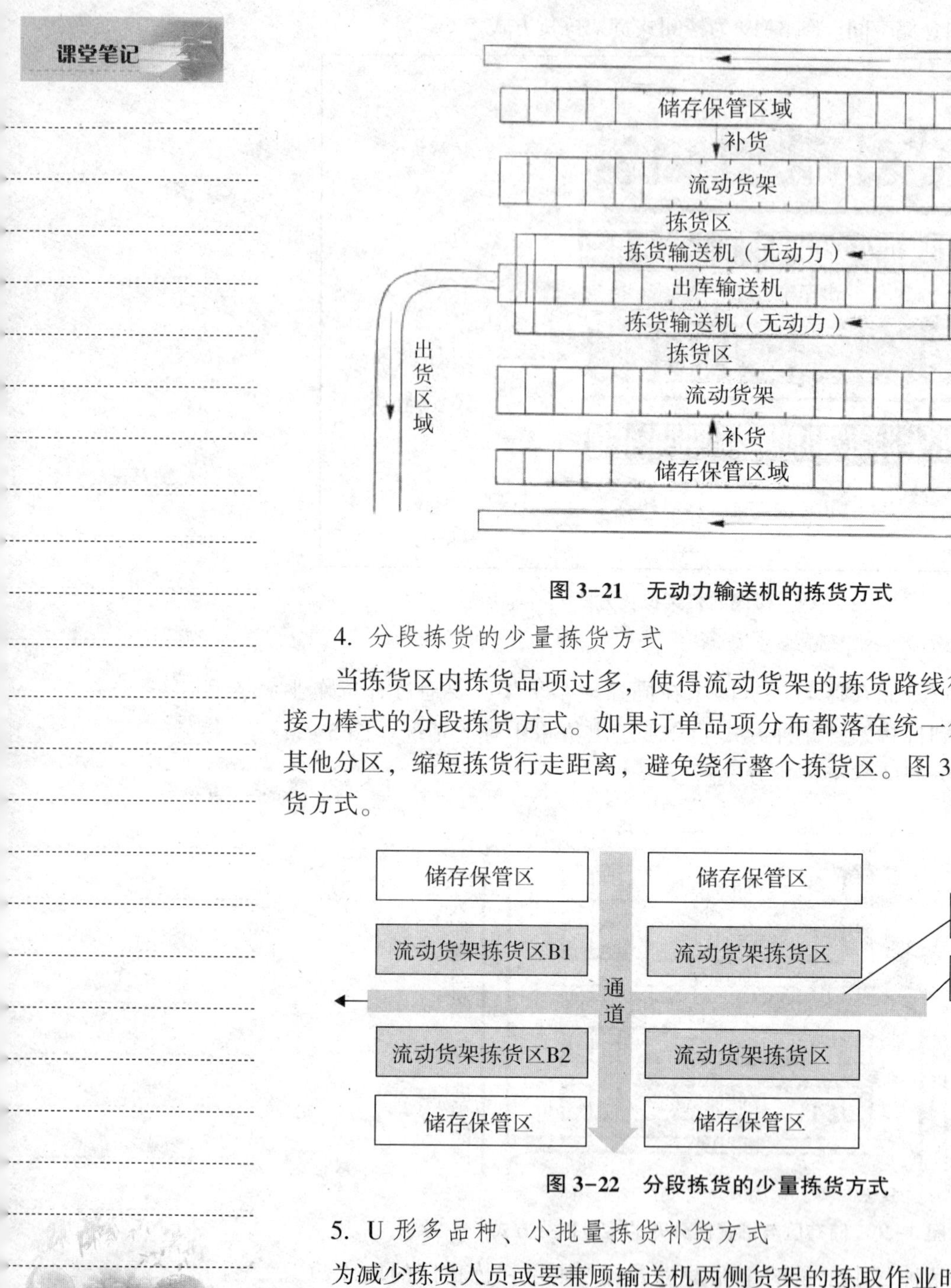

图 3-21　无动力输送机的拣货方式

4. 分段拣货的少量拣货方式

当拣货区内拣货品项过多，使得流动货架的拣货路线很长时，则可考虑接力棒式的分段拣货方式。如果订单品项分布都落在统一分区中，则可跳过其他分区，缩短拣货行走距离，避免绕行整个拣货区。图 3-22 为分段拣货补货方式。

图 3-22　分段拣货的少量拣货方式

5. U 形多品种、小批量拣货补货方式

为减少拣货人员或要兼顾输送机两侧货架的拣取作业时，可采用 U 形拣货路径和输送机方式。图 3-23 为 U 形多品种、小批量拣货补货方式。

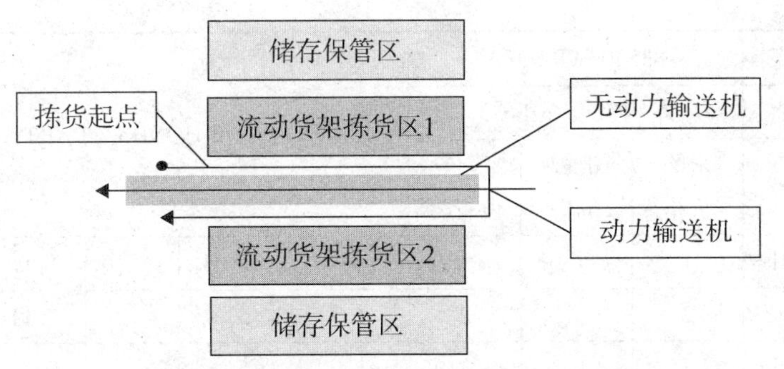

图 3-23　U 形多品种、小批量拣货补货方式

三、拣货作业信息传递

拣选信息是拣货作业的原动力，主要目的是指示拣货的进行，而拣货资料的源头来自客户的订单，为了使拣货人员在既定的拣货方式下正确而迅速地完成拣货，拣货信息成为拣货作业中重要的一环。利用拣货信息来支持拣货系统，除使用传统的单据传来信息外，还有一些自动传输的无纸化系统已逐渐被导入。以下介绍一些利用各种拣货信息来辅助拣货的应用方式。

常见拣选信息传送方式有传票拣选、拣货单拣选、拣选标签、电子标签辅助拣选、RF 辅助拣选、IC 卡拣货与自动拣选等方式：

1. 传票拣选

传票事例如表 3-5 所示

表 3-5　订货单示例

<table>
<tr><td>零件号码</td><td colspan="3">83540 398 00ZA</td><td colspan="5" rowspan="3">广州 HONDA　PARTS</td></tr>
<tr><td>零件名称</td><td colspan="3">左侧盖板（R4C）</td></tr>
<tr><td>登录
日期</td><td>采购
价格</td><td>销售
价格</td><td>零件
位置号</td></tr>
<tr><td>11/07/04</td><td>192</td><td>240</td><td>COB12</td><td></td><td>最大库存</td><td>12</td><td>最小库存</td><td>10</td></tr>
<tr><td>日期</td><td>接受订货</td><td>采购</td><td>发货</td><td>库存</td><td>订货中</td><td>缺货</td><td>潜在库存</td><td>订货</td></tr>
<tr><td>04 月 01 日</td><td>1</td><td></td><td>1</td><td>8</td><td>4</td><td></td><td>12</td><td></td></tr>
<tr><td>04 月 06 日</td><td>1</td><td></td><td>1</td><td>7</td><td>4</td><td></td><td>11</td><td></td></tr>
<tr><td>04 月 15 日</td><td></td><td>4</td><td></td><td>11</td><td></td><td></td><td>11</td><td></td></tr>
<tr><td>04 月 20 日</td><td>2</td><td></td><td>2</td><td>9</td><td></td><td></td><td>9</td><td>3</td></tr>
<tr><td>04 月 27 日</td><td>1</td><td></td><td>1</td><td>8</td><td>3</td><td></td><td>11</td><td></td></tr>
<tr><td>04 月</td><td>5</td><td>4</td><td>5</td><td>8</td><td>3</td><td></td><td>11</td><td>3</td></tr>
<tr><td>05 月 10 日</td><td>1</td><td></td><td>1</td><td>7</td><td>3</td><td></td><td>10</td><td>2</td></tr>
</table>

课堂笔记

（续表）

零件号码	83540 398 00ZA			广州 HONDA PARTS				
零件名称	左侧盖板（R4C）							
登录日期	采购价格	销售价格	零件位置号					
05月18日	1		1	6	5		11	
05月	2		2	6	5		11	2
06月03日	3		3	3	5		8	4
06月07日	2		2	1	9		10	2
06月10日	3		1	0	11	2	9	3
06月21日		3		3	11	2	12	
06月25日			2	1	11	0	12	
06月	8	3	8	1	11	0	12	9

传票拣选是原始的拣选方式，直接利用客户的订单或以配送中心送货单来作为拣货指示凭据。依据顾客的订货单据拣选，拣选员一面看着订货单的品名，一面寻找货品，需要来回走动才可拣足一张订单。

这种方法适用于订单订购品种较少、批量较小的情况，经常配合订单的拣取方式。订单在传票和拣货过程中易受到污损，可能导致作业过程发生错误，而且订单上未标明货物储放的位置，靠作业人员的记忆拣货，影响拣货效率。

2. 拣货单拣选

拣货单拣选是目前最常用的拣选方式，将原始客户订单输入计算机后进行拣选信息处理，打印拣货单，如表3-6所示。拣货单的品名系按照货位编号重新编号，让拣选员来回一趟就能拣足一张订单；拣货单上印有货位编号，拣选员按其编号寻找货品，使不识货品的新手也能拣选。

表3-6 配送中心拣货单

拣货单编号：jhd001　　　　订单编号：d001

拣货单编号：jhd001　　　　订单编号：d001

<table>
<tr><td>用户名称</td><td colspan="3"></td><td>地址</td><td colspan="2"></td><td>电话</td><td colspan="2"></td></tr>
<tr><td>出货日期</td><td colspan="4"></td><td colspan="2">出货货位号</td><td colspan="3"></td></tr>
<tr><td>拣货日期</td><td colspan="6">年 月 日 至 年 月 日</td><td>拣货人</td><td colspan="2"></td></tr>
<tr><td>核查时间</td><td colspan="6">年 月 日 至 年 月 日</td><td>核查人</td><td colspan="2"></td></tr>
<tr><td rowspan="2">序号</td><td rowspan="2">储位号码</td><td rowspan="2">商品名称</td><td rowspan="2">规格型号</td><td rowspan="2">商品编号</td><td colspan="3">包装单位</td><td rowspan="2">数量</td><td rowspan="2">备注</td></tr>
<tr><td>箱</td><td>整托盘</td><td>单件</td></tr>
</table>

课堂笔记

（续表）

<table>
<tr><td></td><td></td><td></td><td></td><td></td><td></td><td></td><td></td><td></td><td></td></tr>
<tr><td></td><td></td><td></td><td></td><td></td><td></td><td></td><td></td><td></td><td></td></tr>
<tr><td></td><td></td><td></td><td></td><td></td><td></td><td></td><td></td><td></td><td></td></tr>
<tr><td></td><td></td><td></td><td></td><td></td><td></td><td></td><td></td><td></td><td></td></tr>
<tr><td></td><td></td><td></td><td></td><td></td><td></td><td></td><td></td><td></td><td></td></tr>
<tr><td>备注</td><td colspan="9"></td></tr>
<tr><td colspan="5">托运人（盖章）</td><td colspan="5">承运人（盖章）</td></tr>
<tr><td colspan="5">日期：______年______月______日</td><td colspan="5">日期：______年______月______日</td></tr>
</table>

拣货单一般根据货位的拣货顺序进行打印，拣货人员根据拣货单的顺序拣货；拣货时将货品放入搬运器具内，同时在拣货单上做记号，然后在执行下一货位的拣货。

一般而言，拣货单是根据拣货的作业区和拣货单位分别打印的，如整盘拣货（PP）、整箱拣货（PC）、拆箱拣货（CB）或单品拣货（BB）等的拣货单分别打印，分别拣货，然后在出货暂存区集货等待出货。这是一种最经济的拣货方式，可使拣货精确度大大提高，必须配合货位管理才能发挥其效益。

这种方式的优点：经过处理后形成的拣货单上所标明的信息能更直接、更具体地指导拣货作业，提高拣货作业效率和准确性。但处理打印拣货单需要一定的成本，而且必须尽可能防止拣货单出现误差。

3. 拣选标签

这种拣货方式中，由拣选标签取代了拣选单，拣选标签的数量与分拣量相等，在分拣的同时将标签贴在物品上以便确认数量。这种方式中，标签贴上物品的同时，物品与信息立即建立了一种对应关系，所以拣选的数量不会产生错误。其原理为当接单之后经过计算机处理，依据货位的拣货顺序排列打印拣货标签，订购几箱（件）货品则标签就打印几张，标签张数与订购数一样，拣货人员根据拣货标签上的顺序拣货。拣货时将货品贴上标签之后放入拣货容器内，当标签贴完即代表该项货品已经拣货完成了。

标签拣货主要应用于高单价的货品拣货，也可以应用在商店的拣货及货品的拣货上，但货品的拣货的应用例子较多，因为可以利用标签上的条码来自动分类，效率非常高。

此种拣货大部分被应用在整箱拣货及单品拣货上，整箱拣货的标签除了单品拣货标签上的内容外还包括客户地址及配送路线；因此，可以直接当成出货标签使用，必要时也可以增加条码打印，以提高作业效率。而单品拣货之后大部分都必须装入纸箱或塑料箱内，因此必须增加出货标签，客户地址及配送路线的资料在出货标签上打印出来，而单品拣货的标签则可以省略这部分内容。

课堂笔记

4. 电子标签辅助拣选

电子标签辅助拣选是一种计算机辅助的无纸化拣货系统，其原理是在每一个货位安装数字显示器，利用计算机的控制将订单信息传输到数字显示器内，拣货人员根据数字显示器所显示的数字拣货，拣货完成后按确认钮即完成拣货工作，也叫作电子标签拣货。

在这种拣货方式中，电子标签取代拣选单，在货架上显示拣选信息，以减少"寻找货品"的时间。分拣的动作仍由人力完成。电子标签是很好的人（拣选员）机（计算机）界面，让计算机负责繁琐的拣选顺序的规划和记忆，拣选员只须依照计算机批示执行拣选作业。电子标签有一个小灯，灯亮表示该货位的货品是待拣货品。电子标签中间有多个字元的液晶屏，可显示拣选数量。如此，拣选员在货架通道行走，看到灯亮的电子标签就停下来，并按显示数字来拣取该货品所需的数量。电子标签设备主要包括电子标签货架、信息传送器、计算机辅助拣选台车、条码、无线通信设备等。

电子标签根据其功能可以分为传统电子标签和智能型电子标签。传统电子标签只能显示拣选数量，而智能型电子标签可显示价格、标签编号、货位标号、拣选数量、台车车号与台车格位等拣选信息。智能型电子标签是在传统电子标签的基础上发展起来的，其功能更加完善。其主要功能特点包括：①一个电子标签可以对应一个货位或多个货位；②指示一个拣选员进行单一订单拣选；③指示一个拣选员进行多张订单拣选；④指示多个拣选员进行单一订单拣选；⑤指示多个拣选员进行多张订单拣选；⑥指示拣选路径；⑦立即更正拣选错误。

因智能型电子标签可提供上述功能，故能适合各种拣选频率和拣选作业模式。

智能型电子标签具备较多的功能和优点，两者的比例如表 3-7 所示。

表 3-7　智能型电子标签与传统型电子标签对比

功能说明	智能型电子标签	传统电子标签
显示方式	四位字母，可显示数字及符号	四位字母，仅能显示数字
传输方式	RS485 网络传输	RS485
对应货位	一或多个货位	一个货位
对应货品	一个标签对应一或多种	一个标签对应一种
货位动态分割	可	不可
移动路线指示	有	无
拣错防止	有	无
多订单拣选	可	不可

课堂笔记

（续表）

功能说明	智能型电子标签	传统电子标签
多人拣选指示	可	不可
店号指示	可	不可，需加上店号指示器
盘点作业	有	有些可以
拣选方式	直觉式	直觉式
导引指示	高亮度大直径 LED	一般灯泡
拣选指示	高亮度点矩阵 LED	数字型 LED
可靠度	佳	佳
作业扩充弹性	佳	困难
配线方式	简单	复杂
维修作业	简单	稍难

应用小案例：江苏澳洋医药物流有限公司地处江苏省张家港市，交通便利，物流顺畅。为了满足华东市场以药物拆零销售为主要特点的“快配”销售需求，江苏澳洋医药采用电子标签配合传统单据的物流作业模式。

传统拣货的方式一般是根据客户所订购的内容打印出拣货单，再交给拣货人员，依据拣货单所指示的内容，从仓库中将应拣选的货品一一取出。拣货人员在作业时凭借的除了拣货单据的指示外，即是对仓库整体环境的熟悉和对商品摆放位置的记忆等，这就造成拣货的错误率难以降低，效率无法提升，人员需要的训练与熟练的时间长，整体作业方式对于效能的提高缺乏应变的弹性，因此其所产生的相应成本亦居高不下。

而电子标签辅助拣货系统的电子标签显示器，安装于货架储位上，原则上一个储位内放置一个产品，并且以一张订单为一次处理的单位，系统会将订单中所有订货商品所代表的电子标签亮起，拣货人员依照灯号与数字的显示将货品自货架上取出，即称为电子标签辅助拣货系统。然而，拣货作业要能达到应有的品质水准，亦要有良好、精确的仓储管理系统和整体规划，方能发挥其效益。

TCP/IP 控制器：负责管控电子标签通信收发，每个控制器在使用上约可控制 256 个标签；

标准型 6 位数电子标签：在标签的面板设计上，除了灯号与按键外，尚有一可显示数量的 6 位数 LED 显示设计，此标签将装于每个拣货储位上辅助拣货；

完成器：当某一拣货区域作业完成时，完成器会被启用，灯亮起，蜂鸣器亦会响起，用以提示作业者该区已完成拣货。

江苏澳洋医药物流有限公司设计的整个电子标签拣货区储位有 39 排×4

课堂笔记

组×N 个货位，因此建议将拣货区设 22 个通道，其中有的通道可以实现双边拣货。

每个通道可同时拣取不同的出库订单，每个通道即是一张订单最基本的拣货区域范围；整体的拣货作业逻辑规划，拟采用“一人一单、跳跃式”的作业方式来完成拣货作业。所谓“跳跃式”拣货，即是由电子标签指示通知，以提示拣货人员经过不必要拣货的区段，以提升拣货作业效率，作业者完成依照标签指示进行，直至将某张订单拣取完毕。

各拣货区出口或入口端配置一个下一通道指示器，用以在跳跃式拣货时，显示下一个目的通道，以便于拣货人员顺利前往。

首先，在标签作业流程方面，根据规划和设计，江苏澳洋医药物流有限公司仓库发货的每张拣货订单及其拣货步骤如下：

第一，作业人员先控制计算机加载本批次订单，接着即可进行拣货作业，不需要再回到计算机处进行相关作业。

第二，显示待拣的第一张订单，作业人员直接前往其起始通道区进行拣货。

第三，作业人员至目的拣货通道入口端，先查看订单显示器上所显示的订单资料是否为自己负责的订单：若不是，则等待，待至其所显示的订单资料为所负责的订单，则可开始按照标签指示拣货。

第四，拣货完成时，蜂鸣器响起，再查看下一通道指示器上所显示的信息：倘若显示该区已完成，须至另一拣货区继续拣货，拣货员只要按下完成器上的红色确认即可，重复第三步。

倘若显示该订单已全数拣货完成，可离开。

其次，在电子标签作业特色方面，经过多方考察和软硬件系统供应商的多次认证，江苏澳洋医药物流有限公司所采用的电子标签规则方案考虑到了医药物流行业零散批次、拣货作业量大的特点，对商贸流通企业和物流企业而言有如下特点：

第一，现场动线规划。作业现场采用多通道，订单数增加时，多人可同时拣货，极大地提高了作业效率。

第二，一人一单拣货。一个拣货人员一次负责一张拣货订单，并从头拣至完成，能够有效避免发货差错。

第三，跳跃式拣货。由于拣货动线较长，整体采用多通道式，因此在规划上使用跳跃式拣货以越过不需要拣货的通道，当拣货员于一个通道完成拣货，准备离开时，电子标签会指示拣货员下一个目的通道或者告知拣货员该订单已全数完成，如此可缩短拣货路径，提升拣货效率。

第四，调单作业。因为拣货顺序是不固定的，因此系统必须具有可更改订单拣货排列顺序的功能：针对紧急出货订单的要求，将订单插入序列中任

课堂笔记

一位置中，以提前完成该订单的拣货。

第五，可部分拣货。该系统允许拣货人员进行部分拣货，亦即当标签显示须拣货数量为3，但储位上数量只剩2，则人员可选择只给2个，只要在直接标签上调整即可。

最后，在带来的效益方面，对于典型的大流通物流企业，电子标签辅助拣货系统必须具有可显示如下信息的功能：品种和库位指示、出库数量指示、完成信息确认。

电子标签辅助拣选系统使拣货成为一种简单的劳动，拣货员只需要完成看（灯光、数字）、拣（物品）、按（确认按钮）、听（完成器蜂鸣器声音），真正做到不须寻找，不须思考，不须等待，不须核对，最大限度地提高拣货的效率。

与传统的纸张拣货单方式相比，江苏澳洋医药物流有限公司的电子标签辅助拣货系统可达到如下目的：

第一，利用电子标签拣货，可大大加快拣货速度，提高拣货的准确率，降低拣货成本。

第二，实现无纸化作业，不需要打印出库单、分拣单等纸张单据。减少了出库前单据处理时间，节省纸张。

第三，利用电子标签拣货，操作简单可靠，任何人员经过几分钟简单培训即可上岗，降低了人员培训成本。

第四，拣货控制软件不仅可实时监控拣货过程，记录拣货状况，还可以进行实时补货提示，辅助盘点作业，并且可以和物流配送系统无缝连接。

电子标签辅助拣货系统在我国医药物流行业的使用正处于兴起阶段，在其他商贸流通行业的运用也具有多种模式，并且整体使用效果还不够成熟。江苏澳洋医药物流有限公司的电子标签辅助系统的规划和实施，较好地结合了电子标签和医药物流业的特点，对其他具有类似作业特点的企业有一定的借鉴意义，相信电子标签辅助拣货在我国的运用会越来越广泛。

5. RF 辅助拣选

RF 是拣选作业的人（拣货员）机（计算机）界面，让计算机负责繁杂的拣货顺序规划与记忆，以减少寻找货物的时间。RF 通过无线式终端机，显示所有拣选信息，比电子标签更具作业弹性，但其价格高于电子标签。另外，因 RF 的显示不如电子标签简单，致使拣选员的直觉反应较差。RF 适合的拣取方式，以托盘为拣选单位，并采用叉车进行辅助拣选。

RF 拣货也是一种计算机辅助的拣货方式，其原理是利用手持终端、条码扫描器及 RF 无线电控制装置之组合，将订单资料由计算机主机传输到手持终端，拣货人员根据手持终端所指示的货位，扫描货位上的条码，如果与计算机的拣货资料不一致，手持终端就会发出警告声，直到找到正确的货品货位

课堂笔记

为止；如果与计算机的拣货资料一致，就会显示拣货数量，根据所显示的拣货数量拣货，拣货完成之后按确认钮完成拣货工作；信息利用 RF 传回计算机主机，同时在库存数据库中扣除。它是一种无纸化的拣货系统，也是即时的处理系统。

此种拣货方式大多运用于按单拣选和批量拣选方式中，因为成本低且作业弹性大，尤其适用于货品品项很多的场合，故常被应用在多品种少批量订单的拣选上，与拣货台车搭配最为常见。RF 拣选的拣货生产力每小时约 300 件左右，而拣货错误率约为 0.01%。

6. IC 卡拣货

IC 卡拣货也是一种计算机辅助的拣货方式，其原理是利用计算机及条码扫描器之组合，将货单资料由计算机主机复制到 IC 卡上，拣货人员将 IC 卡插入计算机，根据计算机上所指示的货位，刷取货位上的条码，如果与计算机的拣货资料不一致，掌上终端就会发出警告声，直到找到正确货品货位为止；如果与计算机的拣货资料一致，就会显示拣货数量，根据所显示的拣货数量拣货，拣货完成之后按确认按钮即完成拣货工作，拣货信息利用 IC 卡传回计算机主机，同时将库存从数据库中扣除。

IC 卡也是一种无纸化的拣货系统，但不是即时的处理系统而是批次处理系统。此种拣货方式可以用在按单拣选方法中，也可以用在批量拣选方式中，尤其适用于货品品项很多的场合，因此常被应用在多品种少数量的拣货上，与拣货台车搭配最为常见。

7. 自动拣选

自动拣选即分拣的动作由自动机械负责，电子信息输入后自动完成拣选作业，无须人手介入。

自动拣选方式有 A 形拣选系统、旋转仓储系统、立体式自动仓储系统等多种。

自动拣货方式由于采用无人拣货，因此设备成本非常高，此种拣货方式常被利用在高价值、出货量大且频繁的 A 类货品上。自动拣货生产效率非常高，拣货错误率非常低，是拣货设备发展的方向。

四、拣货作业流程优化

拣货作业流程优化是配送中心整体优化中至关重要的一环。因为拣货作业的主要任务是在有限的时间内将客户需要的货品组合送达，而客户少量多样的需求形态使得拣货作业的困难上升，如果作业时间限制不变，必定要在教学作业流程优化上做更大的努力。由于拣货作业的指令来源于顾客订单资料，所以，拣货作业流程优化从顾客订单资料的分析开始，包括拣货单位的确定，拣货方式、拣货策略的运用，拣货信息的传递，拣货设备的选用等环节和步骤。

应用小案例：鑫达物流配送中心是华南地区开展居民日用消费品配送服务的一家配送中心，其物流对象涉及的领域包括：家电用品、酒类、食品类、日常生活用品、办公用品、体育用品等商品。该配送中心的这些物流对象形态为固态、液态；有包装成型的，也有散装的；包装外形尺寸不统一；涉及易碎商品、防压商品、易串味商品等；基本没有温度控制要求。

鑫达物流配送中心的业务包括采购、集货、运输、堆码、入库、仓储、出库、拆码、拣货、配单、配送发运等。该物流配送中心一般是商品的储存量为流通渠道的20~30天缓存，特殊商品特殊考虑。次级物流配送中心将最大缓存量设计为7天，由区域物流配送中心根据市场销售实际情况，及时向次级物流配送中心配送所需销量的生活资料。这样的整合能够达到合理调配库存与市场销售之间的有机关系，及时响应市场需要。鑫达物流配送中心服务城市，其主导功能有货物集散功能、货物中转功能、商品配送功能、流通加工功能、物流信息服务及其他配套服务功能。

解决方案：科学专业的规划设计是保证物流配送中心高效运作的关键。在整个物流系统中，分拣系统的设计尤为关键。鑫达物流配送中心的分拣系统优化设计原则如下所述：

第一，根据物料的特性，设计不同的货物单元。根据日用消费品的特性，对物流配送中心的物流单元进行设计。家电产品货物单元为1 600毫米×1 200毫米×1 150毫米、1 600毫米×1 200毫米×1 500毫米、1 600毫米×1 200毫米×1 950毫米三种；其他商品货物单元为1 200毫米×1 000毫米×1 150毫米、1 200毫米×1 000毫米×1 500毫米、1 600毫米×1 000毫米×1 950毫米三种。

第二，根据物料的特性，分类进行处理。在仓储货位的建设上，使易串味商品与其他商品隔离；重大的商品由软件自动分配货位，存于货位低层货位；超大超重货品在平库区划区域存储；特殊贵重商品规划相应的处理区域储存。

第三，根据配送需要，配送订单在大区域完成。拣配共有三种情况：①B2B：直接从立库出库转运，这类拣货订单可由立库自动出库完成；②B2C：由分拣货架区、立库出库拣配区、超大件储存区、贵重品存储区等区，按订单拣配出商品，在B2C发货月台缓存、合单，即时配送；③直接转运：不须卸车，根据需要直接转运。

第四，配零订单拣配方式。配零订单拣配方式设计由人机共同完成，拣配工具为手动液压叉车+托盘、拣配货搬运车、手持数据终端等。手工拣配可综合为拣取式（摘果式）分拣和分货式（播种法）分拣两种。

拣取式（摘果法）分拣：作业人员巡回于立库出库拣选区、拣选货架区、超大件储存区、贵重品储存区等各储存点，将订单上所需商品按订单所需数

量取出，搬运到月台，合单，完成配货工作。

分货式（播种法）分拣：为每个订单准备一个或多个合单箱（区），作业人员从各储存点取出各用户共同需要的物品，再将物品按照订单播种法投放到分拣箱（区）内，完毕后分拣箱流动到下个装箱点，如此反复直到配货工作完成。

在实际操作过程中，为了提高分拣效率可以将以上两种手工分拣方式综合应用。

第五，分拣作业区系统运作方式。分拣作业区有2组自动分拣系统，每条分拣线左右两侧分别处理各自线上的订单，2条线可同时处理4个订单。在分拣作业时，每一组分拣系统按照对应线路的订单次序逐单分拣，同时可保证分拣货物码放和发货的顺序，这样4条分拣线可同时分拣4条发货线路的订单。

问题：鑫达物流配送中心是如何优化拣货作业流程的？

（一）拣货单位决策

1. 拣货单位

拣货单位是指拣货作业中拣取货物的包装单位，可分为托盘、箱和单件三种。一般而言，托盘是体积重量最大的拣货单位，其次为箱，最小者为单件。

（1）单件：单件商品包装成独立单件，以该单元为拣取单元，是拣货的最小单元。

（2）箱：由单件装箱而成，拣货过程以箱为拣货单位。

（3）托盘：由箱堆码在托盘上集合而成，经托盘装卸后加固，每只托盘堆码数量固定，拣货时以整只托盘为拣取单位。

（4）特殊物品：体积过大，形状特殊，或必须在特殊情况下作业的货物，如桶装液体、散装颗粒、冷冻食品等，拣货时以特定包装形式和包装单位为标准。

2. 拣货模式

一般的拣货模式是拣货单位的组合，如表3-8所示。

表3-8　拣货模式对应

模式	储存单位	拣货单位	记录
1	托盘	托盘	P→P
2	托盘	托盘+箱	P→P+C
3	托盘	箱	P→C
4	箱	箱	C→C

课堂笔记

（续表）

模式	储存单位	拣货单位	记录
5	箱	箱+单品	C→C+B
6	箱	单品	C→B
7	单品	单品	B→B

3. 拣选单位的确定

拣货单位通常由订单的分析结果决定，如果订货的最小单位是箱，则不须以单件为拣货单位。库存的每一种货物都要根据实际情况选择合适的拣货单位，一种货物可能需要两种以上的拣货单位。

拣选单位可以从商品特性、历史订单资料、订货单位合理化等资料分析进行确定。商品特性分类是指将必须分别储存处理的商品依其特性来分类，再由历史订单统计资料结合客户对包装单位的要求，与客户协商后将订单上的单位合理化。历史订单统计资料主要是算出每一出货品种以托盘为单位的出货数量，以及从托盘上以箱为单位拣取出货的数量，作为分拣包装单位设计的基础。将订货单位合理化，主要是避免过小的单位出现在订单中。过小的单位出现在订单中，必须进行合理整合，否则会增加作业量，并且引起作业误差。将合理化后的商品资料进行归类整理，最终确定拣货单位。

配送中心规划时必须决定拣选单位、储存单位，同时协调外部供应商确定货品的入库单位，所有单位的决定都来自客户的订单，也就是说客户订单决定拣选单位，拣选单位决定储存单位，再由储存单位要求供应商的入库单位。

4. 储存单位的决定

拣选单位决定后，接下来要决定的是储存单位，一般储存单位必须大于或等于拣选单位，其一般步骤如下：

（1）定出各项货品的一次采购最大、最小批量及前置时间。

（2）预计客户订单到达仓库后，多长时间将货物交给顾客，即预计送达天数。

（3）若服务水平时间>采购前置时间+送达时间，且货物每日被订购量在采购最小批量和采购最大批量之间，则该项货品可不设存货位置。

（4）如果货品平均每日采购量×采购前置时间<上一级包装的单位数量，则储存单位=拣选单位。反之，则储存单位>拣选单位。

5. 入库单位的决定

储存单位决定后，货品入库单位最好能配合储存单位，可以凭借采购量的优势要求供应商配合。入库单位通常设定等于货品最大的储存单位。表3-9是常见的拣选单位系统单位组合。

课堂笔记

表 3-9　拣货系统单位组合

拣选单位	储存单位	入库单位
P	P	P
P、C	P、C	P
P、C、B	P、C、B	P
C	P、C	P、C
C、B	P、C、B	P、C
B	C. B	C. B

（二）拣选方式确定

在规划设计拣选作业之前，必须先确定拣选作业的基本模式。基本模式有两种：按单拣选和批量拣选。

1. 按出货品项的多少及货品周转率的高低，确定分拣作业方式

按当日 EN 值（订单品项数）及 IK 值（订单受订次数）的分布判断出货品项数的多少和货品周转率的高低，确定不同作业方式的区间，如表 3-10 所示。

表 3-10　拣货方式选定对照

		货品重复订购频率（IK 值）		
		高	中	低
出货品项数（EN 值）	多	S+B	S	S
	中	B	B	S
	少	B	B	S+B

其原理是：EN 值越大表示一张订单所订购的货品品项数越多，货品的种类越多越杂时，批量分拣时分类作业越复杂，采购按单拣选较好。相对的，IK 值越大，表示某品项的重复订购率越高，货品的周转率越高，此时采取批量拣选可以大幅度提高拣选效率。

2. 按拣货策略运用组合表进行考核，决定采用何种拣选作业方式

表 3-11 的第一项为每日的订单数，主要考虑的因素是行走往复所花费的时间；第二项是一天订单的品项数，考虑的是寻找货品货位的时间；第三项是一张订单中每一品项的重量，考虑的是抓取货品所用的时间；第四项是每一品项的订单件数，考虑的是同一品项重复被分拣所消耗的时间。

表 3-11　订单要素影响下的拣货策略运用组合表

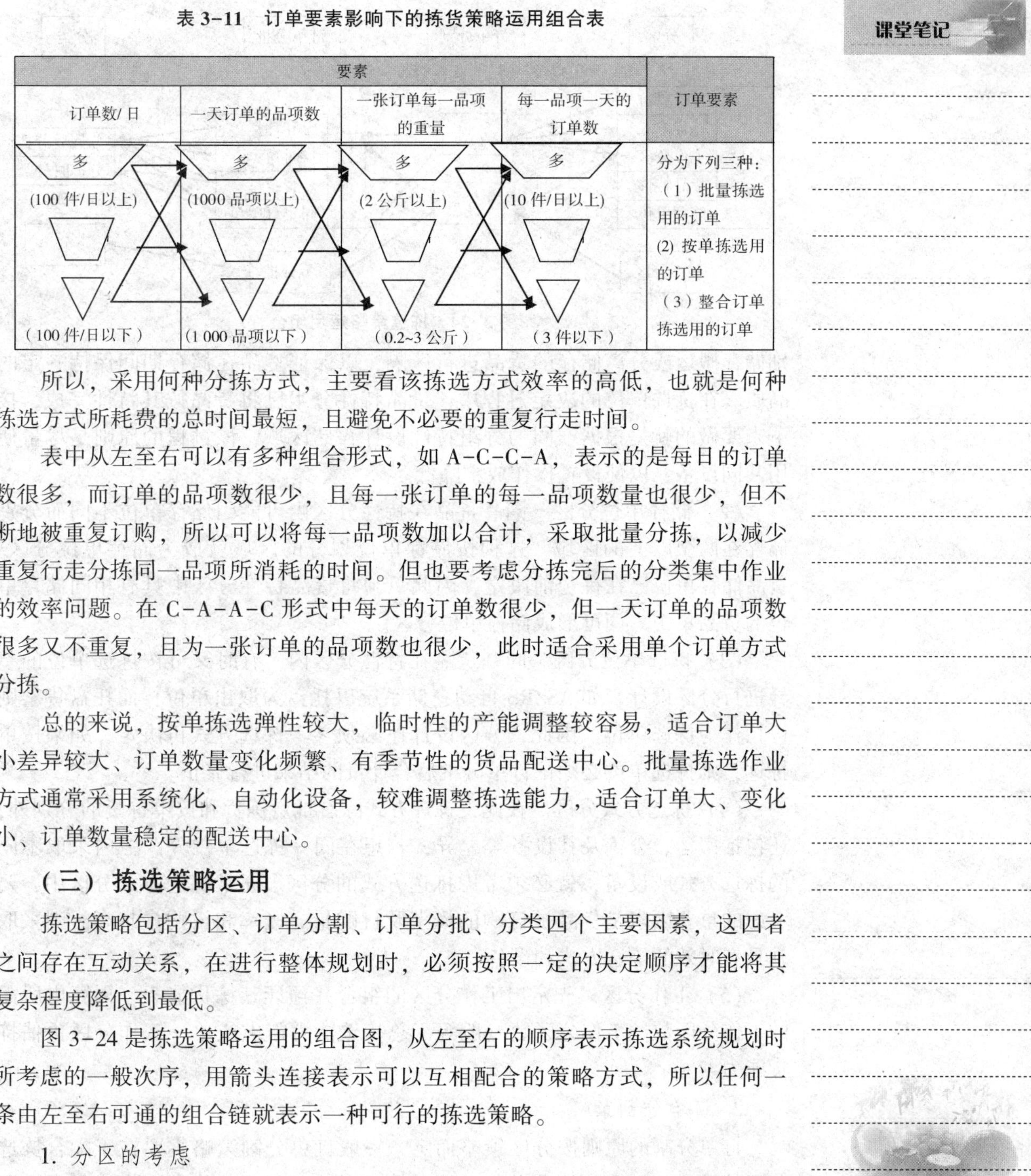

要素				订单要素
订单数/日	一天订单的品项数	一张订单每一品项的重量	每一品项一天的订单数	
多 (100 件/日以上) (100 件/日以下)	多 (1000 品项以上) (1 000 品项以下)	多 (2 公斤以上) (0.2~3 公斤)	多 (10 件/日以上) (3 件以下)	分为下列三种： (1) 批量拣选用的订单 (2) 按单拣选用的订单 (3) 整合订单拣选用的订单

课堂笔记

所以，采用何种分拣方式，主要看该拣选方式效率的高低，也就是何种拣选方式所耗费的总时间最短，且避免不必要的重复行走时间。

表中从左至右可以有多种组合形式，如 A-C-C-A，表示的是每日的订单数很多，而订单的品项数很少，且每一张订单的每一品项数量也很少，但不断地被重复订购，所以可以将每一品项数加以合计，采取批量分拣，以减少重复行走分拣同一品项所消耗的时间。但也要考虑分拣完后的分类集中作业的效率问题。在 C-A-A-C 形式中每天的订单数很少，但一天订单的品项数很多又不重复，且为一张订单的品项数也很少，此时适合采用单个订单方式分拣。

总的来说，按单拣选弹性较大，临时性的产能调整较容易，适合订单大小差异较大、订单数量变化频繁、有季节性的货品配送中心。批量拣选作业方式通常采用系统化、自动化设备，较难调整拣选能力，适合订单大、变化小、订单数量稳定的配送中心。

（三）拣选策略运用

拣选策略包括分区、订单分割、订单分批、分类四个主要因素，这四者之间存在互动关系，在进行整体规划时，必须按照一定的决定顺序才能将其复杂程度降低到最低。

图 3-24 是拣选策略运用的组合图，从左至右的顺序表示拣选系统规划时所考虑的一般次序，用箭头连接表示可以互相配合的策略方式，所以任何一条由左至右可通的组合链就表示一种可行的拣选策略。

1. 分区的考虑

拣选作业流程优化过程中的分区优化设计，除前面介绍的拣选方式分区外，还必须考虑储存分区的部分。因此，在设计拣选分区之前，必须先对储存分区进行了解、规划，才能使系统整体的配合完善。

（1）货品特性分区。货品特性分区就是根据货品原有的性质，将需要特

课堂笔记

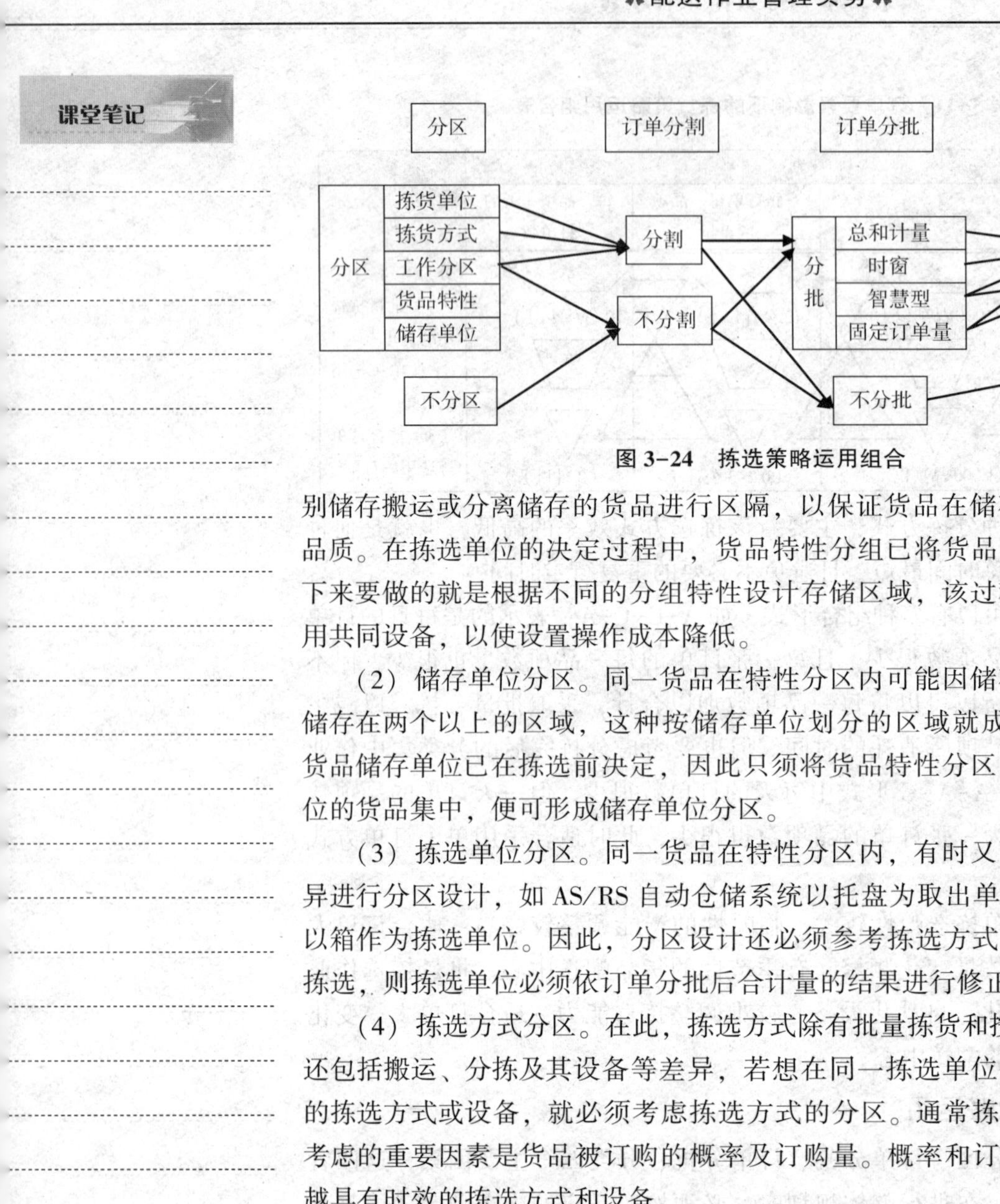

图 3-24 拣选策略运用组合

别储存搬运或分离储存的货品进行区隔，以保证货品在储存期间保持一定的品质。在拣选单位的决定过程中，货品特性分组已将货品按其特性完成，接下来要做的就是根据不同的分组特性设计存储区域，该过程的原则是尽量使用共同设备，以使设置操作成本降低。

(2) 储存单位分区。同一货品在特性分区内可能因储存单位不同而分别储存在两个以上的区域，这种按储存单位划分的区域就成为储存单位分区。货品储存单位已在拣选前决定，因此只须将货品特性分区中具有相同储存单位的货品集中，便可形成储存单位分区。

(3) 拣选单位分区。同一货品在特性分区内，有时又可按拣选单位的差异进行分区设计，如 AS/RS 自动仓储系统以托盘为取出单位，而托盘货架则以箱作为拣选单位。因此，分区设计还必须参考拣选方式再决定。如果按单拣选，则拣选单位必须依订单分批后合计量的结果进行修正。

(4) 拣选方式分区。在此，拣选方式除有批量拣货和按单拣货的分别外，还包括搬运、分拣及其设备等差异，若想在同一拣选单位分区之内采取不同的拣选方式或设备，就必须考虑拣选方式的分区。通常拣选方式分区中，要考虑的重要因素是货品被订购的概率及订购量。概率和订购量越高，则采取越具有时效的拣选方式和设备。

(5) 工作分区。先定出工作分区的组合并预计其拣货能力，再算出所需的工作分区数。工作分区数一般等于总拣选能力需求或单一工作分区预估拣货能力。

2. 订单分割策略

订单分割的原则按分区策略而定，一般订单分割策略主要在于配合拣选分区的结果，因此在拣选单位分区、拣选方法分区及工作分区完成之后，再决定订单分割的大小范围。订单分割可以在原始订单上做分割的设计，也可以是在订单接受之后做分区的处理。

3. 订单分批策略

在批量分拣作业中，如何决定订单分批的原则和批量的大小，是影响分拣效率的主要因素。如表 3-12 所示，根据配送客户数、订单类型及需求频率三项条件，选择合适的订单分批方式。

表 3-12　订单分批方式与适应情况

适用情况 分批方式	配送客户数	订货类型	需求频率
总合计量分批	数量较多且稳定	差异小而数量大	周期性
固定订单量分批	数量较多且稳定	差异小且数量不大	周期性或非周期性
时窗分批	数量多且稳定		周期性
智慧型分批	数量较多且稳定	差异较大	非即时性

4. 分类方式的确定

采取批量拣货方式时，其后必须有分类作业与之配合，而且不同的订单分批方式也有所不同，也就是说，决定分类方式的主要因素是订单分批的方式，不采取批量拣货的作业方式就不需要进行分类作业。

分类方式可分为分拣后分类和分拣时分类两种。分拣后集中分类可以由分类输送机完成或在空地上以人工方式分类。分拣时分类，一般由计算机辅助拣选台车来进行，这种分类方式较适合与固定订单量分批及智慧型分批方式配合。分类方式的决定除了受订单分批方式的影响外，表 3-13 也可以作为判断分类方式的参考依据。

表 3-13　各种分类方式的特性分析

特性 分类方式		处理订单数量	订购货品品项数	货品重复订购频率
分拣后分类	分类输送机	多	多	变化较大
	人工分类	少	少	较高
分拣时分类		多	少	较低

5. 拣选信息系统

一般来说，拣选信息与拣选系统的规模与自动化程度有着密切的关系。通常货品种类数少、自动化程度较低的拣选系统以传票作为拣选信息，其拣选方式偏向于简单地按单拣选。拣选单是目前最常采用的一种拣选信息，与拣选方式配合的弹性也较大。拣选标签的拣选信息除与下游零售商的标价作业相适应外，也常与自动化分类系统配合。电子信息最主要的目的就是与计算机辅助拣选系统或自动拣选系统相配合，以追求拣选的时效性，达到及时控管、完全掌握的目的，表 3-14 是拣选信息适合的拣选作业特性，可作为拣

课堂笔记

选作业方式决定后选择拣选信息的参考依据。

表 3-14　拣选信息适合的拣选作业特性分析

拣选信息	适合的拣选作业方式
传票	按单拣选、订单不切割
拣选单	适合各种传统的拣选作业方式
拣选标签	批量拣选、按单拣选
电子信息	分拣时分类、工作分区、自动拣选系统

（1）传票。

拣选传票的方式一般有两种。第一种是复印订单的方法，在接到订单之后将其复制成拣选传票。这种方式费用较高，但其弹性较大，可适应不同大小的订单形式。另一种方式是直接从多联式订单中撕下拣选专用的一联。这种方式有时会因订单联数过多而产生复写错误不清的现象，导致错误发生。

以传票方式作为拣选信息的先决条件是货品品项数不多，通常在 100 种以下，无论是填写式还是钩选式的订单表格，应以不超过一页为标准。适合传票的拣选方式为按单拣选。

（2）拣选单。

按单拣选的拣选单处理程序是：接到订单之后利用键盘输入方式或光扫描方式进入计算机系统中，然后经过计算机资料库进行货品存量核对并查出货品的储存位置，然后在按工作排程的顺序打印出拣选单，以及产生补货指示和出库指示等。

批量拣选的拣选信息处理程序与按单拣选的最大差异就在于订单输入时的汇总，订单汇总必须按订单分批方式的原则，将同属一批的订单按货品品项统计订购数量。之后的核对存量与寻找货位，大致与按单拣选相同，接着打印出分批拣选单，以及产生补货、出库和分类等指示的信息。其中分类指示在自动分类中由计算机程序直接提供信号给控制系统，若用人工分类，则分类指示通常直接可由分批拣选单中得到。

（3）拣选标签。

拣选标签大致可以分为价格标签和识别标签两种。价格标签的目的在于标示价格。常见的识别标签为条码，此条码并非货品条码（货品条码一般印在货品包装上），通常为流通条码或店内条码，也有在一张拣选标签内同时显示出价格和条码的。

在订单到达之前先印制好标签，贴标签的动作发生在进货之初或出货之前，可将其归类于疏通。这类标签在输入订单之后经过拣选作业信息处理才打印出来，其功能除指示价格之外，对拣选作业的贡献主要有两个，一是拣选时贴标签代替了清点货品数量的过程，二是附有流通条码的标签可提供自动识别分类系统识别的信息。

（4）电子信息。

在电子信息处理中，由计算机拣选信息处理程序将指令传给控制器，接着由控制器传出控制信号给机器使其动作，所以电子信息的处理偏重于软硬件结合。一般常见的电子标签系统（ELS）或计算机辅助拣选系统（CAPS）及无线通信（RF）拣选系统即属于这种类型的应用。电子信息与前三种拣选信息最大的差别是无纸化，因此拣选信息的传送可以迅速而准确，且可以做到及时控制和管理。

课堂笔记

同步测试

一、单选题

1. 拣货作业可以最简单地划分为按订单拣取、(　　)及复合拣取三种方式。

A. 摘果法拣取　　B. 播种法拣取

C. 批量拣取　　D. 指令式拣取

2. (　　) 的产生是提供产品出库的知识资料，是拣货的依据。

A. 提货单　　B. 拣货单

C. 送货单　　D. 发货单

3. “按拣货单位分区”的目的在于将(　　)单位和拣货单位分类统一，以便拣取与搬运单元化和拣取作业的单纯化。

A. 储存　　B. 配送

C. 运输　　D. 加工

4. 如果订单批量大，货种多，可将订单分成多张拣选单，这些拣选单采用(　　)的方法同时进行拣货。

A. 并联拣货　　B. 串联拣货

C. 封闭式拣货　　D. 开放式拣货

5. (　　)是安排拣货作业的货物数量、设备及人工使用、投入时间及出产时间。每一拣货作业计划详细规定了每一拣货环节在某一时期内应完成的拣货任务和按日历进度安排的拣货进度。

A. 拣货作业方式　　B. 拣货作业策略

C. 拣货作业路径　　D. 拣货作业计划

6. 体积大、发货量大的物品适合的拣货作业区域布局模式是(　　)。

A. 储存区和拣货区共用的零星拣选方式

B. 储存区与拣货区分开的零星拣货方式

C. 储存区和拣货区共用托盘货架的拣货方式

课堂笔记

D. 分段拣货的少量拣货方式

7.（　　）是一种计算机辅助的无纸化拣货系统，其原理是在每一个货位安装数字显示器，利用计算机的控制将订单信息传输到数字显示器内。拣货人员根据数字显示器所显示的数据拣货，拣货完成后按确定钮即完成拣货工作。

A. RF 辅助拣选　　B. 电子标签辅助拣选

C. 拣选标签　　D. IC 卡拣货

8. 某配送中心中的商品 A 每天平均采购量是 8 箱，平均在库时间为 4 天，该商品每托盘可放 40 箱，则该商品的储存单位是(　　)。

A. 单件　　B. 箱

C. 托盘　　D. 袋

9. 如果配送客户数量多且稳定，订货类型差异小，订货数量大，需求频率具有周期性，则可采用的订单分批方式是(　　)。

A. 固定订单量分批　　B. 时窗分批

C. 智慧型分批　　D. 综合计量分批

10. 处理订单数量多，订购货品品项数少，货品重复订货频率较低，可采用的分类方式是(　　)。

A. 分拣时分类　　B. 分类输送机

C. 人工分类　　D. 输送机与人工分类组合

11.（　　）是指装有自动导引装置，能够沿规定的路径行驶，在车体上还具有编程和停车选择装置、安全保护装置及各种物料移栽功能的搬运车辆。

A. 自动化立体仓库　　B. 叉腿式叉车

C. 自动导引搬运车（AGV）　　D. 巷道堆垛起重机

12.（　　）将货架本体放置在轨道上，在底部设有行走轮和驱动装置，靠动力或人力驱动使货架沿轨道横向移动。

A. 移动式货架　　B. 驶入式货架

C. 倍深式货架　　D. 后推式货架

13.（　　）是装卸搬运机械中最常见的具有装卸、搬运双重功能的机械设备，主要以货叉为取物工具，依靠液压升降机实现对货物的存取和升降，由轮胎行走机构实现货物水平搬运的机械车辆。

A. 货架　　B. 起重机

C. 叉车　　D. 输送设备

14. 作为自动化物流配送中心必不可少的重要搬运设备，(　　)是沿着一定的输送路线以连续方式运输货物的机械。

A. 滚柱式输送机　　B. 连续输送机

C. 带式输送机　　D. 刮板输送机

课堂笔记

15. 将订单按拣货区域进行分解的过程叫订单分割。订单分割一般是与(　　)相对应的。

A. 拣货分区　　B. 拣货分批

C. 拣货分类　　D. 货物特性分区

二、多选题

1. 拣货作业包括(　　)。

A. 行走或搬运　　B. 分类与集中

C. 拣货　　D. 拣货资料处理

2. 拣货作业的组成元素包括(　　)。

A. 拣货方式　　B. 拣货策略

C. 拣货单位　　D. 拣货信息

3. 拣货单位是指拣货作业中拣取货物的包装单位，通常可分为(　　)以及特殊货物的几种形式 。

A. 销售包装　　B. 托盘

C. 箱（外包装）　　D. 单件（小包装）

4. 拣货作业的基本方式有(　　)。

A. 按订单拣取　　B. 批量拣取

C. 复合拣取　　D. 订单分批拣取

5. 订单分批方式有(　　)。

A. 综合计量分批　　B. 时窗分批

C. 固定订单量分批　　D. 智慧型分批

6. 规划拣货系统时，应结合“七不”原则，以提高拣货作业人员的劳动生产率。“七不”原则包括不要等待、不要思考、不要寻找、不要检查、(　　)等内容。

A. 不要拿取　　B. 时窗分批

C. 不要书写　　D. 不要走动

7. 自动分拣系统一般是由送喂料输送机、分拣指令设定装置、分拣卸货道口及(　　)七部分组成。

A. 收货输送机　　B. 合流装置

C. 分拣输送机　　D. 计算机控制器

8. 常见拣选信息传送方式有传票拣选、电子标签辅助拣选、(　　)、自动拣选等方式。

A. 拣货单拣选　　B. RF 辅助拣选

C. 分拣输送机　　D. IC 卡拣货

课堂笔记

9. 拣选策略包括分区、(　　)四个主要因素，这四者之间存在互动关系，在做整体规划时，必须按照一定的决定顺序才能将其复杂程度降到最低。

A. 订单组合　　　　B. 订单分割

C. 订单分批　　　　D. 订单分类

10. 影响拣货路径的因素包括拣货区域布局、(　　)等方面。

A. 拣货方式及策略　　　　B. 订单批量

C. 货物种类　　　　D. 拣货设备

三、简答题

1. 简述拣货作业的含义及流程。

2. 简述拣货作业方式的种类、含义及作业流程。

3. 简述影响拣货路径的因素。

4. 简述拣货信息传送方式的种类、含义及作业过程。

课堂笔记

第四章 流通加工

知识目标

- 能正确叙述流通加工的概念，区分流通加工与生产加工的不同
- 了解流通加工的地位与作用
- 掌握流通加工的不同类型与特点
- 熟悉不合理流通加工的表现形式
- 掌握流通加工作业的基本流程
- 掌握流通加工作业的内容
- 理解流通加工的技术经济指标
- 了解常见的流通加工技术装备

技能流程

- 能举例说明生活中典型的流通加工案例，并阐述通过合理的流通加工可满足用户不同需求的道理
- 能对不合理流通加工的典型案例进行分析
- 能对流通加工任务进行合理优化
- 能够优化流通加工作业顺序

作业流程

流通加工作业流程如图 4-1 所示。

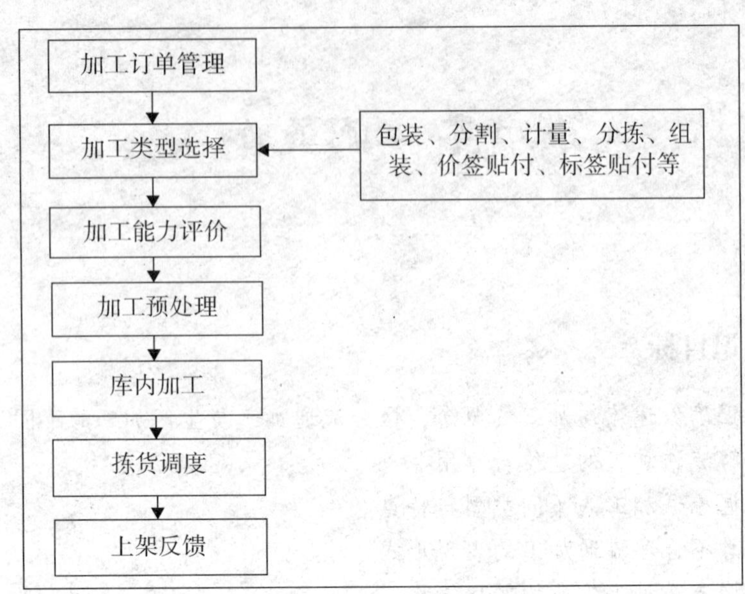

图 4-1 流通加工作业流程

案例导入

引例：环达综合超市设立了组合式鞋店，在货架上摆放着一些做鞋用的半成品，而不是做好了的鞋。款式花色多样，有 6 种鞋跟、8 种鞋底，均为塑料制造，鞋面的颜色以黑、白为主，搭带的颜色有 80 种，款式有百余种。顾客进来可任意挑选自己所喜欢的各个部位，交给营业员当场进行组合。只要 10 分钟，一双崭新的鞋即可送到顾客手中。

这家鞋店昼夜营业，营业员技术熟练，鞋子的售价与成批制造的价格差不多，有的还稍便宜些。所以顾客络绎不绝，销售金额比邻近的鞋店多 10 倍。

另外，在我们生活中随处可以找到一些例子，如：同一长度的钢材根据需要截成不同长度的短钢材；整张的玻璃根据需要切割成小块；自行车在商店组装后进行销售等。

问题：

1. 流通加工的作用及其现实意义有哪些？
2. 流通加工与生产的区别有哪些？
3. 自行车是组装后再配送运输，还是经配送运输后再组装？哪种做法更好？
4. 制造企业为何不根据最终顾客需要加工好产品再配送？为什么要在配送中心进行流通加工作业？
5. 流通加工的形式、内容与方法有哪些？

6. 实现流通加工合理化的途径有哪些？

课堂笔记

引例分析

流通加工是现代物流的主要环节和重要功能之一。一般认为，流通加工是在物品进入流通领域后，到达最终消费者、使用者之前，为了促进商品销售、维护商品质量和实现物流效率化，对商品所进行的物理性的或化学性的加工，是将产品加工工序从生产环节转移到物流环节中进行。这种在流通过程中对商品进一步的辅助性加工，可以弥补企业、商业部门生产过程中加工程度的不足，更有效地满足用户的需求，更好地衔接生产和需求环节，使流通加工更加合理化。

由于仓储中的物品处于停滞状态，流通加工不影响物品的流通速度。引例中的鞋店是直接面对各类不同的消费者，为了能及时满足市场不同客户的需要和消费变化的需求，鞋店作为最能及时反映客户需求的商业零售业态之一，可以充分利用自身收集信息的优势和加工设备技术，进行流通领域的简单加工，提高商品的附加值，从而满足客户的需求，并提高鞋店的经济收益。

第一节　流通加工概述

一、流通加工的概念

1. 流通加工的含义

流通与加工是两个不同的范畴。加工是指改变物资的形状和性质，形成一定产品的活动；流通则是改变物资空间状态与时间状态的过程。流通加工属于加工的范畴，是加工的一种。它是生产加工在流通领域中的延伸，也可以看成流通领域在职能方面的扩大。也就是说，物流领域的流通加工是为了方便流通，方便运输，方便储存，方便销售，方便用户及确保物资充分利用，综合利用而进行的加工活动。

2. 流通加工与生产加工的区别

流通加工和一般的生产加工在加工方法、加工组织、生产管理方面并无显著区别，但在加工对象、加工程度方面差别较大，具体如下：

（1）从价值观点看，生产加工目的在于创造价值及使用价值，而流通加工则在于完善其使用价值并在变化的情况下提高价值。

（2）流通加工的对象是进入流通进程的商品，具有商品的属性，以此来区别多环节生产加工中的一环。流通加工的对象是商品，而生产加工的对象

课堂笔记

不是最终产品，而是原材料、零配件、半成品。

(3) 流通加工程度大多是简单加工，而不是复杂加工。一般来讲，如果必须进行复杂加工才能形成人们所需的商品，那么，这种复杂加工应专设生产加工过程。生产过程理应完成大部分加工活动，流通加工对生产加工则是一种辅助及补充。特别需要指出的是，流通加工绝不是对生产加工的取消或代替。

(4) 商品生产是为交换和消费而生产的，流通加工的一个重要目的，就是为了消费（或再生产）所进行的加工，这一点与商品生产有共同之处。但是流通加工也有时候是以自身流通为目的的，纯粹是为流通创造条件，这种为流通所进行的加工与直接消费进行的加工从目的来讲是有所区别的，这又是流通加工不同于一般生产的特殊之处。

(5) 流通加工的组织者是从事流通工作的人，能密切结合流通的需要进行这种加工活动，从加工单位来看，流通加工由商业或物资流通企业完成，而生产加工则由生产企业完成。

流通加工与生产加工的具体区别如表 4-1 所示。

表 4-1　流通加工与生产加工的区别

对比项目	流通加工	生产加工
从加工对象看	进入流通过程的商品	原材料、零配件或半成品
从加工程度看	大多是简单加工	复杂加工
从价值观点看	完善其使用价值	创造价值及使用价值
从加工责任人看	组织者是从事流通工作的人员	生产工人
从加工目的看	为流通创造条件	为实现利润创造条件

流通加工将产品加工工序从生产环节转移到物流环节中进行。由于仓储中的物品处于停滞状态，流通加工不影响物品的流通速度，又能使产品及时满足市场不同客户的需要和消费变化的需求。流通加工比生产加工的成本高，但根据需求促进销售，可以降低总物流成本。

二、流通加工的类型

流通加工的类型随划分的标准不同而变化。

（一）根据不同目的的分类

1. 为弥补生产领域加工不足的流通加工

由于受到各种因素的限制，许多产品在生产领域的加工只能到一定程度，而不能完全实现终极的加工。例如，木材如果在产地完成成材加工或制成木制品的话，就会给运输带来极大的困难，所以，在生产领域只能加工到圆木、板、方材这个程度，进一步的下料、切裁、处理等加工则由流通加工完成；钢铁厂大规模的生产只能按规格生产，以使产品有较强的通用性，从而使生产能有较高的效率，取得较好的效益。

2. 为适应多样化需要的流通加工

生产部门为了实现高效率、大批量的生产，其产品往往不能完全满足用户的要求。为了满足用户对产品多样化的需要，同时又要保证高效率的大生产，可将生产出来的单一化、标准化的产品进行多样化的改制加工。例如，对钢材卷板的舒展、剪切加工；平板玻璃按需要规格的开片加工；木材改制成枕木、板材、方材等加工。

3. 为提高原材料利用率的流通加工

一些生产企业的初级加工由于数量有限，原材料加工利用率不高。而流通加工以集中加工的形式，解决了单个企业加工利用率不高的弊病。它可以一家流通加工企业的集中加工代替若干家生产企业的初级加工，或依靠生产企业和流通企业的联合，进行流通加工的安排。这种形式可以促进产品结构的调整，是目前流通加工领域的新形式。如将鱼类的内脏加工成某些药物或饲料，将鱼鳞加工成高级黏合剂，头尾加工成鱼粉，将蔬菜加工后的剩余物加工成饲料、肥料等。

4. 为提高物流效率，降低物流损失的流通加工

有些商品本身的形态使之难以进行物流操作，而且商品在运输、装卸搬运过程中极易受损，因此需要进行适当的流通加工加以弥补，从而使物流各环节易于操作，提高物流效率，降低物流损失。例如，造纸用的木材磨成木屑的流通加工，可以极大提高运输工具的装载效率；自行车在消费地区的装配加工可以提高运输效率，降低损失；石油气的液化，使很难输送的气态物转变为容易输送的液态物，也可以提高物流效率。

5. 为实施配送进行的流通加工

这种流通加工形式是配送中心为了实现配送活动，满足客户的需要而对物资进行的加工。例如，混凝土搅拌车可以根据客户的要求，把沙子、水泥、石子、水等各种不同材料按比例要求装入可旋转的罐中。在配送路途中，汽车边行驶边搅拌，到达施工现场后，混凝土已经均匀搅拌好，可以直接投入使用。

6. 为保护产品所进行的流通加工

在物流过程中，为了保护商品的使用价值，延长商品在生产和试用期间的寿命，防止商品在运输、储存、装卸搬运、包装等过程中遭受损失，可以采取稳固、改装、保鲜、冷冻、涂油等方式。例如，水产品、肉类、蛋类的保鲜、保质的冷冻加工、防腐加工等；丝、麻、棉织品的防虫、防霉加工等。

课堂笔记

还有为防止金属材料的锈蚀而进行的喷漆、涂防锈油等措施，运用手工、机械或化学方法除锈；木材的防腐朽、防干裂加工；煤炭的防高温自燃加工；水泥的防潮、防湿加工等。

7. 为方便消费，促进销售的流通加工

根据消费需要将商品进行加工。比如，对贝类进行挑选、除杂，使用粮食加工除杂机去除杂质；将过大包装或散装物分装成适合依次销售的小包装；将蔬菜、肉类洗净切块；将以保护商品为主的运输包装改换成以促进销售为主的销售包装等，以起到吸引消费者，促进销售的作用。

（二）根据生产资料和消费资料的标准分类

1. 生产资料的流通加工

这是物流企业对工业企业客户服务的传统项目，有利于促进生产资料的价值增值。

（1）玻璃流通加工。平板玻璃的运输货损率较高，运输的难度比较大。在消费比较集中的地区建玻璃流通加工中心，按照用户的需要对平板玻璃进行套裁和开片。

（2）木材流通加工。包括磨制木屑压缩运输和集中开木下料两种主要方式。前者主要适用于造纸木浆的原料——木屑的运输，后者则是将原木开裁成各种规格的锯材，以方便运输和适应不同客户的需要，还可以充分利用碎木屑加工成合成板，甚至进行其他方面的初级加工等。

（3）水泥流通加工。这是又一具有代表性的生产资料流通加工。它是指利用水泥加工机械和水泥搅拌运输车加工、运输混凝土。水泥搅拌车具有灵活机动的特点，可以接近作业现场。水泥加工作业区域可以避开繁华闹市区，节省现场的作业空间。同时，这种方式优于直接供应或购买水泥在工地现制混凝土的技术经济效果。

（4）钢材流通加工。这是最具代表性的生产资料的流通加工。它是指为了方便客户使用，对板材、线材进行的集中下料加工，以及对线材进行的冷拉加工等。例如，我国的物资储运企业在20世纪80年代便开始了这项流通加工业务。中国储运股份有限公司近年与日本合作建立了钢材流通加工中心，利用现代剪裁设备从事钢板剪板及其他钢材的下料加工。

2. 消费资料的流通加工

消费资料的流通加工比起生产资料的加工对象体积在缩小，但种类更繁多，而且加工比例逐年上升。例如，食品类的冷冻、分装，纤维制品的缝制和整烫，家具的组装，等等。这种流通加工一方面是为了提高为顾客服务的水平，另一方面也是为了提高物流效率。

课堂笔记

三、流通加工的作用

1. 提高原材料利用率

利用流通加工环节进行集中下料，是将生产厂家运来的简单规格产品，按使用部门的要求进行下料。例如，根据客户的需要，委托专业钢板剪切加工企业进行套裁加工，将钢板进行剪板、切裁；将钢筋或圆钢裁制成毛坯；将木材加工成各种长度及大小的板材、方材；等等。集中下料可以优才优用，小材大用，合理套裁，有很好的技术经济效果。如对平板玻璃进行流通加工，玻璃利用率可从60%左右提高到85%~95%。

2. 进行初级加工，方便用户

用量小或临时需要的使用单位，缺乏进行高效率初级加工的能力，依靠流通加工可使使用单位省去进行初级加工的投资、设备及人力从而搞活供应，方便用户。

目前发展较快的初级加工有：将水泥加工成生混凝土，将原木或板方材加工成门窗，冷拉钢筋及冲制异型零件，钢板预处理、整形、打孔等加工。

3. 提高加工效率及设备利用率

由于建立集中加工点，可以采用效率高、技术先进、加工量大的专门机具和设备。这样做的好处：一是提高了加工质量；二是提高了设备利用率；三是提高了加工效率。其结果是降低了加工费用及原材料成本。

例如，一般的使用部门在对钢板下料时，采用气割的方法留出较大的加工余量，不但出材料低，而且由于热加工容易改变钢的组织，加工质量也不好。集中加工后可设置高效率的剪切设备，在一定程度上防止了上述缺点。

4. 充分发挥各种运输手段的最高效率

流通加工环节将实物的流通分成两个阶段。一般说来，由于流通加工环节设置在消费地，因此，从生产到流通加工的第一阶段输送距离长，而从流通加工到消费环节的第二阶段距离短。第一阶段是在数量有限的生产厂家与流通加工点之间进行定点、直达、大批量的远距离输送，因此，可采用舰艇、火车等大量输送的手段；第二阶段则是利用汽车和其他小型车辆来输送经过流通加工后的多规格、小批量、多用户的产品。这样可以充分发挥各种输送手段的最高效率，加快输送速度，节省运力费用。

5. 改变功能，提高收益

在流通过程中进行一些改变产品某些功能的简单加工，其目的除上述几点外还在于提高产品销售的经济效益。例如，洋娃娃玩具、时装、纺织产品、鞋类、工艺美术品等，进行简单的加工，改变产品功能，或增加辅助功能，如贴价签和防盗装置等，以利于产品的销售。

课堂笔记

所以，在物流领域中，流通加工可以成为高附加值的活动。这种高附加值的形成，主要着眼于满足用户的需要，提高服务功能，是贯彻物流战略思想的表现，是一种低投入、高产出的加工形式。

第二节　流通加工的合理化

流通加工合理化的含义是实现流通加工的最优配置，在满足社会需求这一前提的同时，合理组织流通加工生产，并综合考虑加工与运输、加工与配送、加工与商流的有机结合，以达到最佳的加工效益。

一、实现流通加工合理化的要点

1. 加工和配套结合

在对配套要求较高的流通中，配套的主体来自各个生产单位，但是，完全配套有时无法全部依靠现有的生产单位，进行适当流通加工，可以有效促成配套，大大提高流通的桥梁与纽带的功能。

2. 加工和配送结合

这是将流通加工设置在配送点中，一方面按配送的要求进行加工，另一方面加工又是配送业务流程中分货、拣货、配货的一环，加工后的产品直接投入拣货作业，这就无须单独设置一个加工的中间环节，使流通加工有利于独立的生产，而使流通加工与中转流通巧妙结合在一起。同时，由于配送之前有加工，可使配送服务水平大大提高。这是当前对流通加工做合理选择的重要形式，在煤炭、水泥等产品的流通中已表现出较大的优势。

3. 加工和合理商流相结合

通过加工有效促进销售，使商流合理化，也是流通加工合理化的考虑方向之一。通过加工，提高了配送水平，强化了销售，是加工与合理商流相结合的一个成功的例证。

4. 加工和合理运输结合

流通加工能有效衔接干线运输与支线运输，促进两种运输形式的合理化。在支线运输转干线运输或干线运输转支线运输时，本来就必须停顿的环节，按干线或支线运输合理的要求进行适当加工，从而大大提高运输及运输转载水平。

此外，通过简单地改变包装加工，形成方便的购买量，通过组装加工解除用户使用前进行组装、调试的难处，都是有效促进商流的例子。

5. 加工和节约相结合

节约能源、节约设备、节约人力、节约耗费是流通加工合理化重要的考

课堂笔记

虑因素，也是目前我国设置流通加工，考虑其他合理化的较普遍形式。对于流通加工合理化的最终判断，是看其是否能实现社会的和企业本身的两个效益，而且是否取得了最优效益。流通加工企业与一般生产企业的一个重要不同之处是，流通加工企业更应树立社会效益第一的观念，只有在以补充完善为己任的前提下才有生存的价值。如果只是追求企业的微观效益，不适当地进行加工，甚至与生产企业争利，则有违于流通加工的初衷，或者其本身已不属于流通加工范畴。

二、不合理流通加工的几种主要形式

1. 流通加工方式选择不当

流通加工方式包括流通加工对象、流通加工工艺、流通加工技术、流通加工程度等。流通加工方式的确定实际上是生产加工的合理分工。本来应由生产加工完成的，却错误地由生产过程去完成，都会带来不利影响。

2. 流通加工地点设置不同

流通加工地点设置即布局状况，是关系到整个流通加工是否有效的重要因素。一般而言，为衔接单品种大批量生产与多样化需求的流通加工，加工地设置在需求地区，才能实现大批量的干线运输与多品种末端配送的物流优势。如果将流通加工地设置在生产地区，其不合理之处在于：第一，多样化需求要求的多品种、小批量产品由生产地向需求地的长距离运检不合理；第二，在生产地增加了一个加工环节，同时增加了近距离运转、装卸、储存等一系列物流活动。所以，在这种情况下，不如由原生产单位完成加工，而无须设置专门的流通加工环节。

3. 流通加工成本过高，效益不好

流通加工之所以能够有生命力，重要优势之一是有较大的产出投入比，因而起着补充完善的作用。如果流通加工成本过高，则不能实现以较低投入实现更高价值的目的。除了一些必需的、从政策要求即使亏损也应进行的加工外，其他成本过高的流通加工都应看成是不合理的。

4. 流通加工作用不大，形成多余环节

有的流通加工过于简单，对生产及消费作用都不大，甚至有时由于流通加工的盲目性使之未能解决品种、规格、质量、包装等问题，相反却实际增加了环节，这也是流通加工不合理的重要形式。

课堂笔记

第三节　流通加工的内容

一、生鲜食品的流通加工

(1) 冷冻加工。为解决鲜肉、鲜鱼在流通中保鲜及搬运装卸的问题，采取低温冷冻方式的加工。这种方式也用于某些液体商品、药品等。

(2) 分选加工。农副产品离散情况较大，为获得一定规格的产品，采取人工或机械分选的方式加工，称为分选加工。超市的各类净菜、水果、肉末、鸡翅、香肠等在上架之前，可进行加工，如分类清洗、贴商标和条码、包装、袋装等。这种方法广泛用于果类、瓜类、谷物等。

(3) 分装加工。许多生鲜食品零售起点比较低，而为保证高效输送，出厂包装则采用大包装，也有一些是采用集装输送方式运达销售地区。为了便于销售，在销售地区按要求的零售起点量进行新的包装，即大包装改小包装，运输包装改销售包装，以满足消费者对不同包装规格的需求，这种方式称分装加工。

(4) 精制加工。精制加工多用于农、牧、副、渔等，可在配送中心加工去除无用部分，进行切分、洗净、分装等加工。比如，鱼等海产品的开膛、去鳞，猪肉、鸡肉等肉类食品的分割、去骨，常常在运到商店后进行并分类出售。这种加工不但大大方便了购买者，而且还可以对加工的淘汰物进行综合利用。比如，鱼类的精制加工剔除的内脏可以制某些药物或饲料，鱼鳞可以制高级黏合剂，头尾可以制鱼粉等；蔬菜的加工剩余物可以制饲料、肥料等。

二、水泥的熟料输送并在使用地磨制的流通加工

在需要长途运入水泥的地区，变运入成品水泥为运进熟料半成品，在该地区的流通加工点（磨细工厂）磨细，并根据当地资源和需要情况掺入混合材料及外加剂，制成不同品种及标号的水泥供应给当地用户。也可以在水泥流通服务中心，将水泥、沙石、水及添加剂按比例进行初步搅拌，然后装进水泥搅拌车，事先计算好时间，水泥搅拌车一边行走，一边搅拌，到达工地后，用搅拌均匀的混凝土直接进行浇注。

在需要经过长距离输送供应的情况下，以熟料形态代替传统的粉状水泥有很多优点：

(1) 可以大大降低运费，节省运力。运输普通水泥和矿渣水泥平均有30%以上的运力消费在矿渣及其他各种加入物上。在我国水泥需要量较大的

课堂笔记

地区，工业基础大都较好，当地又有大量工业废渣，如果在使用地对熟料进行粉碎，可以根据当地的资源条件选择混合材料的种类，这样就节约了消费在混合材料上的运力和运费。同时水泥输送的吨位也大大减少，有利于缓和铁路运输的紧张状态。

（2）可按照当地的实际需要大量掺入混合材料。生产廉价的低标号水泥，发展低标号水泥的品种，就能在现有生产能力的基础上更大限度地满足需要。我国大中型水泥厂生产的水泥，平均标号逐年提高，但是目前我国使用水泥的部门大量需要较低标号的水泥，然而，大部分施工部门没有在现场加工混合材料来降低水泥标号的技术力量和设备，因此，不得已使用标号较高的水泥，这是很大的浪费。如果以熟料为长距离输送的形态，在使用地区加工粉碎，就可以按实际需要生产各标号的水泥，尤其可以大量生产低标号水泥，减少水泥长距离输送的数量。

（3）容易以较低的成本实现大批量、高效率的输送。采用输送熟料的流通加工形式，可以充分利用站、场、仓库现有的装卸设备，又可以利用普通车装运，较散装水泥方式具有更好的技术经济效果，更适合我国的国情。

（4）可以大大降低水泥的输送损失。水泥的水硬性是在充分磨细之后才表现出来的，而未磨细的熟料抗潮湿的稳定性很强。所以，输送熟料也可以基本防止由于受潮而造成的损失。此外，颗粒状的熟料也不像粉状水泥那样易于散失。

（5）能更好地衔接产需，方便用户。从物资管理的角度看，如果长距离输送是定点直达的渠道，这对于加强计划性，简化手续，保证供应等方面都有利。采用长途送熟料的方式，水泥厂就可以和有限的熟料粉碎工厂之间形成固定的直达渠道，能实现经济效益较优的物流。水泥的用户也可以不出本地区而直接向当地熟料粉碎厂订货，因而更容易沟通产需关系，具有明显的优越性。

三、钢板剪板及下料加工

热连轧钢板和钢带、热轧厚钢板等板材最大交货长度常可达 4~12 米，有的是成卷交货，对于使用钢板的用户来说，大中型企业由于消耗量大可设专门的剪板及下料加工设备，按生产需要进行剪板、下料加工。但对于使用量不大的企业和多数中小型企业来说，单独设置剪板、下料的设备，设备闲置时间长，人员浪费大，不容易采用先进方法。钢板的剪板及下料加工可以有效地解决上述弊病。剪板加工是在固定地点设置剪板机，下料加工是设置各种切割设备，将大规格钢板裁小或切裁成毛坯，降低销售起点，便利用户。

钢板剪板及下料加工的流通加工有如下优点：

（1）由于可以选择加工方式，加工后钢板的品相组织较小发生变化，可

课堂笔记

保证原来的交货状态，因而有利于进行高质量加工。

（2）加工精度高，可减少废料、边角料，也可减少再进行精加工的切削量，既可提高再加工效率，又有利于减少消耗。

（3）由于集中加工可保证批量及生产的连续性，可以专门研究此项技术采用先进设备，从而大幅度提高效率和降低成本。

（4）用户能简化生产环节，提高生产水平。与钢板的流通加工类似，还有圆钢、型钢、线材的集中下料，线材冷拉加工等。

四、木材的流通加工

（1）磨制木屑压缩输送。这是一种未来提高流通（运输）效益的加工方法。木材是密度小的物资，在运输时占有相当大的容积，往往使车船装满但不能满载，同时，装车、捆扎也比较困难。从林区外送的原木中有相当一部分是造纸材料，美国采取在林木生产地就地将原木磨成木屑，采取压缩方法使之成为容量较大、容易装运的形态，然后运至靠近消费地的造纸厂，取得较好的效果。根据美国的经验，采取这种方法比直接运送原木节约一半的运费。

（2）集中开木下料。在流通加工点将原木锯裁成各种规格锯材，同时将碎木、碎屑集中加工成各种规格板，甚至可进行打眼、凿孔等初级加工。用户直接使用原木不但加工复杂、加工场地大、加工设备多，更严重的是资源浪费大，木材平均利用率不到50%，平均出材率不到40%，实行集中下料按客户要求供应规格料，可以使原木利用率提高到95%，出材率提高到42%左右，有相当大的经济效益。

五、轻工业产品的流通加工

自行车等轻工业产品储运困难大，主要原因是不易进行包装，如进行防护包装，包装成本过大，并且运输装载困难，装载效率低，流通损失严重。但是这些货物有一个共同特点，即装配较简单，装配技术要求不高，主要功能在生产中形成，装配后不须进行复杂检测及调试。所以，为解决储运问题，降低储运费用，采用半成品（部件）高容量包装出厂，在消费地拆箱组装的方式。组装之后随即进行销售。这种流通加工方式已在我国广泛采用。

六、煤炭及其他燃料的流通加工

（1）加工。除矸加工是以提高煤炭纯度为目的的加工形式。矸石有一定的发热量，混入一些矸石是允许的，也是经济的。但在动力十分紧张的地区要求充分利用动力，多运“纯物质”，少运矸石，在这种情况下，可以采用除矸的流通加工排除矸石。

课堂笔记

（2）煤浆加工。木炭的运输方法主要采用容器载运方法，运输中损失浪费较大，又容易发生火灾。采用管道运输是近代兴起的一种先进技术。在流通的起始环节将煤炭磨成细粉，本身便有了一定的流动性，用水调和成浆状则具备了流动性，可以像其他流体一样进行管道运输。这种方式不和现有运输系统争夺运力，运输连续、稳定且快速，是一种经济的运输方法。

（3）配煤加工。在使用地区设置集中加工点，将各种煤及一些其他发热物质，按不同的配方进行掺配加工，生产出各种不同发热量的燃料，称作配煤加工。这种加工方式可以按需要发热量生产和供应燃料，能防止热量浪费、“大材小用”的情况出现，也能防止发热量过小、不能满足使用要求的情况出现。工业用煤经过配煤加工还可以起到便于计量控制、稳定生产过程的作用，在经济及技术上都有价值。

（4）天然气、石油气等气体的液化加工。由于气体输送、保存都比较困难，天然气及石油气往往只能就地使用，如果有过剩往往就地燃烧掉，容易造成浪费和污染。天然气和石油气的输送可以采用管道，但因投资大，输送距离有限，也受到制约。在产出地将天然气或石油气压缩到临界压力之上，使之由气体变成液体，可以使用容器装运，使用时机动性也比较强。

第四节　流通加工的技术经济指标

衡量流通加工的可行性，对流通加工环节进行有效的管理，可考虑采用以下两类指标：

1. 流通加工建设项目可行性指标

流通加工仅是一种补充性加工，规模、投资都必然远低于一般生产性企业，其投资特点是：投资限额低，投资时间短，建设周期短，投资回收速度快且投资收益较大。因此，投资可行性可采用静态分析法。

2. 流通加工环节日常管理指标

由于流通加工的特殊性，不能全部搬用考核一般企业的指标。

（1）品种规格增加量及增加率：反映某些流通加工方式满足用户、衔接产需方面的效果，品种规格增加额以加工后品种、规格数量与加工前之差决定。

$$品种规格增加率=\frac{品种规格增加额}{加工前品种规格}\times 100\%$$

（2）资源增加量指标：反映某些类型流通加工，在增加材料利用率、出材率方面的效果指标。这个指标不但可提供证实流通加工的重要性数据，而且可具体用于计算微观及宏观经济效益。其具体指标分新增出材率和新增利

课堂笔记

用率两项：

$$新增出材率=加工后出材率-原出材率$$

$$新增利用率=加工后利用率-原利用率$$

（3）增值指标：反映经流通加工后单位产品的增值程度，以百分率表示，计算公式为

$$增值率=\frac{产品加工后价值-产品加工前价值}{产品加工前价值}\times 100\%$$

同步测试

一、单选题

1. 关于对流通加工的理解，正确的是(　　)。

A. 流通加工的对象是不进入流通过程的商品，不具有商品的属性，因此流通加工的对象不是最终产品，而是原材料、零配件、半成品

B. 一般来讲，如果必须进行复杂加工才能形成人们所需的商品，那么，这种复杂加工应专设生产加工过程，流通加工大多是简单加工，而不是复杂加工，因此流通加工可以是对生产加工的取消或代替

C. 从价值观点看，生产加工的目的在于创造价值及使用价值，而流通加工则在于完善其使用价值并在不做大改变情况下提高价值

D. 流通加工的组织者是从事流通工作的人，能密切结合流通的需要进行这种加工活动，从加工单位来看，流通加工与生产加工都由生产企业完成

2. 根据流通加工定义，下列属于流通加工的是(　　)。

A. 某工厂采购布匹、纽扣等材料，加工成时装并在市场上销售

B. 某运输公司在冷藏车皮中保存水果，使之在运到目的地时更新鲜

C. 杂货店将购时的西红柿按质量分成每斤 1 元和每斤 2 元两个档次销售

D. 将马铃薯通过洗涤、破碎、筛理等工艺加工成淀粉

3. 将钢板进行剪板、切裁；钢筋或圆钢裁制成毛坯；木材加工成各种长度及大小的板、方材等加工方式是(　　)加工 。

A. 生产　　B. 来样

C. 来料　　D. 流通

4. 以下四个选项中，不属于实现流通加工的合理化的是(　　)。

A. 加工和配套结合　　B. 加工和配送分离

C. 加工和合理运输结合　　D. 加工和合理商流相结合

5. 在超市对各类肉末、鸡翅、香肠等在上架之前，进行加工，如清洗、贴条形码、包装等，是属于(　　)。

A. 冷冻加工　　B. 分选加工

C. 精致加工　　D. 分装加工

课堂笔记

6. 在使用地区设置集中加工点，将各种煤及一些其他发热物质，按不同配方进行掺配加工，生产出各种不同发热量的燃料，称为(　　)。

A. 除矸加工　　B. 煤浆加工

C. 配煤加工　　D. 混合加工

7. 我国常用的流通加工主要形式有：剪板加工、集中开木下料、燃料掺配加工、冷冻加工和(　　)等。

A. 产品加工　　B. 精制加工

C. 配额加工　　D. 库存加工

8. 增值率是反映经流通加工后单位产品的增值程度，其计算公式是(　　)。

A. （产品加工后价值-产品加工前价值）/产品加工前价值×100%

B. 新增利用率=加工后利用率-原利用率

C. 新增出材率=加工后出材率-原出材率

D. 品种规格增加率=品种规格增加额/加工前品种规格×100%

9. 在某工作地完成加工的各项任务平均所需经过的时间是指下列哪种指标(　　)。

A. 最大流程　　B. 平均流程

C. 最大延期量　　D. 平均延期量

10. 商品包装分为内销包装、出口包装、特殊包装，是按以下(　　)标准进行分类的。

A. 按商业经营习惯分类　　B. 按包装形状和材料分类

C. 按防护技术方法分类　　D. 按流通领域中的环节分类

11. 作为销售包装材料，透明度好，表面光泽，造型和色彩美观，产生陈列效果，能提高商品价值和消费者的购买欲望体现了(　　)。

A. 保护性能　　B. 操作性能

C. 附加价值性能　　D. 方便使用性能

12. 商标牌号是属于(　　)。

A. 商品说明标志　　B. 制造标志

C. 品名标志　　D. 原产地标志

13. 将商品包装分为贴体、透明、开窗、收缩、提袋、易开、喷雾、蒸煮、真空等形式的是按哪种分类的？(　　)

A. 按包装形状和材料分类　　B. 按防护技术方法分类

C. 按商业经营习惯分类　　D. 按流通领域中的环节分类

14. 在进行防潮包装时，不属于应注意事项的是(　　)。

A. 防潮阻隔性材料应具有平滑均一性，无针孔、沙眼、气泡、破裂现象

B. 尽量缩小货物的体积和防潮包装的总面积、总体积

课堂笔记

C. 采用悬浮式包装

D. 若产品有尖突部位，可能损伤防潮包装隔层，要预先采取包扎措施

15. 下面不符合绿色包装原则的是(　　)。

A. 简化包装，节约材料，既降低了成本，又减轻了环境污染

B. 包装重复使用或回收再生，如多功能包装，这种包装用过之后，可以制成展销陈列架、储存柜等

C. 开发可分解、降解的包装材料。如有的塑料包装品能够在被弃埋入土壤后，成为土壤中微生物的食物，在很短时间内化为腐殖质

D. 使用塑料产品包装，降低成本，减少包装内容物分量

二、多选题

1. 流通加工过程包括？(　　)

A. 形成产品零配件、半成品的过程

B. 产品的辅助性补充加工

C. 创造价值和使用价值的过程

D. 完善产品使用价值并提高附加价值

2. 关于流通加工的理解，(　　)是不正确的。

A. 流通加工可以是对生产加工的取消或代替

B. 流通加工的目的在于完善其使用价值并在不做大改变情况下提高价值

C. 从加工单位来看，流通加工与生产加工都由生产企业完成

D. 流通加工具有生产制造活动的一般性质

3. 属于生产资料流通加工的是(　　)。

A. 木材流通加工

B. 玻璃流通加工

C. 水泥流通加工

D. 大包装或散装物分装成适合依次销售的小包装的分装加工；

4. 实现流通加工合理化主要考虑以下哪些方面？(　　)

A. 加工和配套结合　　B. 加工和配送结合

C. 加工和合理商流相结合　　D. 加工和合理运输结合

5. 不合理流通加工的几种主要形式有(　　)。

A. 流通加工作用不大，形成多余环节

B. 流通加工成本过高，效益不好

C. 流通加工地点设置不合理

D. 流通加工方式选择不当

6. 评价加工顺序安排的主要指标包括(　　)。

A. 平均延期量　　B. 平均流程

C. 最大流程　　D. 最大延期量

课堂笔记

7. 流通加工作业排序方法应遵循的规则包括(　　)。

A. 最短加工时间规则　　B. 最迟交货期规则

C. 最早预定交货期规则　　D. 综合规则

8. 包装合理化主要做法包括(　　)。

A. 采用单元化包装装载技术

B. 包装标准化

C. 由一次性包装向反复使用的周转箱发展

D. 改进包装技术

9. 包装基础标准包括下列哪些？(　　)

A. 包装术语　　B. 包装材料标准

C. 包装材料试验方法　　D. 包装基本试验

10. 防止包装过剩主要体现在下列哪些方面？(　　)

A. 包装物强度设计　　B. 包装材料选择

C. 使用的包装技术　　D. 包装成本

三、案例分析

1. 幸福乐器厂生产各类中外弦乐器。每年采购长白山红松木，加工成提琴、吉他、胡琴等乐器，人造革琴盒包装。到汽车运输公司雇车将乐器运输到乐器店，运输损坏率高。因为乐器的形状，运输工具的空间利用率低，致使运输费高昂。分析该物流过程，提出改进意见。

2. 丽洁公司的主打产品是面粉，每年从加拿大进口小麦，散装船海运进港，装袋，用汽车运进工厂仓库内存放。每天加工面粉 10 吨，送到粮食批发市场。为防止受潮，采用双层塑料复合袋包装，50 斤一袋，如果面粉超过一个月没卖掉，就低价处理给饲料厂。分析该物流过程，提出改进意见。

课堂笔记

第五章　送货作业管理

知识目标

- 掌握送货路线优化及车辆配载设计的基本方法
- 掌握送货车辆调度的基本原则、方法及工作流程
- 掌握送货作业计划编制方法及计划实施过程中的调度方法

技能流程

- 能够根据实际情况规画出最优的送货路线
- 能够根据客户要求、车辆及货物的具体特征设计车辆的配载方案
- 能够编制送货作业计划，能够在计划的实施过程中进行调度安排

作业流程

图 5-1 为送货作业的一般流程。

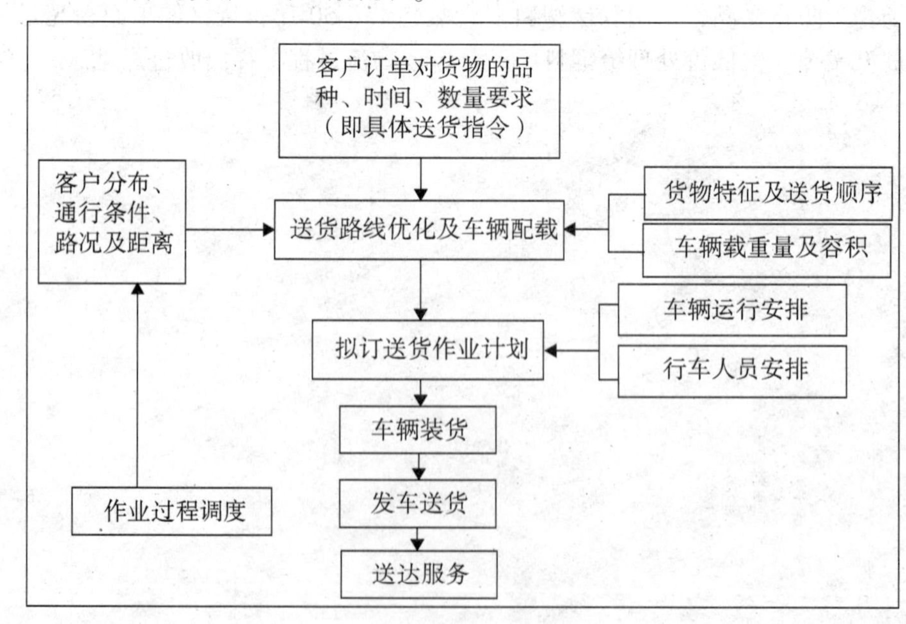

图 5-1　送货作业流程

课堂笔记

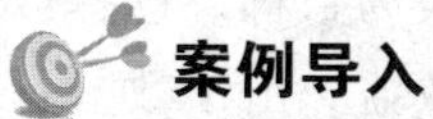

引例：百胜物流是肯德基、必胜客等国际连锁餐饮企业的物流配送服务提供商。对于连锁餐饮配送来说，由于原料特征及客户要求基本稳定，因此送货成本始终是企业降低成本的焦点。据百胜物流统计，在连锁餐饮企业的配送业务中，送货运输成本占到总体配送成本的60%左右，而在这60%中，有55%~60%是可以通过各种手段控制的。因此，该公司把降低成本的核心锁定在送货运输这个环节。该公司采取的策略是：合理安排送货运输路程；减少不必要的送货作业；提高车辆利用率；尝试歇业时间送货。合理安排送货运输路程包括尽量使车辆满载，设计合理的送货路线使送货总里程最短或所需人员数、车辆班次最少；减少不必要的送货作业是指与客户保持良好沟通联络，降低送货频率，提高送货效率；提高车辆利用率从尽可能使用大型车辆、合理安排作业班次和增加每周运行天数等方面着手；尝试歇业时间送货是因为连锁餐厅大多处于繁华路段，利用深夜或凌晨的歇业时间送货可以使送货作业有较充裕的时间，提高车辆的利用率。

问题：案例中百胜物流送货作业管理采取的措施有哪些？

 **引例分析**

通过这个案例的内容可以看出，送货作业是配送作业流程的重要环节，送货费用的高低对配送总成本的影响很大。送货作业是以短途汽车运输为主，压缩成本的选择范围相对较少，难度相对较大。案例中采取的措施主要涉及路线优化、车辆配载、送货作业计划及调度等三个方面，通过这些措施降低了配送的总成本，增加了利润。而路线优化、车辆配载、送货作业计划及调度这三个配送送货方面的核心作业正是本章要介绍的内容。

第一节　配送路线优化设计

配送路线合理与否对配送速度、成本、效益影响很大，配送线路的优化设计对合理快速的配送起很关键的作用。

一、配送路线确定的原则

无论采用哪种方法配送，都必须根据想要达到的明确目标及实现该目标的限制因素来确定配送路线的原则。根据配送的具体要求、配送企业的实力及客观条件来确定所要选择的目标。可供选择的目标主要有以下几个：

课堂笔记

（1）效益最高。这种目标是指以企业的利润值尽可能大为目标。选择以效益最高为目标主要考虑的是当前效益，同时也兼顾长远效益。由于效益是企业各项经济活动的综合反映，单纯与配送路线建立联系并不能客观真实地反映对效益的确切影响，因此一般很少采用这一目标。

（2）成本最低。配送路线与配送成本之间有密切的关系，计算配送路线的送货成本相对效益目标而言要简化，具有可操作性，是比较实用且常用的选择目标。

（3）路程最短。

（4）吨千米最小。

（5）准时性最高。

（6）运力运用最合理。

（7）劳动消耗最低。

从以上几个目标来看，路程最短、吨千米最小、劳动消耗最低都直接与成本相关，而准时性最高、运力运用最合理两项也间接地与成本有联系，且由于成本的降低最终也影响到效益目标的实现，以成本为目标与以效益为目标事实上是相辅相成的，因此，成本控制在配送路线的选择与确定工作中，占有核心地位。

应用小案例：对于连锁餐饮业（QSR）来说，由于原料价格相差不大，物流成本始终是企业成本竞争的焦点。并且，靠物流手段节省成本并不容易。然而，作为肯德基、必胜客等业内巨头的指定物流提供商，百胜物流公司抓住运输环节大做文章，通过合理的运输排程，有效地实现了物流成本的“缩水”。

运输排程的意义在于，尽量使车辆满载，只要货量许可，就应该做相应的调整，以减少总行驶里程。由于连锁餐饮业餐厅的进货时间是事先约定好的，这就需要配送中心就餐厅的需要，制作一个类似列车时刻表的值班表，此表是针对连锁餐饮业餐厅的进货时间和路线详细规划制订的。

众所周知，餐厅的销售存在着季节性波动，因此值班表至少有旺季、淡季两套方案。有必要的话，应该在每次营业季节转换时重新审核运输排程表。安排值班表的基本思路是，设计出若干条送货路线，覆盖所有的连锁餐厅，最终达到总行驶里程最短、所需司机人数和车辆数最少的目的。

规划值班表远不止人们想象的那么简单。首先，需要了解最短路线的点数，从几个点到成百甚至上千个点，路径的数量也相应增多到成千上万条。其次，每个点都有一定数量的货物流需要配送或提取，因此要寻找的不是一条串联所有店的最短路线，而是每条串联几个点的若干路线的最优组合。另外，还需要考虑许多限制条件，如车辆运载能力、车辆数目、每个点在相应的时间开放窗口等，问题的复杂度随着约束数目的增加呈几何级数增长。

课堂笔记

在值班表确定以后，就要进入运输排程，也就是每天审视各条路线的实际货量，根据实际货量对配送路线进行调整。通过对所有路线逐一进行安排，可以去除几条送货路线，至少也能减少某些路线的行驶里程，最终达到增加车辆利用率，增加司机的工作效率和降低总行驶里程的目的。

二、配送路线优化的约束条件

无论选择哪个目标或是实现哪个目标，都是有一定的约束条件的，只有在满足这些约束条件的前提下才能实现这些目标。一般在进行配送路线的选择时，有以下几个约束条件：

（1）满足所有收货人对货物品种、规格以及数量的要求。

（2）满足收货人对货物发到时间范围的要求。

（3）在允许通行的时间内进行配送，各配送路线的货物量不得超过车辆容积和载重量的限制。

（4）在已有送货运力资源允许的范围内。

三、配送线路优化方法

配送线路优化的目标与送货目标是一致的，都是让客户满意和成本尽可能降低。从线路的角度，让客户满意的体现就是在路上送货的时间尽可能短以便尽快地交到客户手中。要想时间短可以从两个方面实现，即送货速度快或送货路程短。速度快往往意味着费用高，成本控制方面压力大；而路程短则可以在同等的时间内以相对较为经济的速度满足客户的要求。路程短可以使各项送货成本均得到一定程度的降低，因此通常配送路线的优化选择都是以路程最短原则来进行的。下面介绍最短路线设计的主要方法。

根据送货作业的实际情况，送货业务中出现最多的是以下两种情况：从单个配送中心向单个客户往返送货与从单个配送中心向多个客户循环送货后返回。这两种情况的配送线路最短路线设计可以归结为两类问题，即两点间最短路线问题和单起点多回路最短路线问题。

（一）两点间最短路线问题

在配送线路设计中单配送的起点与终点都只有一个，即由一个配送中心向一个特定的客户进行专门送货时，这种情况一般是针对优质的主要客户，客户送货需求量大且对到达时间准确性要求较高，须专门派一辆或多辆车一次或多次送货。这样的配送重点在于节省时间，多装快跑，提高送货时间准确性。另外，在构造一个配送中心的配送网络路线图时，需要计算配送中心与每个客户的最短距离路线。这些都可以归结为配送路线设计时，寻求两点间的最短路径的问题。下面用一个事例来说明解决此问题的方法。

图 5-2 是某配送中心与一个客户之间的公路网络，O 起点为配送中心所

课堂笔记

在位置，*P* 终点为客户所在位置，其他 *A*、*B*、*C*、*D* 代表从 *O* 到 *P* 途中要经过的节点，节点与节点之间有线路连接，线路上表明了两个节点之间的距离，以运行时间（分钟）表示（当然也可以用距离表示）。现在要在该图找出一条从配送中心（*O* 起点）到客户（*P* 终点）之间的最短路线。

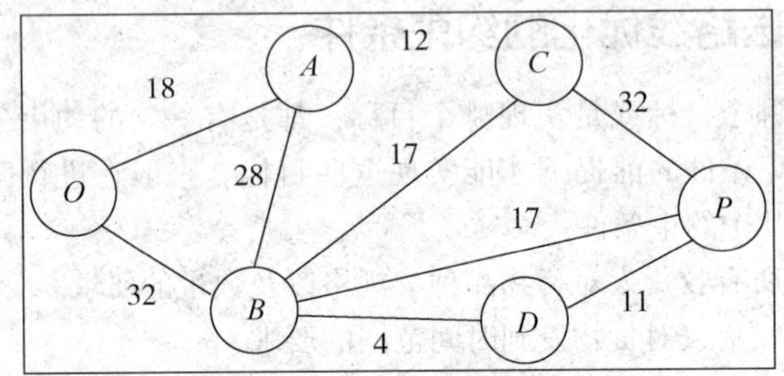

图 5-2　公路网络

首先列出计算表（见表 5-1）。

表 5-1　最短路线计算表

步骤	已解节点	与该已解节点直接连接的未解节点	对应线路	对应总运行里程	最短路线距离	新增的已解节点	选中的路径
1							
2							
3							
4							

（续表）

步骤	已解节点	与该已解节点直接连接的未解节点	对应线路	对应总运行里程	最短路线距离	新增的已解节点	选中的路径
5							

课堂笔记

表中各空白栏的计算方法是：第一个节点就是起点 *O*，它是已解节点。与 *O* 点直接连接的未解节点有 *A*、*B* 点。第一步，可以看到 *A* 点是距 *O* 点最近的节点，记为 *OA*，由于 *A* 点是唯一选择，所以它成为已解节点。

随后，找出距 *O* 点和 *A* 点最近的未解节点，列出距各个已解的节点最近的连接点，我们有 *O*—*B*、*O*—*A*—*C*、*O*—*A*—*B*，记为长经二步。注意从起点通过已解节点到某一节点之间的时间，也就是说，从 *O* 点经过 *A* 点到达 *B* 点的距离为 $OA+AB=18+28=46$（分钟），同样，从 *O* 点到达 *C* 点的时间为 30 分钟；而从 *O* 点直达 *B* 点的时间为 32 分钟；现在从 *O* 点到 *C* 点的距离最短，*C* 点也成了已解节点。

重复上述过程直到到达终点 *P*，即第五步。最短的路线距离是 47 分钟，最短路线为 *O*—*B*—*D*—*P*。

计算后如 5-2 所示。

表 5-2　最短路线计算表

步骤	已解节点	与该已解节点直接连接的未解节点	对应线路	对应总运行时间/分钟	最短路线时间	新增的已解节点	选中的路径
1	*O*	*A*	*OA*	18	18	*A*	*OA*
		B	*OB*	32			
2	*O*	*B*	*OB*	32	30	*C*	*OAC*
	A	*C*	*OAC*	30			
		B	*OAB*	46			

课堂笔记

（续表）

步骤	已解节点	与该已解节点直接连接的未解节点	对应线路	对应总运行时间/分钟	最短路线时间	新增的已解节点	选中的路径
3	*O*	*B*	*OB*	32	32	*B*	*OB*
	A	*B*	*OAB*	46			
	C	*P*	*OACP*	62			
		B	*OACB*	47			
4	*O*	无	无	无	36	*D*	*OBD*
	A	无	无	无			
	C	*P*	*OACP*	62			
	B	*D*	*OBD*	36			
		P	*OBP*	49			
5	*O*	无	无	无	47	*P*	*OBDP*
	A	无	无	无			
	C	*P*	*OACP*	62			
	B	*P*	*OBP*	49			
	D	*P*	*OBDP*	47			

总结两点间最短计算的方法是：

始发点作为已解节点，计算从始发点开始。

（1）第 n 次迭代的目标。寻求第 n 次最近始发点的节点，重复 $n=1$，2，……，直到最近的节点是终点为止。

（2）第 n 次迭代的输入值。（$n-1$）个最近始发点的节点是由于以前的迭代根据离始发点最短路线和距离计算而得的。这些节点以及始发点称为已解节点，其余的节点是未解节点。

（3）第 n 次最近节点的候点，每个已解节点由线路分支通向一个或多个未解节点，这些未解节点中有一个以最短路线分支连接的是候选点。

（4）第 n 次最近节点的计算。将每个已解节点及其候选点之间的距离和始发点到该已解节点之间的距离加起来，总距离最短的候选点即是第 n 个最近的节点，也就是始发点到达该点最短距离的路径。

（二）单起点多回路最短路线问题

单起点多回路最短路线是指由一个配送中心向多个客户进行循环送货，送货车辆送完后再返回配送中心的路线。由于受送货时间及送货线路里程的

课堂笔记

制约，通常不可能用一条线路为所有客户送货，而是设计数条送货线路。每条线路为某几个客户送货。同一条线路上由一辆配装着这条线路上所有客户需求货物的车，按照预先设计好的最佳路线依次将货物送达该线路上的每个客户并最终返回配送中心。负责的送货车辆装载这条线路上所有客户货物的总量不能大于车辆的额定载重量，而且车辆在这条线路上每次运行的总里程不能超过配送线路的合理限度。找到这些线路的最短路线可保证按客户要求将货物及时送到，且能节约车辆行驶里程，缩短送货的整体时间，节约费用，还能客观上减少交通流量，缓解交通紧张压力，响应国家节能减排的政策。

解决单起点多回路最短路线问题最常用的方法是“节约里程法”，它是形成人工和计算机计算单起点多回路最短路线的基础。

1. 节约里程法的基本规定

利用节约里程法确定配送线路的主要思路是，根据配送中心的运输能力及其到客户之间的距离和各客户之间的相对距离来制订使总的配送车辆 t · km 数达到或接近最小的配送方案。

为方便介绍，假设：

(1) 配送的是同一种或相类似的货物。

(2) 各用户的位置及需求量已知。

(3) 配送中心有足够的运输能力。

节约里程法制订出的配送方案除了使配送总 t · km 最小外，还满足以下条件：

(1) 能满足所有用户的要货需求。

(2) 不使任何一辆车超载。

(3) 每辆车每天的总运行时间或行驶里程不超过规定的上限。

(4) 方案能满足所有用户的到货时间要求。

2. 节约里程法的基本思想

如图 5-3 所示，设 P_0 为配送中心，分别向用户 P_i 和 P_j 送货。P_0 到 P_i 和 P_j 的距离分别为 d_{oi} 和 d_{oj}，两个用户 P_i—P_j 的距离 d_{ij}，送货方案只有两种即配送中心 P_0 向用户 P_i、P_j 分别送货和配送中心向用户 P_i、P_j 同时送货，如图 5-3 (a) 和 (b) 所示。比较两种配送方案：

方案 (a)

配送线路为：P_0—P_i—P_0—P_j—P_0，配送距离为

$$d_a = 2d_{oi} + 2d_{oj}$$

方案 (b)

配送线路为 P_0—P_i—P_j—P_0，配送距离为

$$d_b = d_{oi} + d_{oj} + d_{ij}$$

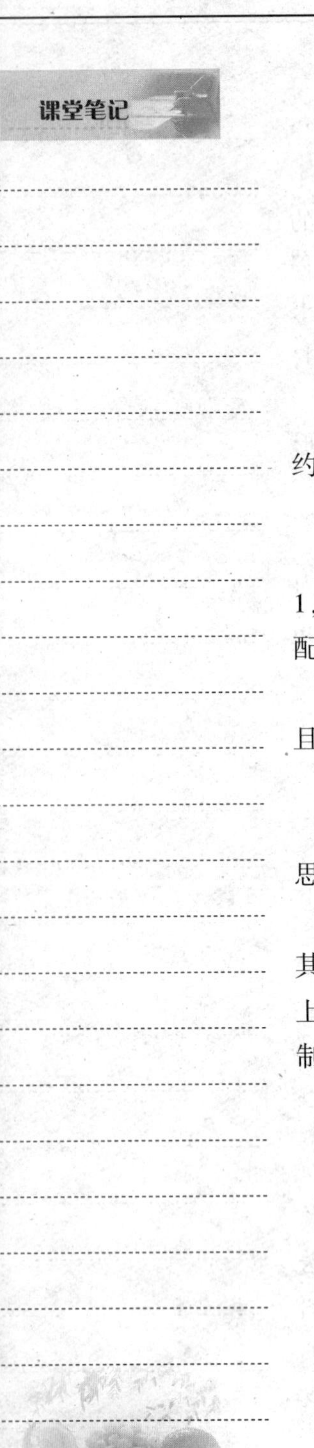

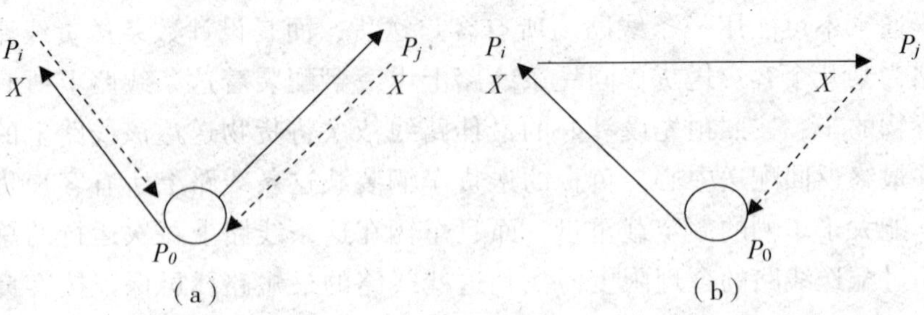

图 5-3

显然，d_a不等于d_b，用S_{ij}表示里程节约量，即方案（a）比方案（b）节约的配送里程：

$$S_{ij}=d_a-d_b=d_{oi}+d_{oj}-d_{ij}$$

根据节约里程法的基本思想，如果一个配送中心分别向N个客户P_j（$j=1，2，3，……，N$）配送货物，在汽车载重能力允许的前提下，每辆汽车在配送线路上经过的客户个数越多，里程节约量越大，配送线路越合理。

通过上述公式的求解过程不难发现配送方案的修正过程通常非常复杂而且工作量庞大，实际应用须辅以计算机计算，使其简单易行。

（1）手算图解法。

下面介绍一种在没有计算机辅助的情况较简便的手算图解法，它的基本思路和原理与上述方法完全相同。

例：某一配送中心P_0向10个客户P_j（$j=1，2，……，10$）配送货物，其配送网络如图5-4所示。图中括号内的数字表示客户的需求量（t），线路上的数字表示两节点之间的距离。配送中心有2t和4t两种车辆可供使用，试制订最优的配送方案。

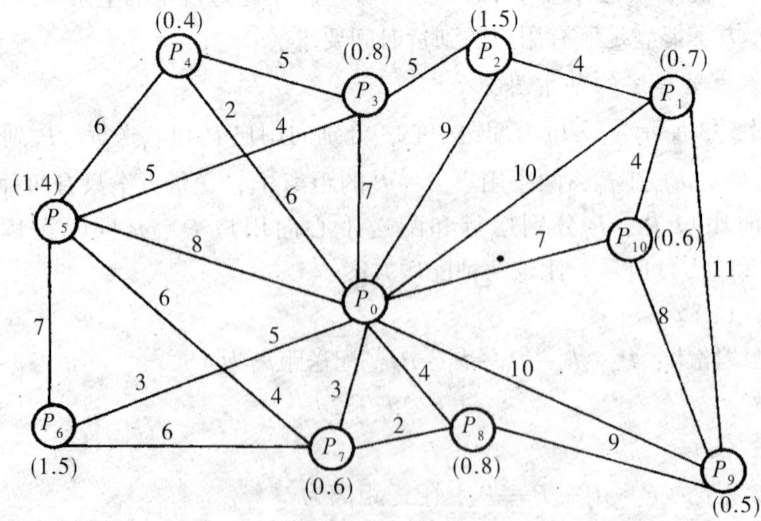

图 5-4　配送网络

课堂笔记

解：

第一步：计算最短距离。

根据配送网络中的已知条件，计算配送中心与客户及客户之间的最短距离，结果如表 5-3 所示。

表 5-3　最短距离（d_{ij}）表

q	P_0										
0.7	10	P_1									
1.5	9	4	P_2								
0.8	7	9	5	P_3							
0.5	8	14	10	5	P_4						
1.4	8	18	14	9	6	P_5					
1.5	8	18	17	15	13	7	P_6				
0.6	3	13	12	10	11	10	6	P_7			
0.8	4	14	13	11	12	12	8	2	P_8		
0.5	10	11	15	17	18	18	17	11	9	P_9	
0.6	7	4	8	13	15	15	15	10	11	8	P_{10}

第二步：计算节约里程 S_{ij}，结果如表 4-13 所示。

课堂笔记

表 5-4　节约里程表

P_1									
15	P_2								
8	11	P_3							
4	7	10	P_4						
0	3	6	10	P_5					
0	0	0	3	9	P_6				
0	0	0	0	1	5	P_7			
0	0	0	0	0	4	5	P_8		
9	4	0	0	0	1	2	5	P_9	
13	8	1	0	0	0	0	0	9	P_{10}

第三步：将节约 S_{ij} 进行分类，按从大到小的顺序排列，如表 5-5 所示。

表 5-5　依节约里程大小线路分类

序号	路线	节约里程	序号	路线	节约里程
1	P_1P_2	15	13	P_6P_7	5
2	P_1P_{10}	13	14	P_7P_8	5
3	P_2P_3	11	15	P_8P_9	5
4	P_3P_4	10	16	P_1P_4	4
5	P_4P_5	10	17	P_2P_9	4
6	P_1P_9	9	18	P_6P_8	4
7	P_5P_6	9	19	P_2P_5	3
8	P_9P_{10}	9	20	P_4P_6	3
9	P_1P_3	8	21	P_7P_9	2
10	P_2P_{10}	8	22	P_3P_{10}	1
11	P_2P_4	7	23	P_5P_7	1
12	P_3P_5	6	24	P_6P_9	1

课堂笔记

第四步：确定配送线路。从分类表中，按节约里程大小顺序，组成线路图。

①初始方案：对每一客户分别单独派车送货，结果如图 5-5 所示。

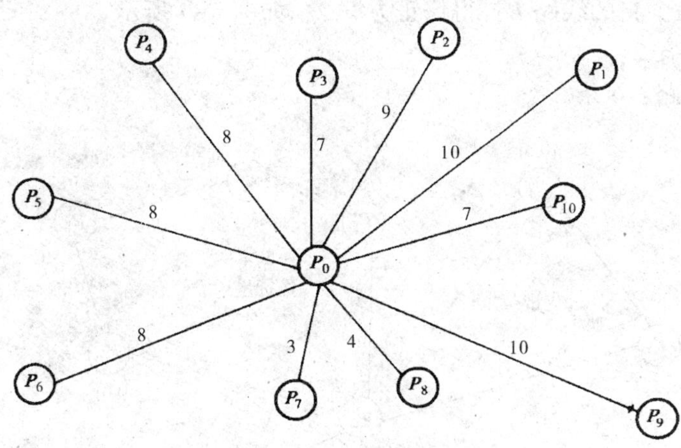

图 5-5　初始方案

初始方案：配送线路 10 条

配送距离 $S_0 = 2\sum_{i=1}^{10} d0j = 148\text{km}$

配送车辆：2t×10

②修正方案 1：按节约里程 S_{ij} 由大到小的顺序，连接 P_1 和 P_2，P_1 和 P_{10}，P_2 和 P_3，得修正方案 1，如图 5-6 所示。

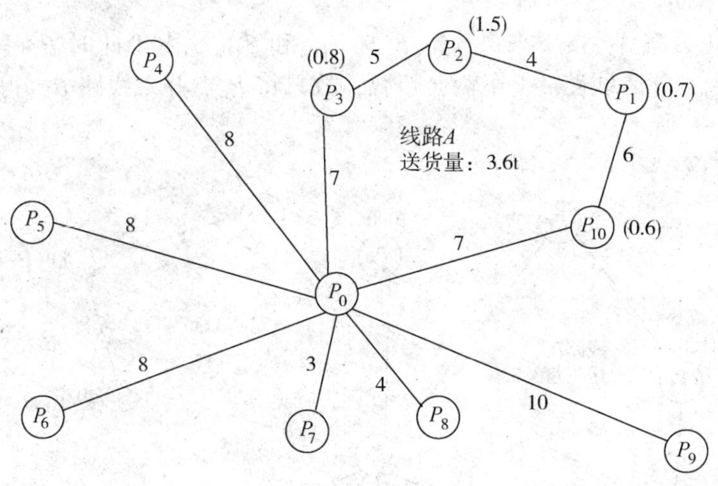

图 5-6　修正方案 1

修正方案 1

配送线路：7 条；配送距离：$S_1 = S_0 - S_{1,2} - S_{1,10} - S_{2,3} = 148 - 15 - 13 - 11 = 109\text{km}$

装车量：$q_A = q_3 + q_2 + q_1 + q_{10} =$ 0. 8+1. 5+0. 7+0. 6=3. 6t

课堂笔记

配送车辆：2t×6+4t×1

③修正方案 2：在剩余的 S_{ij} 中，最大的是 $S_{3,4}=10$ 和 $S_{4,5}=10$，此时 P_4 和 P_5 都有可能并入线路 A 中，但考虑到车辆的载重量及线路均衡问题，连接 P_4 和 P_5 形成一个新的线路 B，得修正方案 2，如图 5-7 所示。

修正方案 2

配送线路：6 条

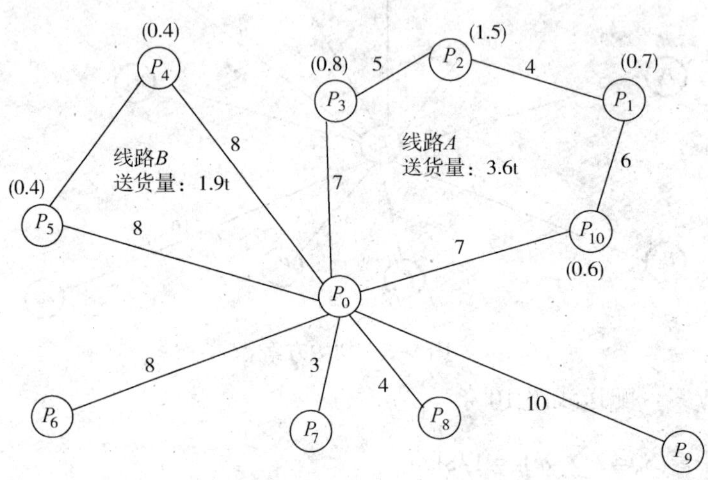

图 5-7　修正方案 2

配送距离：$S_2=S_1-S_{4,5}=109-10=99\text{km}$；装车量：$q_B=q_4+q_5=0.5+1.4=1.9\text{t}$

配送车辆：2t×5+4t×1

④修正方案 3：接下来最大的 S_{ij} 是 $S_{1,9}$ 和 $S_{5,6}$。由于此时 P_1 已属于线路 A，若将 P_9，并入线路 A，车辆会超载，故只将 P_6 点并入线路 B，得修正方案 3，如图 5-8 所示。

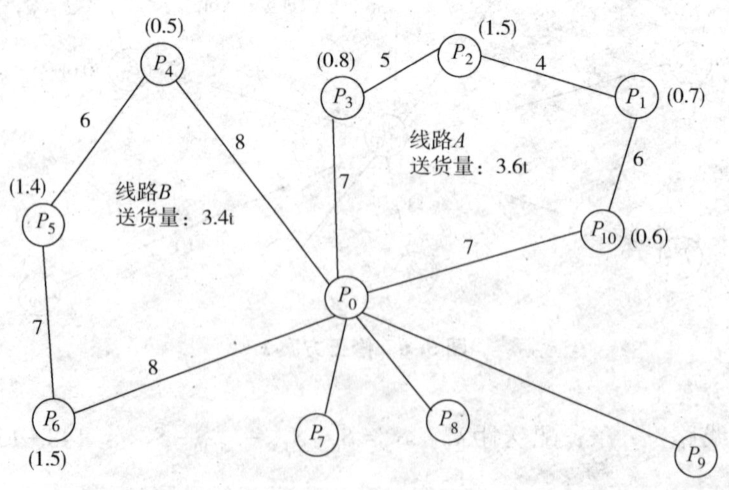

图 5-8　修正方案 3

课堂笔记

修正方案3

配送线路：5条；配送距离：$S_3=S_2-S_{5,6}=99-9=90$km

装车量：$q_B{}'=q_B+q_6=1.9+1.5=3.4$t；配送车辆：2t×3+4t×2

⑤修正方案4：再继续按S_{ij}由大到小排出$S_{9,10}$、$S_{1,3}$、$S_{2,10}$、$S_{2,4}$、$S_{3,5}$，由于与其相对应的用户均已包含在已完成的线路里，故不予考虑。把$S_{6,7}$对应P_7点并到线路B中，得修正方案4，如图5-9所示。

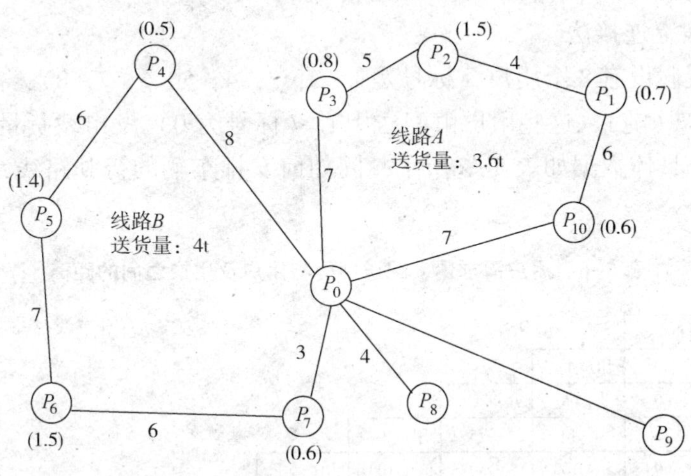

图5-9　修正方案4

修正方案4

配送线路：4条；配送距离：$S_4=S_3-S_{6,7}=90-5=85$km

装车量：$q_B{}''=q_B{}'+q_7=3.4+0.6=4.0$t；配送车辆：2t×2+4t×2

⑥最终方案：其次是$S_{7,8}$，考虑到配送距离的平衡和载重量的限制，不将P_8点并入到线路B中，而是连接P_8和P_9，组成新的线路C。

$q_C=q_8+q_9=0.8+0.5=1.3$t，$S_5=S_4-S_{8,9}=85-5=80$km，得到最终方案，如图5-10所示。

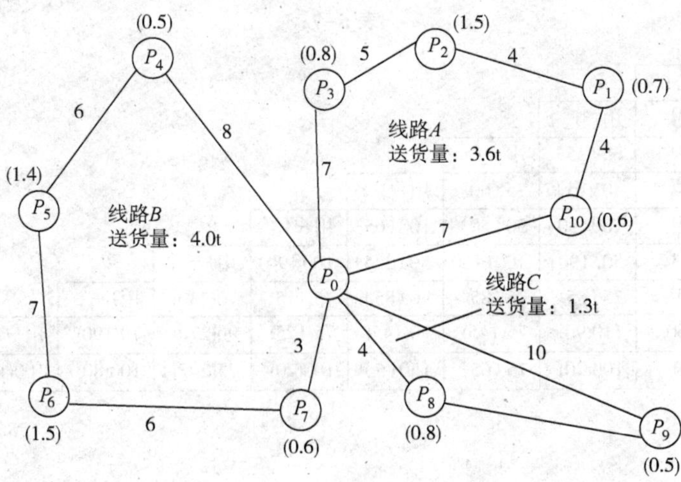

图5-10　最终方案

课堂笔记

这样最终配送方案已确定：共存在 3 条配送线路，总的配送距离为 80km，需要的配送车辆为：2t×1+4t×2。即 2t 车 1 辆，4t 车 2 辆。

3 条配送线路分别为：

配送线路 A：P_0—P_3—P_2—P_1—P_{10}—P_0使用一辆 4t 车

配送线路 B：P_0—P_4—P_5—P_6—P_7—P_0使用一辆 4t 车

配送线路 C：P_0—P_8—P_9—P_0使用一辆 2t 车

（2）表上连接法。

例：现假设有 8 个用户（标号是 1，2，3，4，5，6，7，8），各个用户的货运量是 Gi（吨），这些用户由配送中心（标号为 0）发出载货量为 8t 的车辆来完成。具体数据如表 5-6 所示，问如何安排车辆的行驶路线，使得总运输费用最少？

表 5-6　用户需求量、配送中心与用户及用户之间的距离

需求量	中心 0								
2	40	用户 1							
1. 5	60	65	用户 2						
4. 5	75	40	75	用户 3					
3	90	100	50	100	用户 4				
1. 5	200	50	100	50	100	用户 5			
4	100	75	75	90	75	70	用户 6		
2. 5	160	110	75	90	75	90	70	用户 7	
3	80	100	75	150	100	75	100	100	用户 8

解：

①依 $S(i, j) = P_{0i}+P_{0j}-P_{ij}$ 计算节约里程值，填入里程表中，如表 5-7 所示。

如连接用户 5，7，有 $S(5, 7) = P_{05}+P_{07}-P_{57} = 200+160-90 = 270$

表 5-7

需求量	中心0								
2	40	用户1							
1.5	60	65（35）	用户2						
4.5	75	40（75）	75（60）	用户3					
3	90	100（30）	50（50）	100（65）	用户4				
1.5	200	50（190）	100（160）	50（225）	100(190)	用户5			
4	100	75（65）	75（85）	90（85）	75(115)	70(230)	用户6		
2.5	160	110(90)	75(145)	90(145)	75(175)	90(270)	70(190)	用户7	
3	80	100(20)	75（65）	150（5）	100(70)	75(205)	100(80)	100(140)	用户8

课堂笔记

②按节约里程大小排序，得节约里程表（见表 5-8）。

表 5-8　节约里程排序表

序号	1	2	3	4	5	6	7	8	9	10	11	12	13	14
（i，j）	5-7	5-6	3-5	5-8	4-5	1-5	6-7	4-7	2-5	2-7	3-7	7-8	4-6	1-7
S（i，j）	270	230	225	215	190	190	190	175	160	145	145	140	115	90
序号	15	16	17	18	19	20	21	22	23	24	25	26	27	28
（i，j）	2-6	3-6	6-8	1-3	4-8	1-6	2-8	3-4	2-3	2-4	1-2	1-4	1-8	3-8
S（i，j）	85	85	80	75	70	65	65	65	60	50	35	30	20	5

③按节约里程大小，依车辆载重运量约束连接用户，如表 5-9 所示。

表 5-9　用户连接表

序号	1	2	3	4	5	6	7	8	9	10	11	12	13	14
i，j	5-7	5-6	3-5	5-8	4-5	1-5	6-7	4-7	2-5	2-7	3-7	7-8	4-6	1-7
连接	5-7	5-7-6	不	不	不	不	不	不	不	不	不	不	不	不
$\sum Gi$	4	8												
S（i，j）	270	230	225	215	190	190	190	175	160	145	145	140	115	90
序号	15	16	17	18	19	20	21	22	23	24	25	26	27	28
i，j	2-6	3-6	6-8	1-3	4-8	1-6	2-8	3-4	2-3	2-4	1-2	1-4	1-8	3-8
连接	不	不	不	1-3	4-8	不	不	不	1-3-2	不	不	不	不	不
				1-3	4-8		4-8-2	不	不	不	不	不	不	不
$\sum Gi$				6.5	6		7.5		8					
S（i，j）	85	85	80	75	70	65	65	65	60	50	35	30	20	5

④根据上表得最后路线安排：

方案Ⅰ：0-6-5-7-0；0-3-1-0；0-2-8-4-0；$\triangle S_1=75+70+65=210$

方案Ⅱ：0-6-5-7-0；0-3-1-2-0；0-8-4-0；$\triangle S_2=75+70+60=205$

$\triangle S_1>\triangle S_1$ 选择方案Ⅰ

课堂笔记

第二节 车辆配载

通过上一节的内容，可以将送货的线路确定下来，线路的确定意味着送货次序的确定，也意味着货物装车顺序的确定。一般情况下，知道了客户的送货次序后，只要将货物依“先送后装”的顺序装车即可。但实际情况并不如此简单，由于配送的货物属于不同性质、不同种类，对装卸、受力、防震等有不同要求，而且其比重、体积及包装形式各异。因此，在装车时，需要合理安排，科学装车，既要考虑车辆的载重量，又要考虑车辆的容积，使车辆的载重量和容积都能得到有效的利用，同时又便于装卸，不会损坏货物。车辆配载就是要在充分保证货物质量和数量完好的前提下，尽可能提高车辆在容积和载重量两方面的利用率，以充分发挥运能，节省运力，降低配送费用。

一、配载的原则

车辆的配载须解决的是如何将货物装车，按什么次序装车的问题。为了有效利用车辆的容积和载重量，还要考虑货物的性质、形状、重量和体积等因素进行具体安排，一般应遵循以下原则：

（1）尽可能多地装入货物，充分利用车辆的有效容积和载重量。

（2）装入货物的总体积不超过车辆的有效容积。

（3）装入货物的总重量不超过车辆的额定载重量。

（4）重不压轻，大不压小。轻货应放在重货上面，包装强度差的应放在包装强度好的上面。

（5）货物堆放要前后、左右、上下重心平衡，以免发生翻车事故。

（6）尽量做到“先送后装”，即同一车中有目的地不同的货物时，要把先到站的货物放在易于装卸的外面和上面，后到站的货物放在里面和下面。

（7）货与货之间、货与车辆之间应留有空隙并适当衬垫，防止货损。

（8）货物的标签朝外，以方便装卸。

（9）装货完毕，应在门端处采取适当的稳固措施，以防开门卸货时，货物倾倒造成货损或人身伤亡。

二、配载时应注意的事项

（1）为了减少或避免差错，尽量把外观相近、容易混淆的货物分开装载。

（2）不将散发异味的货物与具有吸收性的食品混装。

（3）切勿将渗水货物与易受潮货物一同存放。

课堂笔记

（4）包装不同的货物应分开装载，如板条箱货物不要与纸箱、袋装货物堆放在一起。

（5）具有尖角或其他突出物的货物应和其他货物分开装载或用木板隔离，以免损坏其他货物。

（6）尽量不将散发粉尘的货物与清洁货物混装。

（7）危险货物要单独装载，配载于同一车内的危险货物尽量做到不要隔离，如果由于货物本身、去向等原因必须隔离时，首先要有能起到隔离作用的货物或材料，且一车内一般不要超过两组隔离，以免发生危险。

三、配载的计算

1. 容重配装简单计算法

在货物运输的车辆装载中，一般容重大（或比重大）的货物（如钢板）往往达到车辆载重量时，而容积空间剩余甚大。容重小（或比重轻）的货物（如棉纱、服装等）看似满满的，但实际并未达到车辆的载重量。上述情况均造成运力浪费。因此采用容重法将两者进行配装是一种最常用的配装装车方法。

例：须配送两种货物，A 类货物，容重为 R_A 公斤/立方米，A 类货物单件体积为 V_A 立方米/件；B 类货物，容重为 R_B 公斤/立方米，B 类货物单件体积为 V_B 立方米/件；车辆载重 G 吨，车辆最大容积 V 立方米。计算最佳配装方案：设车辆有效容积为 $V×90\%$（考虑到货物 A、B 尺寸的组合不能全等车辆内部尺寸，以及装车后可能存在无法利用的空间）。

解：在既满载又满容的前提上，货物 A 装入数为 X，货物 B 装入数为 Y。

则 $X\times V_A+Y\times V_B=V\times 90\%$

$X\times R_A\times V_A+Y\times R_B\times V_B=G$

解联立方程组所求得 X、Y 之值即为配装数值。

上述只有两种货物的配装。如在配装货种较多，车辆种类又较多的情况下，可以先从多种配送货物中选出容重最大和容重最小的两种，进行配装；然后根据剩余的车辆载重与空间，在其他待装货物中，再选容重最大和容重最小的两种配装。依此类推，可求出配装结果。

在实际工作中常常不可能每次都求出配装的最优解，所以，寻求最优解的近似解，将问题简单化，节约计算力量和时间，简化配装要求，加快装车速度，也可以获得综合的效果。解决配装最简单的方法是先安排车辆装运容重大及小的两种货物，在装车时可先将高容重的装在下部，然后堆放低容重货物。按计划或经验配装，所余容重居中的货物不再考虑配装而直接装车。

应当注意的是，配装只是配送时要考虑的一个方面。如果货物性质及装运方面有特殊要求之处，就不能单从配装的满载满容角度来考虑和决定问题。

课堂笔记

此外，还须顾及到达用户卸货问题，应当是将后卸货物装在车厢内部，先到达用户的货物装在易卸易取的边部，否则会迟误整个配送速度，加大卸车费用，这也是不可取的。

2. 动态规划法

设车辆的额定载重量为 G，可用于配送 n 种不同的货物，货物的重量分别为 W_1，W_2，W_3，……，W_n。每一种货物分别对应于一个价值系数，P_1，P_2，……，P_n表示，它表示货物重量、价值、运费等。设 X_K 表示第 K 种货物的装入数量，则装货问题可表示为

$$F\max(X) = \sum_{k=1}^{n} PkXK$$

$$\sum_{k=1}^{n} WKXk \leqslant GK \geqslant 0 \ (k=1, 2, 3, \cdots\cdots, n)$$

可以采用运筹学中动态规划思想求解上述问题，即把每装入一件货物作为一个阶段，把装货问题转化为动态规划问题。动态规划问题求解过程是从最后一个阶段开始由后向前推进。由于装入货物的先后次序不影响最优解，所以我们的求解过程可从第一阶段开始，由前向后逐步进行。

具体步骤如下：

第一步：装入第 1 种货物 X_1件，其最大价值为

$$F_1(W) = \max P_1 X_1$$

式中，$0 \leqslant X_1 \leqslant [G/W_1]$，方括号表示取整数。

第二步：装入第 2 种货物 X_2件，其最大价值为

$$F_2(W) = \max\{P_2 X_2 + F_1(W - W_2 X_2)\}$$

式中，$0 \leqslant X_2 \leqslant [G/W_2]$。

……

第 n 步：装入第 n 种货物 X_n件，其最大价值为

$$F_n(W) = \max\{P_n X_n + F_{n-1}(W - W_n X_n)\}$$

其中，$0 \leqslant X_n \leqslant [G/W_n]$

下面举例说明求解过程：

例：载重量为 8t 的载货汽车，配送运输 4 种货物，第 1 种货物集装单元化后重量为 3 吨/件，第 2 种货物集装单元化后重量为 3 吨/件，第 3 种货物集装单元化后重量为 4 吨/件，第 4 种货物集装单元化后重量为 5 吨/件，试问这 4 种货物如何配装才能充分利用货车的运输能力？

解：本例以物品重量作为价值系数，则 4 种货物的价值系数分别为 3，3，4，5。

按上述方法，分成四个阶段进行计算，计算结果列成四个表格，如表 4-1、表 4-2、表 4-3 和表 4-4 所示。阶段计算从价值最小的物品到价值最大的

课堂笔记

物品。

第一阶段：计算装入第 1 种 3t 货物价值，如表 5-10 所示。

表 5-10　第一阶段价值计算表

W	0	1	2	3	4	5	6	7	8
X_1	0	0	0	1	1	1	2	2	2
F（W）	0	0	0	3	3	3	6	6	6

注：W 为车辆可利用载重量假设；X_1 为第 1 种货物装载件数；F（W）表示价值系数［F_1（W）$=P \times X_1=3 \times X_1$］

第二阶段：计算装入第 2 种 3t 货物的价值系数，如表 5-11 所示。

这里在计算时要考虑两种情况：一是先考虑装第 1 种货物，再装第 2 种货物；二是先考虑装第 2 种货物，再装第 1 种货物。

表 5-11　第二阶段价值计算表

车辆可利用载重量假设	第 2 种 3t 货物装入件数	装入第 2 种 3t 货物后的车辆剩余载重量	装入第 2 种货物的价值与剩余载重量所装第 1 种货物的价值之和	装入第 2 种货物 X_2 件时，其最大价值
W	X_2	$W-W_2X_2$	$P_2X_2+F_1(W-W_2X_2)$	$F_2(W)$
0	0	0	0+0	0
1	0	1	0+0	0
2	0	2	0+0	0
3	0	3	0+3=3	3
	1	0	3+0=3	
4	0	4	0+3=3	3
	1	1	3+0=3	
5	0	5	3+0=3	3
	1	2	0+3=3	
6	0	6	0+6=6	6
	1	3	3+3=6	
	2	0	6+0=6	
7	0	7	0+6=6	6
	1	4	3+3=6	
	2	1	6+0=6	
8	0	8	0+6=6	6
	1	5	3+3=6	
	2	2	6+0=6	

课堂笔记

第三阶段：计算装入第3种4t货物的价值，如表5-12所示：

表5-12 第三阶段价值计算表

车辆可利用载重量假设	第3种4t货物装入件数	装入第3种4t货物后的车辆剩余载重量	装入第3种货物的价值与剩余载重量所装第2种货物的价值之和	装入第3种货物 X_3 件时，其最大价值
W	X_3	$W-W_3X_3$	$P_3X3+F_2(W-W_3X_3)$	$F_3(W)$
0	0	0	0+0=0	0
1	0	1	0+0=0	0
2	0	2	0+0=0	0
3	0	3	0+3=3	3
4	0	4	0+3=3	4
	1	0	4+0=4	
5	0	5	0+3=3	4
	1	1	4+0=4	
6	0	6	0+6=6	6
	1	2	4+0=4	
7	0	7	0+6=6	7
	1	3	4+3=7	
8	0	8	0+6=6	8
	1	4	4+3=7	
	2	0	8+0=8	

第四阶段：计算装入第4种5t货物的价值，如表5-13所示。

表5-13 第三阶段价值计算表

车辆可利用载重量假设	第4种5t货物装入件数	装入第4种5t货物后的车辆剩余载重量	装入第4种货物的价值与剩余载重量所装第3种货物的价值之和	装入第4种货物 X_4 件时，其最大价值
W	X_4	$W-W_4X_4$	$P_4X_4+F_3(W-W_4X_4)$	$F_4(W)$
8	0	8	0+8=8	8
	1	3	5+3=8	

寻求最优解方案与计算顺序相反，由第四阶段向第一阶段进行。

(1) 在第四阶段计算表中：

价值（本例为载重量）最大值 $F_4(W)=8$，对应两组数据，其中，一组中 $X_4=0$，另一组中 $X_4=1$。

当 $X_4=1$ 时，即第四种5t货物装入1件。表中第3列数字表示其余种类货物的装载量。当 $X_4=1$ 时，其他三种货物装载重量为3。

课堂笔记

(2) 在第三阶段计算表中：

查 $W=3$ 时得装载重量最大值 $F_3(W)=3$ 对应 $X_3=0$，查表中第 3 列数字，当 $W=3$，$X_3=0$ 时，其余两类货物装入重量为 3。

(3) 在第二阶段计算表中：

查 $W=3$，$F_2(W)=3$，对应两组数据：$X_2=0$ 或 $X_2=1$，其余量为 3 或 0，即其他（第一种）货物装入量为 3 或 0；

(4) 再查第一阶段计算表：

当 $W=3$ 时，对应 $X_1=1$；

当 $W=0$ 时，$X_1=0$。

(5) 得到两组最优解：

①$X_1=1$，$X_2=0$，$X_3=0$，$X_4=1$；

②$X_1=0$，$X_2=1$，$X_3=0$，$X_4=1$；

装载重量为 $F(X)=P_2\times X_2+P_4\times X_4=3\times1+5\times1=8$；

如果在第四阶段计算表中取 $X_4=0$，则余项 $W-W_4X_4=8$；

在第三阶段计算表中，查 $W=8$ 一栏，$F_3(W)=8$ 对应 $X_3=2$；

因此得到第 3 组最优解：

③$X_1=0$，$X_2=0$，$X_3=2$，$X_4=0$；

装载重量为 $F(X)=X_3\times P_3=2\times4=8$；

这三组解，都使装载重量达到汽车的最大载重量。

在实际工作中常常不可能每次都得到最优配载方案，只能先将问题简单化，节约计算时间，简化配装要求，然后逐步优化找到接近于最优方案的可行方案。这样可以加快配载装车速度，通过提高配载的效率来弥补可行方案与最优方案之间的成本差距，体现综合优化的思想。

以上是经验法结合简单计算进行配载方案设计的方法。解决车辆配载问题，在数据量小的情况下可以用手工计算出来，但当考虑到不同客户的具体送货要求、货物的多种特征及送货车辆的限制时，计算的数量将极为庞大，依靠手工计算几乎不可能。需要用数学的方法总结出数学模型后，使用开发出的车辆配载软件，将数学模型中的相关参数输入计算机，由软件自动计算出配载方案，并可进行图形化模拟。

第三节　送货作业计划与调度

送货作业的进行需要与企业自身拥有的资源、运作能力相匹配。由于企业自身的能力和资源有一定的限制，客户的需求存在多变性、多样性和复杂性，因此，制订合理的送货作业计划并调度安排实施送货作业计划是管理人

员的工作内容。

一、制订送货作业计划

送货作业部门需要预先对送货任务进行估计并实时调度，对运送的货物种类、数量、去向、运送线路、车辆种类及载重，车辆趟次，送货人员做出合理的计划安排。

（一）制订送货作业计划的主要依据

1. 客户订单

一般客户订单对配送商品的品种、规格、数量、送货时间、送达地点，收货方式等都有要求。因此，客户订单是拟订运送计划的最基本依据。

2. 客户分布、运送路线、距离

客户分布是指客户的地理位置分布。客户位置离配送据点的距离远近、配送据点到达客户收货地点的路径选择直接影响到输送成本。

3. 配送货物的体积、形状、重量、性能、运输要求

配送货物的体积、形状、重量、性能、运输要求是决定运输方式，车辆种类、载重、容积，装卸设备的制约因素。

4. 运输、装卸条件

运输道路交通状况、运达地点及其作业地理环境、装卸货时间、天气等对输送作业的效率也起相当大的制约作用。

（二）送货作业计划的主要内容

按日期排定用户所需商品的品种、规格、数量、送达时间、送达地点、送货车辆与人员等。

首先对客户所在地的具体位置做系统统计，并做区域上的整体划分，再将每一客户包括在不同的基本送货区域中（本章的一节中“单起点多回路最短线路”即是这一作业内容的体现），以作为配送决策的基本参考。在区域划分的基础上再做弹性调整来安排送货顺序，根据客户订单送货时间确定送货的先后次序。

选择配送距离短、配送时间短、配送成本低的路线，需要根据客户的具体位置、沿途的交通情况等做出优先选择和判断。除此之外，还必须考虑有些客户所在地点的环境对送货时间、车型等的特殊要求。例如，有些客户一般不在上午或晚上收货，有些道路在某高峰期实行特别的交通管制等。因此，确定运送批次顺序应与配送线路优化综合起来考虑。另外，还需按用户需要时间结合运输距离来确定启运提前期，按用户要求选择送达服务具体组织方式等。

最终形成的送货作业计划应该包括两部分：一份一定时期内综合的送货

课堂笔记

作业计划表（见表5-14）：依据综合送货作业计划制定的每一车次的单车作业计划表（单）（见表5-15），该表（单）交给送货驾驶员执行，执行完毕后交回。

表 5-14　送货作业计划表

日期	送货作业任务					车千米	吨千米
	起点	讫点	送货距离	送货次数	货物名称		
效率指标	标记吨位	日行程	实载率	运量	计划完成率		
备注							

表 5-15　单车作业计划表（单）

年　月　日

发货单位						
车号及车型						
送货点						
运行周期		发车时间		预计 返回时间		
车辆运行动态		到达时间	到达地点	离开时间	货物情况	收货人签字
	第一站					
	第二站					
	第三站					
	第四站					
	第五站					
	第六站					
	第七站					
备注						
驾驶员签名				调度员签名		

课堂笔记

（三）送货作业计划的调整

由于送货作业过程情况复杂，在送货作业计划执行过程中，难免发生偏离计划要求的情况，而且涉及面较广。因此，必须先进行详尽分析与系统检查，分清缘由，采取有效措施消除干扰计划执行的不利因素，保证计划实施。一个干扰送货作业计划执行的影响因素主要包括下列各项：

（1）临时变更送货路线或交货地点。

（2）装卸工作如装卸机械故障、装卸停歇时间超过定额、办理业务手续意外拖延等。

（3）车辆运行或装卸效率提高、提前完成作业计划。

（4）车辆运行途中出现技术故障。

（5）行车人员工作无故缺勤、私自变更计划、不按规定时间收发车、违章驾驶造成技术故障和行车肇事。

（6）道路情况，如临时性断桥路阻、路桥施工、渡口施工或待渡时间过长等。

（7）气候情况，如突然降雨、雪、大雾、冰雹、河流涨水、冰冻等意外发生。

为防止上述因素对运行作业计划的影响，除须积极加强进行预报预测外，必须采取一定措施及时进行补救与调整。在送货作业过程中，驾驶员如遇到各种障碍，应及时上报，以便管理人员及时调整变更计划。一旦作业计划被打乱，不能按原计划完成，计划人员应迅速做出变更及调整并协调相关部门或人员采取适当措施，保证计划的顺利实施。

二、送货作业计划的调度实施

（一）调度实施的基本原则

送货作业进行过程中常会遇到一些难以预料的问题，因此，调度管理人员需要随时掌握车况、路况、气候变化、驾驶员状况、行车安全等情况，以确保送货作业过程的顺利进行。车辆调度工作应遵循以下原则：

1. 从全局出发，保证重点，统筹兼顾

作业安排应贯彻“先重点，后一般”原则，以“安全第一，质量第一”为原则。送货作业运行调度工作要始终把运行安全和指挥控制放在首要位置。

2. 计划性原则

调度工作要根据客户订单要求并以运行计划为依据，监督及检查计划的执行情况，按计划进行送货作业。

3. 合理性原则

要根据货物性能、体积、重量、车辆技术情况、道路通行条件、气候变化、驾驶员状况等因素合理调度车辆，合理安排车辆的运行线路，有效降低运输成本。调度组织实施计划时，要努力降低消耗（人力和物力消耗、资金占用等），提高经济效益，以最低的送货作业成本，满足客户需求。

课堂笔记

（二）调度实施的过程

1. 送货前查验

由于送货车辆经常变换，驾驶人员流动也比较频繁，所以为确保送货作业的安全，调度人员在送货车辆出发前必须仔细进行例行查验，内容如下：

（1）查验机动车驾驶证。

机动车驾驶证是由符合国务院公安部门规定的驾驶许可条件的人，严格按照国家有关规定，进行道路安全法律、法规、驾驶技能培训，经公安机关交通管理部门考核合格后，发给其的驾驶机动车的有效合法证件。

《中华人民共和国道路交通安全法》规定：驾驶人应当按照驾驶证载明的准驾车型驾驶机动车，驾驶时应当随身携带机动车驾驶证。

《中华人民共和国道路交通安全法实施条例》规定：机动车驾驶证由国务院公安部门规定式样并监制。机动车驾驶人初次申领机动车驾驶证后的 12 个月为实习期。在实习期间内驾驶机动车的，应当在车身后部粘贴或者悬挂统一式样的实习标志。机动车驾驶人在实习期内不得驾驶公共汽车、营运客车或者执行任务的警车、消防车、救护车、工程救险车以及载有爆炸物品、易燃易爆化学物品、剧毒或者放射性等危险物品的机动车，驾驶的机动车不得牵引挂车。

（2）查验机动车行驶证。

机动车行驶证是车主购买车辆以后，凭购买发票以及相关材料到机动车所有人住所地的公安机关交通管理部门交验机动车，申请注册登记，经过公安机关交通部门审验合格的，给予办理注册登记，申领机动车牌号、机动车行驶证、机动车行驶证对机动车的车型、颜色、发动机号等基本情况都有详细记录，是机动车上路行驶的合法证件。驾驶员在驾驶机动车时，必须随车携带机动车行驶证。

（3）查验道路运输证。

道路运输证是原交通部统一制定的经营道路运输的合法凭证。凡是我国境内从事道路运输经营活动和非经营性道路运输的机动车辆，均须持有道路运输证。道路运输证是合法经营的标志，是记录运营车辆审验情况和对经营者奖惩的主要凭证，是考核营运车辆技术，交费和记录奖惩的主要依据，由车辆所在地的公路运营部门按注册营运车辆数核发，一车一证，随车携带。在缴纳运输管理费后全国通行。

车主在领取道路运输证后，应按办证顺序，依次将车购费凭证、运输证

课堂笔记

明、运营费凭证夹附于道路运输证活页中，并随车携带，以备查验。县级以上道路运输管理机构是道路运输证的主管机关，并发放道路运输证。

道路运输证主证正面是车辆有关内容，背面是车辆45度彩色照片，然后塑封。为推动道路运输证电子证件工作，道路运输证IC卡和在纸质道路运输证主证中间夹着的电子标签与纸质道路运输证同样有效。从事道路运营性客货运输的驾驶人员应当随车携带道路运输证。

（4）查验驾驶、押运、装卸人员从业资格证。

《道路运输从业人员管理规定》规定：为加强道路运输从业人员管理，提高道路运输从业人员综合素质，根据《中华人民共和国道路运输条例》《危险化学品安全管理条例》及有关法律、行政法规，对道路运输从业人员实施从业资格管理。从业资格是对道路运输从业人员所从事的特定岗位职业素质的基本评价。经营性道路货物运输驾驶员和道路有危险货物运输从业人员必须取得相应的从业资格，方可从事相应的道路运输活动。

道路运输从业人员，经设区的市级道路运输管理机构对有关道路货物运输法规、机动车维修和货物及装载保管的基本知识考试合格，发给从业资格证。从业资格证表明从业人员具备从业的资质。调度人员要严格审查从业人员的资格证，不得安排无证人员执行运输任务。

（5）查验是否超限、超载。

运输的货物应当符合货运车辆核定的载重量，载物的长、宽、高不得违反装载要求。禁止货运车辆违反国家有关规定超限、超载运输。不得为无道路运输经营许可证或证照不全者提供服务；不得违反国家有关规定，为运输车辆装卸国家禁运、限运的物品；禁止使用货运车辆运输旅客，严格禁止客货混装。

2. 送货作业控制

车辆在送货作业进行过程中，调度管理人员要实时掌握车辆的运行情况，及时消除其工作中偏离计划要求的不正常现象，才能使已经制订的运输计划顺利完成。因此，必须对汽车在路线上的工作进行有效控制，需要控制的内容主要包括下列几个方面：

（1）监督和指导货物的配载装运过程。

（2）监控车辆按时出车。

（3）监控汽车按时到达装卸货地点。

（4）了解车辆完成计划的情况及不能完成计划的原因，并采取使之恢复正常工作的措施。

3. 填写调度日志

为不断改进调度管理的工作水平，调度管理人员还要进行日常统计工作。日常统计工作一般通过填写调度日志进行。调度管理人员每天工作结束前均

课堂笔记

要做好调度日志的填写，填写时笔迹要清晰，不要随意涂改。调度日志表式样如表 5-16 所示。调度日志是管理部门获得必要的统计资料的重要途径。根据调度日志统计出的资料，调度管理部门就能清楚地了解作业计划的执行情况，以便及时采取适当措施，保证完成计划。

在每日的工作过程中，如果出现计划的临时调整，那么无论是何种情况，都应该及时地记录计划调整的时间、调整的原因、调整的方法、调整后的结果、调整人员、初步的原因分析等。

表 5-16　调度日志表

年　月　日　　　　　　　　　　　　　　　　　　　　　制表：

发货时间	送货线路	车牌牌照	发车前例检	调度员确认	送货点到达情况	总计运车次累计
本日统计						
应发车次				实发车次		
正点发车率				正点到达率		
调度调整情况记录						
本日调度工作小结						

调度员签章：

4. 行驶作业记录管理

由于送货作业主要是短距离的公路运输，因此，送货车辆的行车作业管理也是送货作业管理的重要内容。尽管人们可以通过建立数学模型使运输路线优化，利用计算机管理软件对车辆进行合理的调度，对货物实行有效配装，配送计划可以做得非常周详，但影响货物输送效率与配送服务质量的因素很多，其中不乏许多不可预期的因素。在送货作业的进行过程中，往往会出现因临时的交通状况发生变化、天气变化、行车人员在外不按指令行车或外部驾驶过程中突发安全事故等难以直接控制或不可控因素的影响而导致货物不

课堂笔记

能如期送达、货物受损等情况，从而使输送成本上升，最终影响配送服务质量与配送效益。因此，在送货作业管理中心必须加强行驶作业记录管理和行车作业人员的考核和管理。

行驶作业记录管理主要有车辆行驶日报表管理方式、行车作业记录卡管理方式和行车记录器管理方式。

车辆行驶日报表管理方式是通过行车驾驶人员填写表单来记录送货运输作业过程。利用日报表对送货车辆行驶情况做记录，除了能随时对车辆与驾驶员的品质及负担做评估调整外，也能反映出送货作业计划的效果，为后续作业计划管理提供参考。

填写车辆行驶日报表主要是对送货车辆行驶里程、驾驶员工作时间、油料使用情况的记录。车辆行驶日报表格式如表 5-17 所示。

表 5-17　车辆行驶日报表

车号			驾驶员姓名					
日期	地点	开车时间	终点	到达时间	行驶时间	行驶里程	主管（经办）签章	备注
合计：　　小时　　分　　千米								

调度人员根据驾驶员交回的车辆行驶日报表填写班车运行记录表中的各项内容。在填写的时候要做到笔迹清晰，不能随意涂改。车辆的行驶里程以驾驶员交回的车辆行驶日报表的记录情况为基础，按照车辆行驶日报表上的记录填写车号、驾驶员姓名、发车地点、发车时间、终到站点、到达时间、行驶里程、计算出驾驶员行驶的总时间。经核实后由主管人员或经办人员签章确认。填写油料状况时要注意汽车使用的油别和车辆上次结存的油量、本次加油量，计算出车辆本次耗油量，并认真填写好本次结存的油量。行车作业记录卡管理方式即对行车作业实行定时划卡制度，可参见下面的案例。

行车记录器管理方式。行车记录器的用途很广，利用行车记录器可以掌握车辆送货过程中的行驶记录。行车记录器最主要的功能就是能掌握车辆送货过程中的行驶状况，包括时间、里程数、行驶速度等。

5. 行车作业人员考核

为了确保行车作业能按送货作业计划有效进行，需要对行车作业人员进行考核和管理。对行车作业人员进行考核的数据，可以通过驾驶成绩报告书、送货人员出勤日报表来反馈。

课堂笔记

6. 送达与回访

当货物送达交货地点后，送货人员应协助客户将货物卸下车，放到指定位置，并与客户单位的收货人员一起清点货物，做好送货完成签收确认工作。同时，请客户填写好送货服务质量跟踪表（见表5-18）。如果有退货、调货的要求，则应将商品随车带回，并完成有关单证手续。

表5-18　送货服务质量跟踪表

客户：

我公司承担____货物的配送业务，我们对质量的承诺是：安全准确、文明储运、优质高效、客户至上。为了实现上述承诺，不断改进我们对服务质量，恳求您真实填写以下栏目：

项目			
1. 送货车辆车牌号			
2. 送货人员服务态度	好	一般	差
3. 送货车辆车况	好	一般	差
4. 装卸过程是否粗野	是		否
5. 送达货物及送货清单是否与您的订单相符	是		否
6. 送货前是否通知您预计送达时间、货物品种、数量、规格等信息	是		否
7. 到货是否准时	是		否
8. 货物污染、淋湿、破损及程度			
9. 您的其他改进要求			

填表人：　　　　　　　　　　　　　　填表时间：　年　月　日

同步测试

一、单选题

1. 送货作业管理的核心内容是(　　)。

A. 满足客户需求

B. 控制送货成本

C. 保证送货质量

D. 满足客户需求与送货成本两者的均衡控制

2. 中国国内配送中心、物流中心的配送有效距离大约在(　　)千米以内。

A. 30　　　　B. 50

C. 80　　　　D. 100

3. 在送货作业流程中，送货线路及车辆配载方案确定后，下一步骤应该是(　　)。

课堂笔记

A. 货物装车　　　　B. 车辆出发

C. 送货监控　　　　D. 拟订送货作业计划

4. 配送路线的选择与确定作业的核心目标应该是(　　)。

A. 效益最高　　　　B. 准时性最高

C. 成本最低　　　　D. 劳动消耗最低

5. 由配送中心向一个客户进行专门送货，这种情况一般是针对(　　)。

A. 需求紧急的客户　　　　B. 需求平稳的客户

C. 临时客户　　　　D. 优质的主要客户

6. 节约里程法的基本思想是(　　)。

A. 三角法的两边之和总是大于第三边

B. 各点间运送的总里程最短

C. 各点间运送的总时间最少

D. 服务的客户数量最多

7. 在节约里程法计算过程中，客户之间的距离越近，而且它们距离配送中心越远，则节约的里程(　　)。

A. 越多　　　　B. 越少

C. 视客户需求而定　　　　D. 不确定

8. 节约里程法计算过程中，当计算出两两客户之间的可节约距离后，下一步应该做的是(　　)。

A. 按节约距离的大小两两连接各客户之间的线路

B. 按节约距离从大到小顺序进行排序

C. 按节约距离大小安排送货顺序

D. 按节约距离大小安排送货车辆的类型

9. 合理配载是提高运输工具(　　)的一种有效形式。

A. 装卸效率　　　　B. 运输效率

C. 装载率　　　　D. 实载率

10. 配载作业过程中，装货人员最常用的配载方法是(　　)。

A. 经验法　　　　B. 容重法

C. 数学模型计算　　　　D. 软件模拟

11. 在采用经验法进行配载时，也要用简单的数学计算来验证(　　)。

A. 货物的数量

B. 是否按客户要求装载了需要的货物

C. 装载的货物是否满足车辆在载重量及容积方面的限制

D. 装载时间是否满足要求

12. 送货作业管理人员主要的工作内容应该是(　　)。

A. 制订作业计划

课堂笔记

B. 安排送货路线

C. 安排送货人员

D. 合理制订送货作业计划并调度实施

13. 以下属于车辆调度应遵循原则的是(　　)。

A. 先近后远　　B. 先重后轻

C. 先重点，后一般　　D. 先高价，后低价

14. 在送货作业进行过程中必须进行有效的控制，以下不属于需要控制的内容的是(　　)。

A. 监督和指导货物的配载装运过程

B. 监控车辆按时出车

C. 监控汽车按时到达装卸货地点

D. 送货人员的一举一动

15. 调度管理部门获得必要统计资料的一个重要途径是(　　)。

A. 调度人员每日填写的调度日志　　B. 调度部门的每日例会

C. 送货人员的送货单回执　　D. 客户的反馈意见

二、多选题

1. 配送送货作业的特点包括(　　)。

A. 范围广　　B. 距离短

C. 批量小　　D. 频率高

2. 配送路线合理与否对(　　)影响很大。

A. 配送速度　　B. 配送成本

C. 配送准确性　　D. 配送效率

3. 在进行配送路线的选择时，要考虑的约束条件包括(　　)。

A. 满足所有收货人对货物品种、规格及数量的要求

B. 满足收货人对货物发到时间范围的要求

C. 在允许通行的时间内进行配送，各配送路线的货物量不得超过车辆容积和载重量的限制

D. 在已有送货运力资源允许的范围内

4. 节约里程法的适合条件(　　)。

A. 适用于有稳定客户群的配送中心

B. 各配送线路的负荷要尽量均衡

C. 要考虑客户要求的交货时间

D. 货物总量不能超过车辆的额定载重量

5. 运用节约里程法规划出的配送路线必须满足(　　)。

A. 客户特殊要求

B. 不使任何一辆送货车辆超载

课堂笔记

C. 每辆送货车每天的总行驶里程不超过规定的上限

D. 送货人员的身体条件

6. 在进行车辆配载时，应遵循的原则包括(　　)。

A. 充分利用车辆的有效容积和载重量

B. 重不压轻，大不压小，货物堆放要前后、左右、上下重心平衡

C. 尽量做到“先送后装”

D. 货物标签朝外，方便装卸

7. 以下车辆配载时的注意事项正确的有(　　)。

A. 外观相近、容易混淆的货物分开装载

B. 切勿将渗水货物与易受潮货物一同存放

C. 不将散发粉尘的货物与清洁货物混装，危险货物要单独装载

D. 包括不同的货物视车辆空间可以混装

8. 制订送货作业计划的主要依据有(　　)。

A. 客户订单

B. 客户分布、运输路线、距离

C. 货物的体积、形状、重量、性能、运输要求

D. 运输、装卸条件

9. 下列选项中，在送货车辆出发前，调度管理人员要查验的证件包括(　　)。

A. 机动车驾驶证、机动车行驶证、道路运输证

B. 车辆二级维护卡

C. 驾驶、押运、装卸人员从业资格证

D. 身份证

10. 行驶作业记录管理的方式主要有(　　)。

A. 车辆行驶日报表管理方式　　B. GPS 管理方式

C. 行车作业记录卡管理方式　　D. 行车记录器管理方式

三、简答题

1. 简述节约里程法的基本原理。

2. 简述配装计算的前提假设有哪些。

3. 简述调度实施的基本原则。

课堂笔记

第六章　补货及退货作业管理

知识目标

- 理解补货的概念；
- 掌握整箱补货、托盘补货和货架上下层补货等三种补货方式
- 掌握批次补货、定时补货和随机补货等三种补货时机
- 掌握配送中心退货作业流程
- 掌握退货的原因

技能流程

- 能够编制补货作业程序
- 能够选择合适的补货方式
- 能够确定补货时机
- 能够正确判断退货原因
- 能够妥善制订退货处理方案
- 能够正确办理退款结算
- 能够正确处理退货商品的入库或再分配作业

课堂笔记

作业流程

补货作业流程如图 6-1 所示。

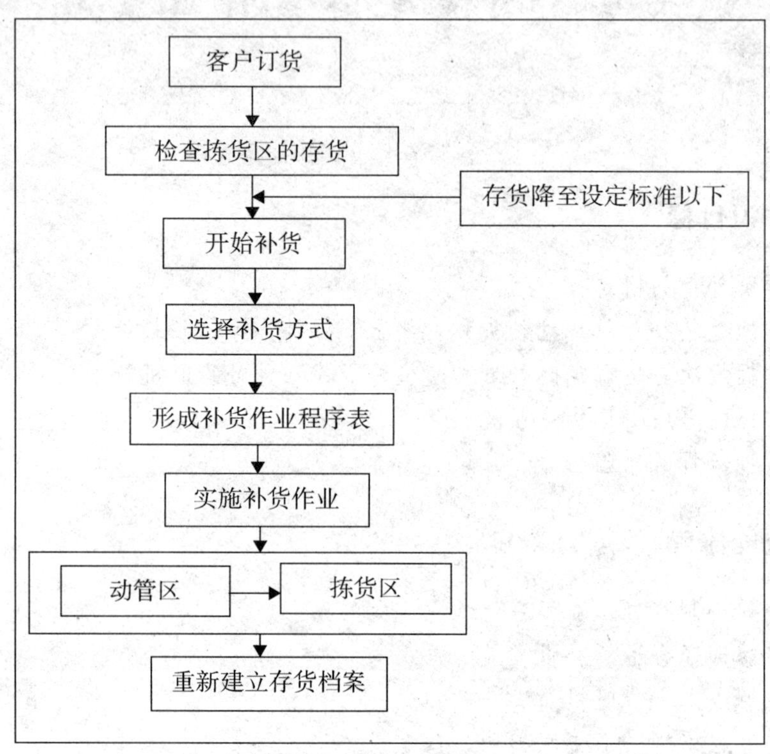

图 6-1　补货作业流程

课堂笔记

退货作业流程如图 6-2 所示。

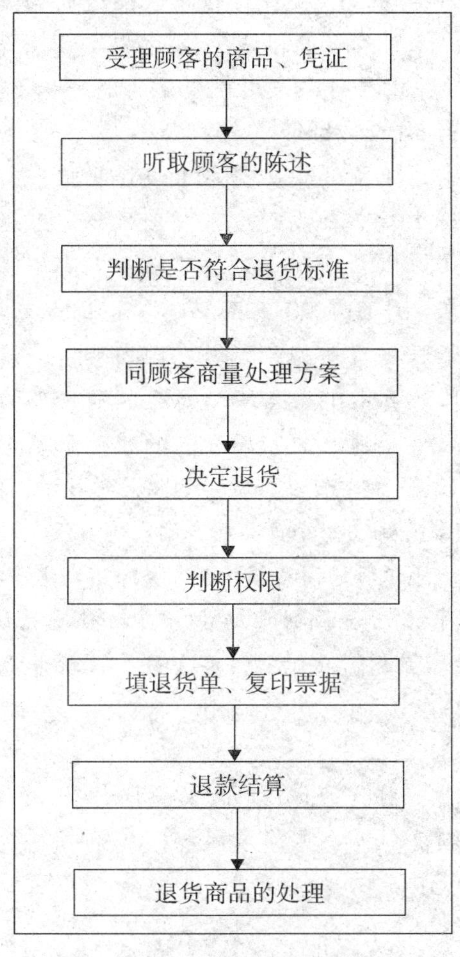

图 6-2　退货作业流程

案例导入

引例：华联超市迅速稳健发展的核心支撑是华联超市的配送系统。早在华联超市创业初期，公司的领导层就敏锐地认识到公司的发展规模和经济效益离不开物流配送的强有力支持。为改变原有仓库功能单一、技术落后阻碍公司发展的状况，2000 年，上海华联投资在上海桃浦新建了国内最先进的现代化物流配送中心，采用物流管理条码化和作业无纸化等先进管理和技术，建立了自动补货系统，完善了储存型、直送型和越库中转型的商品配送体系，华联超市物流管理达到了国内先进水平。

自 2000 年华联超市与上海捷强集团公司及宝洁公司建立了自动补货系统，将“连锁超市补货”转变为“供应商补货”以来，目前，华联超市已与 200 多家供应商实现了自动补货，与此同时，华联超市绝大多数门店目前已实

课堂笔记

现网上点菜，门店店长坐在商场办公室里，便可向几百公里之外的上海总部配送中心点菜要货，非常方便、快捷。在华联配送的物流二期工程中，将把这种电子订货提升为“智能化的自动点菜系统”。目前，华联配送的拆零商品已达3 000多个品种，并正在研究采用现代化的电子标签拆零商品拣选系统，从而进一步扩大拆零商品的品种数。

上海华联超市目前以上海为中心，在上海、北京和南京共有五座现代化管理的相互联网的配送中心，初步形成了全国性物流配送框架，向华联超市分布在全国各地的近千家零售店配送。据了解，上海华联超市物流配送系统仓储面积达8万平方米，库存量90万箱，日均吞吐15万箱。

毋庸讳言，尽管华联超市的物流配送在国内处于一流的水平，但和世界上的著名连锁超市相比还有不小的差距。如沃尔玛85%的商品是通过配送中心来配送的，其中的80%是通过“零库存”的越库配送形式来完成的。由于沃尔玛采用了“越库配送”和“自动补货”的供应链技术，使商品的在库周转期降低到2天。商品的进货费用占整个商品成本的比例，沃尔玛一般在3%，而行业平均比例在4.5%~5%。沃尔玛的商品损耗也比整个市场水平要低3%。

而华联超市在越库配送方面刚刚起步，自动补货系统的推广面还不大，商品周转期超过15天。显然，要缩短这些差距，上海华联超市还须付出加倍的努力。

问题：

1. 为什么需要补货？补货的作用和意义是什么？

2. 什么是自动补货系统？

引例分析

华联超市建立自动补货系统是一种补货策略，其目的和意义在于提高补货效率，缩短补货时间，降低补货成本，更好地满足客户的订货需要。

华联超市的自动补货系统是建立在供应商信息系统和销售信息系统共享基础上的，它的自动补货系统组成包括供应商补货系统、门店互联网信息管理系统、货品条码及电子标签拣选系统。

第一节　补货作业管理

一、补货的概念

在不同的范围内，补货的含义有一定的区别。从广义上讲，补货是指需求企业库存量低于最低库存的时候，向供应商或配送中心发出订货补货信息，

课堂笔记

采用适当的形式，通过市场信息的实时传递，保证货物不断，以降低缺货率；从狭义上讲，补货作业是将货物从保管区域搬运到拣货区的工作过程。以下主要介绍狭义补货方式。补货作业的目的是向拣货区补充适当的商品，以满足拣货作业的需求。

补货可分为定时补货和不定时补货。定时补货是指非营业高峰期时对货架商品进行补充。不定时补货是指只要货架上的商品即将出完，就立即补货。

二、补货方式

补货的安排直接与拣货作业相关，所以补货作业需要精心安排，不仅是为了确保存量，也是为了将其安置于方便存取的位置。

按照补货时物品移动的特性区分，补货方式可分为整箱补货、整托补货、货架补货。

1. 整箱补货

由货架保管区补货到流动货架的动管区的补货方式，如图 6-3 所示。

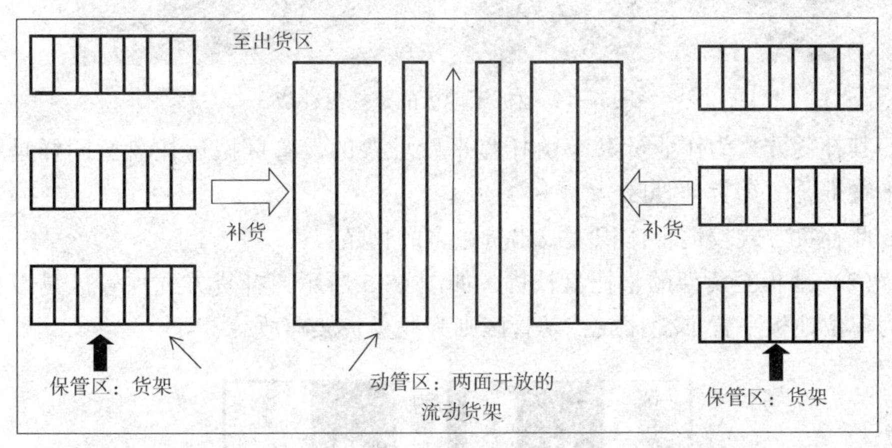

图 6-3　整箱补货由流动货架的后方（非拣取面）补货

此补货方式保管区为货架存放，动管区为两面开放式的流动货架，拣货时拣货员为作业员至货架保管区取货箱，以手推车推至拣货区。

这种补货方式比较适合体积小且少量多样出货的物品。

2. 整托盘补货

这种补货方式是以托盘为单位进行补货。根据补货的位置不同，又分为两种情况：一种是地板至地板；一种是地板至货架。

（1）地板至地板的整托盘补货。如图 6-4 所示，补货方式保管区为以托盘为单位地板平置堆叠存放，动管区也为以托盘为单位地板的平置堆叠存放，所不同之处在于保管区的面积较大，存放物品量较多，而动管区的面积较小，存放物品量较少。拣取时拣货员于拣取区拣取托盘上的货箱，放至中央输送

机出货；或者，可使用叉车将托盘整个送至出货区（当拣取大量品项时）。如果拣取后发觉动管拣取区的存货低于水准之下，则要进行补货动作。

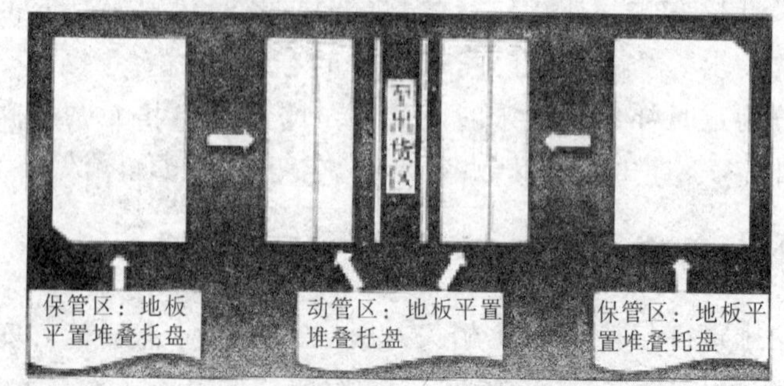

图 6-4　地板至地板的整托盘补货

其补货方式为作业员叉车由托盘平置堆叠的保管区搬运托盘至同样是托盘平置堆叠的拣货动管区。

此补货方式较适合体积大或出货量多的物品。

（2）地板至货架的整托盘补货。如图 6-5 所示，补货方式保管区是以托盘为单位地板平置堆叠存放，动管区则为托盘货架存放。

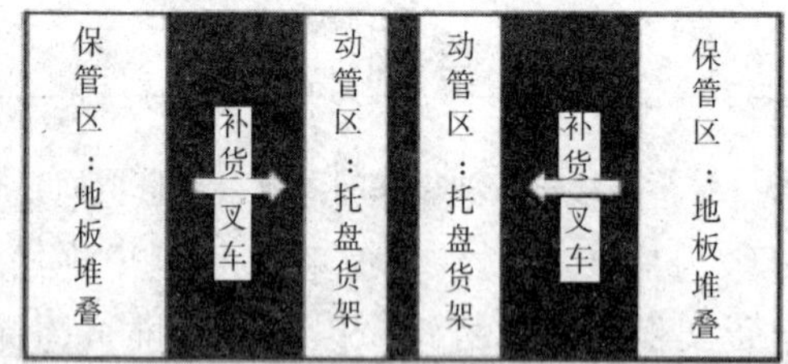

图 6-5　地板至货架的整托盘补货

补货方式为作业员使用叉车至地板平置堆叠的保管区搬回托盘，送至动管区托盘货架上存放。

此保管、动管区存放形态的补货方式较适合体积中等或中量（以箱为单位）出货的物品。

3. 货架之间的补货

此补货方式为保管区与动管区属于同一货架，也就是将一货架上的方便拿取之处（中下层）作为动管区，不容易拿取之处（上层）作为保管区。而进货时便将动管区放不下的多余货箱放至上层保管区。对动管拣取区的物品进行拣货，如果动管区的存货低于水准之下则可利用叉车将上层保管区的物品搬至下层动管区补货。

此补货方式较适合体积不大，每品项存货量不高，且出货多属中小量（以箱为单位）的物品。

三、补货时机

补货作业发生与否应视动管拣货区的货量是否满足需求而定，所以需要合理确定检查动管区存量的时间，以避免拣货中途才发觉动管区的货量不够，临时补货，影响整体出货。补货时机的掌握可参考如下三种方式，至于该选用哪种则应视公司情况而定。

1. 批次补货

于每天或每一批次拣取前，由计算机计算所需物品总拣取量，再对应查看动管拣货区的物品量，于拣取前一特定时点补足物品。此为“一次补足”的补货原则，较适合一日内作业量变化不大，紧急插单不多，或是每批次拣取量大，须事先掌握的情况。

2. 定时补货

每天划分为数个时点，补货人员于时段内检查动管拣货区货架上物品存量，若不足则马上将货架补满。此为“定时补足”的补货原则，较适合分批拣货时间固定，且处理紧急时间也固定的公司。

3. 随机补货

指定专门的补货人员，随时巡视动管拣货区的物品存量，有不足随时补货。此为“不定时补足”的补货原则，较适合每批次拣取量不大，紧急插单多以至于一日内作业量不易事前掌握的情况。

四、补货方式应用

1. 自动仓库补货方式

由自动仓库将商品送至旋转货架进行补货，如图 6-6 所示。

课堂笔记

课堂笔记

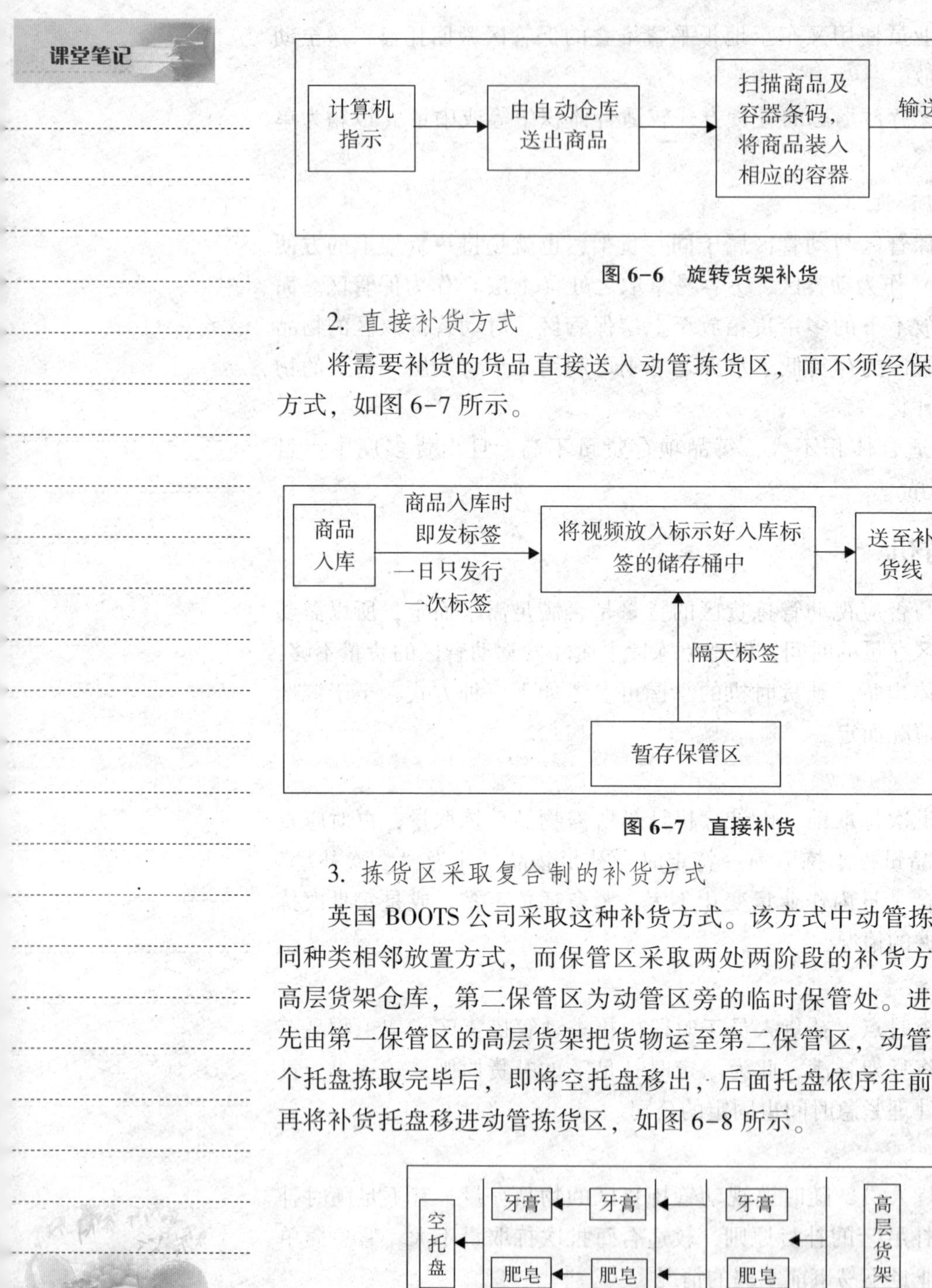

图 6-6　旋转货架补货

2. 直接补货方式

将需要补货的货品直接送入动管拣货区，而不须经保管区再转送的补货方式，如图 6-7 所示。

商品入库
商品入库时即发标签
一日只发行一次标签
将视频放入标示好入库标签的储存桶中
送至补货线
搬到动管拣货区
隔天标签
暂存保管区

图 6-7　直接补货

3. 拣货区采取复合制的补货方式

英国 BOOTS 公司采取这种补货方式。该方式中动管拣货区的货物采取相同种类相邻放置方式，而保管区采取两处两阶段的补货方式。第一保管区为高层货架仓库，第二保管区为动管区旁的临时保管处。进行第一阶段补货时先由第一保管区的高层货架把货物运至第二保管区，动管拣货区内的其中一个托盘拣取完毕后，即将空托盘移出，后面托盘依序往前推出，第二保管区再将补货托盘移进动管拣货区，如图 6-8 所示。

空托盘
牙膏　牙膏
肥皂　肥皂
动管拣货区
补货
牙膏
肥皂
第二保管区
高层货架
第一保管区
空托盘

图 6-8　复合制补货

4. 补货时机决策

以配送中心外部补货为例，补货时机决策过程如图 6-9 所示。

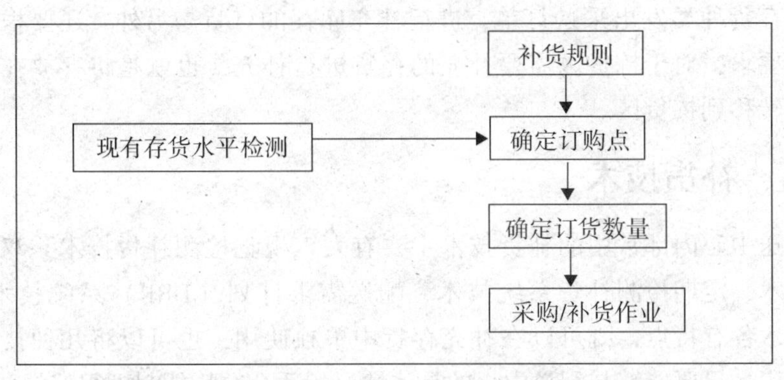

图 6-9　补货时机决策过程

(1) 现有存货水平检测。

对现有存货水平的检测是配送中心补货系统工作的起点。具体来讲，对现有存货的检测主要有两种方法：定期和连续的检测方法。定期检测是按照一定的周期对存货进行检查的方法，周期的具体确定可依据实际情况而定，可以是几天、一周或一个月检测一次。连续检测要求存货管理者要连续记录存货的进出，每次存货处理后都要检测各产品的数量。

(2) 确定订购点。

订购点是补货系统的启动机制。在订购点补货系统中，只要现有库存水平低于指定的订购点，就立即发出补货指令。订购点的确定要考虑前置期库存需求以及安全库存的需要。订购点存货水平=前置期内预计需求+安全库存。换言之，订购点存货水平由两部分相加组成：一是在等待存货补充订购到达（前置期）期间满足预计顾客需求所需的足够存货；二是应付供需变化的保守存货（安全库存）数量。

(3) 确定订货数量。

订购点确定下来以后，补货系统还要确定订购的数量。订购数量的确定有多种方法，可以根据以往经验确定或按经济订货批量模型（EOQ）得出。在补货系统中，订货数量可以是固定的，也可以是变动的。一般来讲，在固定周期订货条件下，订货周期是不变的，但订购点的现有存货水平可能是变动的，每次订货的数量也可能是变动的。

固定批量订货则正好相反，订购点的现有存货水平是固定的，即都处于订购点存货水平，每次订货量是固定的，订货周期却是变化的。另外，固定订货周期法由于按期订货，所以在订货间隔期和前置期内可能发生缺货现象；固定批量订货由于随时监控库存水平，库存水平一旦达到订购点即发出订单，所以一般不会缺货。

(4) 发出采购订单和进行补货作业。

订购点和订货数量确定以后，补货系统的最后一个程序就是对需求补充

课堂笔记

库存的存货种类发出采购订单，进行补充库存的订货。另外，还要根据拣货作业的要求，对于拣货区需要补充的存货进行补充，也就是将存放在储存区的存货转移到拣货区。

五、补货技术

配送中心内部常用的补货技术主要有人工视觉检测补货技术、双箱补货系统技术、定期检测补货系统技术、配送需求计划（DRP）系统技术四种，这些技术各有特点，既可以在补充存货中单独使用，也可以将几种技术结合起来使用。只要能够与配送中心的具体情况相适合，均能起到很好的效果。

1. 人工视觉检测补货技术

人工视觉检测补货技术相对简单，它通过直接检测现有存货的数量来决定是否补货。使用这种方法，只要对存货进行定期的视觉检查，并事先确定补货的规则，就可以进行补货了。如补货规则规定存货箱半空或只有两盘存货时就应补货，那么巡视人员在定期检查中首先将符合补货规则的存货种类挑出来，然后填制补充订货购置单，交给采购部门审核采购就可以了。一般来讲，对数量小、价格低、前置期短的产品，使用人工视觉检测补货系统非常有效。这种系统的基本优势是存货记录和雇员培训的成本最小。其劣势在于没有办法确保产品得到适当的定期检测，不能及时反映由当前供给、需求和前置期的变化造成的过度库存或缺货，随机反应比较迟钝。

2. 双箱补货系统技术

双箱补货系统是一种固定数量的补货系统。存货放到两个箱子（或其他形式的容器）里，其中一个放在分拣区，另一个放到库房存储区保存起来。当分拣区的箱子空了，库存区的箱子就被提到前面来满足顾客需求。空箱子起到了补货的驱动器的作用。每箱所要求的数量是在等待补货到达期间服务于需求所的最小库存。当新的采购量到达后，先放进箱子，存到存储区，等到分拣区的箱子空了，再将其移到分拣区，这样循环往复。双向系统原来是为控制流转速度快的低质商品（如螺钉）而设计的订货和补货方法，其优势是处理简便，其劣势在于不能及时地对市场的变化做出适当的反应。

3. 定期检测补货系统技术

在定期检测补货系统中，每一种产品都确定有一个固定的检测周期，检测结束时做出下一步的产品补货订购决策。只要能够满足产品需求，检测周期可以按天、周、月或季度来确定。这种方法也叫作固定周期/可变订购量系统。使用这种方法有许多优势，它不需要连续做存货记录，成本也不高。另外，这种系统还可保持人工操作，不必使用计算机。定期检测使用于一些总数巨大、种类繁多的存货，如一些零配件配送中心。

课堂笔记

4. 配送需求计划（DRP）系统技术

与上述方法或经验方法不同，DRP 是计算机化的管理工具，它以优先序列、时间阶段的方法，通过接触顾客并预测需求来对存货进行规划。这种技术也被称为时间阶段订购法。DRP 方法的最大优势在于能及时地将供给与预期需求相匹配，以此决定订购行为。当需求超过供给的时候，系统会提醒规划者根据预先确定的批量规模订购产品，并使之在预期发生缺货的时候能保证供给。此外，DRP 系统运行过程中，系统将不断重新调整供给与需求的关系，为订购者提出一套新的需求订购方案。

六、补货操作流程及注意事项

（1）首先至拣货区观察商品缺货情况，按照从左到右、从上到下的顺序依次记录缺货商品情况，或从计算机查询订单与存货信息来计算缺货品种和数量。

（2）携带补货车至库存区，根据记录的缺货情况，查找库存区是否有货，根据记录的补货情况，查找库存区是否有货，根据记录的需补货量将商品放至补货车中推至动管区中相关需补货区域。

（3）补货前，首先确认货架是否清洁，如果货架卫生情况不好，须先清理货架卫生，然后再准备补货。

（4）补货时，要注意先进先出的原则，同时，如发现货架上有品质不好或残损商品，须第一时间下架，并及时告知上级主管进行处理。同时，补货时要注意货边清洁，保证商品干净整齐。

（5）补货后必须将排面拉齐，与第一个商品保持一条直线，以保证排面美观。

（6）补货完毕后必须将补货区域清理干净，将纸皮等剩余物品及补货剩余商品清理至相关区域，以保持排面的清洁整齐。

第二节　退货作业管理

一、商品退货的含义与分类

（一）商品退货管理的含义

配送中心在完成配送过程中，也会遇到交货中或将货物交到用户后，由于货物包装破损、商品损坏、商品质量、商品保质期快到或已过期、送交的商品与要求的商品不符合等问题，客户要求退货的情况。商品退货管理是指

课堂笔记

在完成物流配送活动时，由于配送方或用户方关于配送物品的有关因素存在异议，而进行处理的活动。

一般而言，现代退货管理涵盖下述各项任务：

(1) 尽可能减少或消除退货。

(2) 退货流程处理。

(3) 退货的再分配。

一个退货管理系统应至少能够处理以上三项任务中的一项。

应用小案例：某网络配送中心关于退货的程序和规则如下：

程序和规则一：申请退货。

(1) 您收到本中心的商品后，如果觉得不满意，均可退货。

(2) 只能在规定的时间内退货，退货前必须先填写退货申请表，本中心的退货规定时间为您收到商品后 3 天内，或本中心发货后的 15 天内，如果超出这个时间，您就不能提交退货申请表，即本中心不再接受您的退货申请。

(3) 您提交退货申请表后，经本中心回复，您就可以将退货申请表中所列明的商品寄回本中心。此函件将作为您与本中心的退货协议，本中心收到您退的商品后，将对照该函件所列商品办理退货手续。

(4) 您点击“退货申请表”按键后，如果弹出“超出限定的时间，不能退货”，则说明该订单已经超过本中心的发货期 15 天，本中心已不允许您退货了。在本中心没有收到您的退货申请表之前，请您不要寄来商品，否则本中心将原样退寄给您。

程序和规则二：办理退货。

(1) 您填写退货申请表并经本中心回复后，应及时将要退的商品寄给本中心，如果与您填写退货申请表的时间相差 15 天以上，恕本中心不能接受，因为 15 天已经完全够用。

(2) 客户退货时的邮寄费，由客户自己承担。

(3) 本中心为了更快为您办理退货手续，客户退货时，请不要损坏本中心原有标签（即商品编号的标签），不能故意损坏商品，如果商品被您损坏，恕本中心不能接受退货。

(4) 本中心收到您的商品后，将对照您的退货申请表内容办理退货手续。如果您没有事先填写退货申请表，恕本中心不能接受您的退货，将商品重新寄给您。

程序和规则三：账目处理。

(1) 本中心收到您所退的商品，并确认无误后，将在网上进行退货处理，把您退货后的款项，加到您的账目中，即增加到您的账上余额中，并产生退货单和账目单，您可以进入会员中心中查看。

(2) 您如果退掉整个订单的所有商品，则原来您所支付的邮件挂号费不

课堂笔记

能退，因为此款项是本中心寄出的挂号费。

根据上述案例背景材料提供的信息可知，该配送中心退货作业大致流程是：客户口头或书面申请退货→填写退货申请表→退货确认→退货验收→退货款结算。

（二）退货的分类

退货按照来源可分为来自终端客户或来自分销渠道中的其他成员，如零售商、分销中心。不论最终被如何处置，所有退货必须先被回收和分类。

如果一件退货产品来自终端客户，那么它可能有缺陷，或者说，客户认为它有缺陷。有时候，即使产品是好的，客户也会认为它有缺陷。这类退货被称为“无缺陷的缺陷品”。

如果退货来自供应链伙伴，那么一般是因为厂家由于过量的订货而生产了过多的产品，或者产品销售没有预计的好。另外，也有可能产品已经到了生命终点，或者过了销售季节，当然，也有可能是因为产品在运输的过程中损坏了，这要根据具体情况进行处理。

随着竞争的日益激烈，厂商开始采取更为自由的退货策略，因此导致退货大量堆积，对配送中心来说也是如此，只有把配送中心商品退货管理工作做好，才能使用户对配送中心有信任感、依赖感，才会使用户对配送中心产生忠诚度，做好配送中心商品退货管理工作有着重要意义。

在正向物流中，人们非常清楚速度的重要性，因此总可以看到正向物流以极快的速度运行。但是，在同一个系统中，退货却以蜗牛般的速度在爬行，对退货的速度处理是用户的期待，他们并不愿意等上几个星期信用卡上被花掉的钱才能退回。但是即使在美国，也有约一半的退货需要1~2周才能处理，而另有25%左右的退货则需要经过一个多月的漫长等待。合理的退货管理（包括外包）可以大幅度提高对退货进行处理的效率。相对来说，物流配送与其他零售渠道相比有更高的退货率，必须通过改善退货过程的管理，做好配送中心商品退货管理工作，降低配送中心的退货率。

退货管理不论采用何种形式，其前提都是尽可能避免退货。退货管理的作用是显而易见的，通过良好的退货政策，公司对退货成本和客户服务水平进行平衡。另外，在良好的退货检验控制下，公司对客户的退货授权进行检验，避免错误的、超越权限的退货，这样可以大大节约退货的数量和处理成本。退货管理就是对退货进行集中管理，针对不同的货物采取不同的处理方式以获取最多的价值。同时，集中管理的方式也为退货处理提供了批量的优势，在价格上更有决定权。在实行退货管理的情况下，企业在退货中暴露出的产品质量问题，通过退货管理信息系统及时地传递到有关管理层，使得厂商更快地发现和解决问题，不断改进产品质量和服务质量，这样也可使分销商更早地发现有问题的厂商，减小可能造成退货出现的隐患。

课堂笔记

二、商品退货管理的原因和原则

（一）退货的一般原因

1. 依照协议可以退货的情况

这种情况如连锁超市与供应商达成协议的代销商品、试销商品、季节性商品等。以下为退货协议样例：

退货协议

甲方：×××

乙方：×××

经甲乙双方共同协商，在平等、公平、公正、自愿的原则下，达成如下事项：

1. 甲方退货（货物看附件清单）金额共16 340元（大写：壹万陆仟叁佰肆拾元整），乙方给甲方付押金5 000元（大写：伍仟元整），押金以收据为凭。

2. 乙方在自本协议签订之日起30天内到甲方公司办理退货，并付甲方退货款16 340元，甲方返还乙方押金5 000元。

3. 若乙方在协议规定时间内没有收到甲方公司退货或未付退货款，甲方有权不退还乙方押金，并对所退货物有处理权。

4. 本协议一式二份，甲乙双方各执一份，双方签字后生效。

甲方：　　　　　　　　　　　　　　乙方：

年　月　日　　　　　　　　　　　　年　月　日

2. 搬运中损坏

由于包装的原因，货物在搬运中产生震动，造成商品损坏或包装破损等。

3. 由于质量问题的退货

这种情况如商品含量不达要求、数量不足等。

4. 次品召回

由于商品在设计、制造过程中存在缺陷，在商品销售后，由用户或厂商自已发现重大缺陷，必须立即部分或全部召回。这种情况虽然不常发生，但却是不可避免的。

5. 商品过期退回

有些商品有保质期限规定，例如速食品等，与供应商有协定，有效期一过，就予以退货或换货。尤其在今天消费者权益得到保护和用户维权意识日益提高的情况下，过期的商品绝对不可再销售，过期商品的处理需要花费许多时间、财力和人力，无形中增加了成本，必须做到适量、多次、及时订货，注意按生产时间顺序先进先出。

课堂笔记

6. 商品错送退回

由于商品规格、条码、重量、数量等与订单不符，要退回（换货）。

（二）退货管理的原则

（1）以有关方面的法律法规为依据。

（2）维护用户合法、合理的利益。

（3）责任明确原则。如责任分不清，须由国家认可的相关机构鉴定后依据鉴定结果进行。

（4）已存在事实凭有效凭证办理。

（5）退货具体规定要明确。

应用小案例：某商场商品退（换）货说明如下所示：

1. 商品退货原则

（1）顾客购物后，请保留好自己的发货单。如果商品出现质量问题，必须凭发货单办理退换货手续。

（2）实行三包（包修、包换、包退）应按照先修、后换、最后退的原则进行。

（3）普通商品出售后保证期为十天。十天内，商品发生质量问题，一律实行三包。

（4）商品发生质量问题。责任不清时，需由国家认可的技术质量监督检验机构鉴定后再凭发货单退换商品。

（5）在保质期内商品若出现质量问题且无法修复使用的凭发货单退换货。

（6）凡售出超过十天的商品，将无法退换。请顾客在购买商品后认真读取产品说明，如因操作不当导致商品损坏、磨损，造成顾客人身伤害、经济损失的，由顾客自行承担。

（7）家用电器、通信类、文化办公类产品在七天内出现质量问题，凭发货单可以换货。如超过七天的商品，一律自行到厂商维修部修理。

2. 以下商品不予退换

（1）商品无销售凭证，无保修单，票货不符，商品包装严重损伤，商品其他配件（如电池、挂件、赠品、说明等）

（2）医药、食品、烟酒、化妆品、一次性用品、贴身用品，如无质量问题不予退换。

（3）音像制品、照相器材、胶卷、相纸、电池、鲜花等一次性商品，如无质量问题均不给予退换。

（4）特价商品，不予以退换。

3. 客户退换货说明

（1）客户在选好商品下订单后，公司于2~3个工作日内把商品送到客户

课堂笔记

预留的地址。

(2) 如订购商品出现断货、缺货现象，公司将在递送订单的第二天告诉客户，请客户更正，或更换其他品牌的商品。

(3) 如客户看错商品或误操作产生订单，请客户及早通知中心，以免造成双方的损失。

4. 有权拒绝以下退换货要求

(1) 超过退换货时间（退换货时间为十天以内）。

(2) 退换商品缺少、内配件缺少或外观受损、包装受损、商品脏污。

(3) 无发货单或发票，收据丢失者。

(4) 发货单、发票、收据脏污、损坏、涂改等均无效。

(5) 由于客户自身原因（订购前未看清商品内容、图片、简介，重复订单）产生退货。

5. 商品确认

商品送到客户处时，须由客户本人确认，或指定专人确定；客户收到商品请仔细检查商品，逾期不予以退换。

6. 恶意订单处理

如果客户下订单，经公司确认无误后，配送人员把商品送到客户指定地点，客户不予以接受的，视为恶意下订单，客户须支付公司所售商品金额的10%~30%作为赔偿。

7. 投诉

如果您对我们的服务或商品质量有任何意见或不满，请通过电话或E-mail的方式与我们联系，我们将尽快为每一位客户解决问题。

案例思考：请根据上述案例信息，区分出予以退货的情况和不予以退货的情况。

三、退货作业流程

退货作业流程根据各行业性质不同，其环节复杂程度也不同，下面是一个退货作业流程示例。

（一）退货流程

退货流程如图6-2所示，具体解释如下：

1. 受理顾客的商品、凭证

接待顾客，并审核顾客是否有收银小票或发票，购买时间、所购商品是否属于家电商品或不可退换商品。

2. 听取顾客的陈述

细心平静地听取顾客陈述有关的抱怨和要求，判断是否属于商品质量问题。

3. 判断是否符合退货标准

课堂笔记

结合国家法律、公司政策及顾客服务的准则，灵活处理，说服顾客达成一致的想法，如不能满足顾客的要求而顾客予以坚持，应请上一级管理层处理。

需要注意的是，如属于家电商品或专业商品质量问题，须经部门主管确认是否存在质量问题。

4. 同顾客商量处理方案

提出解决方法，尽量让顾客选择换货。

5. 决定退货

双方同意退货。

6. 判断权限

退货的金额是否在处理的权限范围内。

7. 填退货单，复印票证

填写退货单，复印顾客的收银小票或发票。

8. 退款结算

在收银机现场做退现金或其他结算程序，并将交易号码填写在退货单上，其中一联与收银小票或发票的复印件订在一起备查。

9. 退货商品的处理

将退货商品放在退货商品区，并将退货单的一联贴在商品上。

退货申请表、退货单样例如表 6-1、表 6-2 所示。

表 6-1　退货申请表

<table>
<tr><td colspan="7">供应商名称：
供应商编号：
退货地址：</td><td colspan="3" rowspan="2">开单单位：
分店名称：
地址：
电话：　传真：
□退货通知：
下列商品经查验因有瑕疵或规格不符合。
请贵公司速派人员领取。
□差异通知：
贵公司送交商品经本公司验收后，差异如下：</td></tr>
<tr><td colspan="7">电话：　　　传真：
供应商送货单编号：
本公司验收单编号：</td></tr>
<tr><td>品名</td><td colspan="6">商品货号</td><td>单位</td><td>数量</td><td>原因</td></tr>
<tr><td></td><td></td><td></td><td></td><td></td><td></td><td></td><td></td><td></td><td></td></tr>
</table>

课堂笔记

（续表）

1. 如为退货商品，请于十日内至上列分店之收货部领回。 2. 逾时者，本公司将自动将其返回或另行以其他方式处理，因此产生相关成本由贵公司负担。								

备注：退货单共两联，一联退换处留底，营业结束后经收银经理\保安检查后上缴现金室；另一联附在商品上，商品结束后随商品返回。

表 6-2　商品退货单/收货差异通知单

客户名称：					申请日期：	
退货单号	商品名称	规格	数量	出货单号	退号原因	备注
	DELL 液晶显示屏/ E2209W		2		由于显示屏型号错误，要求退货	
账单：		仓库人员：			财务：	

（二）接受退货及退款结算

1. 设立退货与换货处理组

当营业管理组或客户服务组接到顾客的退货信息后，应安排车辆回收退货商品，再集中到配送中心退货处理区进行清点整理，然后根据所退货的状况和退货的原因，按有关退货制度处理。以上岗位是一般配送中心应设置的主要岗位，但由于配送中心的配送规模、作业内容、服务对象不同，其岗位的设置也会有所不同。

2. 指定退货政策

退货管理最重要的一点就是避免退货。一个公司不可能完全防止客户退回他们所购买的产品，因此对自己的产品和体制的设计必须能使退货最小化。预防的措施可包括对产品的质量测试，与零售商、分销商的退货协议，以及增值的客户服务（例如提供客户退货前可拨打的免费电话等）。在实际运用中，退货政策一般包含以下内容：

课堂笔记

（1）退货价格设计。退货政策有全额退货和部分退货之分。全额退货是对零售商的退货按照原先的批发价进行全额退款，而部分退货则按批发价打掉一定的折扣。部分退货政策使得零售商的退货具有一定成本，会降低零售商的盈利水平，因此会增加零售商的风险意识，促使其加大销售努力，从而降低厂商退货政策的成本。

（2）退货比率约束。生产厂商可采取零退货的策略。零退货并不是意味着公司不接受来自顾客的任何退货，相反，公司给零售商一个合适的退货比率，并予以退货处理的相关指导。这样的政策通常伴随着对零售商的折扣。这项政策事实上是把退货的责任转移给了零售商，从而减少了生产商和经销商的费用。但不利的一点是生产商失去了对商品的控制权。

为了减少退货，有些公司采取了比较严格的退货政策。但是，在同一行业中，如果其他公司有相对比较宽松的退货政策，这样做会很困难。但不论如何，一些厂商及零售商开始重新开始考虑退货政策以平衡由此产生的成本和收益。制定退货政策的初衷，就是为了免除或者减轻销售风险，鼓励零售商大批量进货，顾客大量购买，以增加产品扩大销售的机会。因此，客户的满意度会受到退货政策相当程度的影响。这种影响在网上购物中尤其明显。合理的退货政策能够平衡成本和企业的竞争优势。

（3）退货中的合同管理。退货过程中商品的权责归属不明确，是实际运用中常见的一个问题。这是由于合同管理的缺失引起的，极端的情况下，一家为连锁集团服务的第三方物流公司，由于供应商和零售商之间对退货责任的理解不一，导致产品大量堆积在其仓库而引起运营困难。同时，大量价值庞大的退货，因为没人处理而只能在原处等待，直到过期或彻底损坏。

平常不为人所注意的退货，在合同的签订过程中常常被一笔带过甚至被彻底忽视。但是，作为加快企业资金周转、充分挖掘剩余价值的方式，以及合理限制客户退货比例的手段，详细而明确的条款必须在签订合同过程中就得以表现，这样才能避免将来纠纷的出现。

3. 接受退货

（1）对话程序：

①营销部门业务人员提出退货申请，由营销管理部与进货部联系，并确定具体退货时间，由营销部经理批准退回，与仓库保管员交接。

②仓库保管员检查退货名称、批号、规格、包装等，与退货单对照准予入退货库，并填写产品退货记录。

退货记录内容应包含品名、批号、规格、数量、退货单位、地址、退货原因、日期、处理意见等。

退货记录的作用如下：

- 了解产品存在的问题。退货的原因多种多样，企业可根据具体问题实

课堂笔记

施改进。企业应着眼于自身问题，如产品质量问题、质量事故、差错（如贴错标签等）、市场动作方式、服务质量（运输破损等）等，立即采取措施予以改进

• 提高企业信誉，赢得顾客信赖

③仓库保管员填写退货清单，责任人签字，供应商清点数量，交质量管理部门检验并签发退货处理意见。

• 抽样检验全项并出具检验报告单

• 签发退货处理意见

④配送中心根据处理意见安排待配送、再加工或销毁。

（2）产品收回：

①建立产品收回管理程序并严格执行。

②以下情况，企业对于产品实施收回：

• 留样检验或产品查库发现不符合产品质量标准时

• 各级监察所抽检发现产品不符合质量标准时

• 销售人员或顾客反映在有效期内产品存在质量问题，经留样和产品所在地取样检验认为是不合格的产品批次时

• 质量管理部门有足够证据怀疑产品存在质量隐患时

4. 退款的结算

配送中心的结算部门要根据退货原因和退货退库情况，及时将合理退货的款项进行结转。

（三）重新入库

对新进入的商品进行商品验收手续，验收合格的商品办入库手续，填写收/验/入库单（商品名、数量、存放位置、批号、保质期等信息），然后送入指定的正品存放区的库位中。正品存放区的商品是可供配送的，这时总库存量增加。对验收不合格的商品，填写退货单，并登录在册，另行暂行存放，及时退供货商调换合格商品。调换回的商品同样有收/验/入库的过程，这时配送中心的总库存量增加。当商品送交要货单位后，对商品验收，当发现商品包装破损、商品快到保质期或已过期、送交的商品与要求的商品不相符等情况时，会发生退货（退库单），退货后配送中心要补货给要货单位，对退回的商品暂存待处理区，经检验后做处理，如完好的商品（错配退回等）送交正品存放区（移转单），重新入库；对质量和包装有问题的商品，通知公司业务部归还给供应商（退货单），过期和损坏的商品做报废处理（报损单）等，这些商品处理的流动过程也影响到总库存量的变化，掌握和控制这些商品的流转过程可以有效地控制和掌握逻辑总库存量。

（四）质量管理部门的追踪管理

质量管理部门要对发生退货的商品进行调查分析，找出产生退货的原因，

根据调查分析结果填写商品收回通知单后，销售部门根据商品收回通知单及销售记录将商品收集，并填写收回记录，质量管理部门对退回商品追查原因并填写处理意见，生产计划部门根据经理意见安排再加工或销毁，并由质量管理部门跟踪进行。质量管理部门应根据造成退货的不同原因，责成相关责任部门制定纠止预防措施，防止不合格品的再次出现。

四、退货的理赔

（一）理赔费用

1. 索赔与理赔

索赔与理赔是两个相对应的概念。索赔是指在配送商品存在缺陷并要求赔偿后，根据有关条款的规定，请求配送供货方履行赔偿义务的行为。理赔是指配送供货方接到客户或经销商的请求，依据有关条款的规定，对合理退货的商品及造成的物质损失或人身伤害进行一系列调查审核并予以赔偿的行为。简单地讲，索赔与理赔是客户或经销商行使权利和配送供货方履行义务的过程。对于物流配送中心来讲，对客户一般发生的是理赔，对供货者一般发生的是索赔。

2. 理赔费用

理赔费用是指对物流配送商品因各种不同的原因，使客户或经销商造成的物质损失或人身伤害进行赔偿所支付的费用。

3. 理赔条件

（1）理赔对象必须是物流配送中心的客户，其他不列入理赔范围。

（2）由于客户提出理赔要求并举证，必须提供索赔商品的有关凭证。举证发生的费用由客户垫付（举证不成立，费用由客户支付）。

（3）当理赔双方对商品质量等问题认识不一致发生异议时，可以委托权威机构进行鉴定，根据检测鉴定报告，理赔双方根据存在问题的事实协商赔偿金额。

4. 理赔的顺序

（1）立案检查。立案检查主要是指对退货商品的有关凭证的核查及对退货商品的查勘。

（2）责任审查。责任审查是指根据立案检查所获得的有关资料，以确定是否承担赔偿责任。

（3）核算给付金额。在核算实际损失时，应分清哪些是应承担的损失，哪些不是应承担的损失，那些是直接损失，哪些是间接损失。对于不属于赔付金额范围的损失，应予剔除。

（4）给付赔偿金。经核算确定给付金额后，应按约定或法律规定的时间，

课堂笔记

及时予以给付。

（二）理赔原则

（1）重合同，守信用。

（2）坚持实事求是。

（3）主动、迅速、准确、合理。

退货理赔情况发生后，对于客户提出的索赔请求，要遵守诚实信用原则，要求客户提供有关凭证和证据，采取积极措施，协助客户做好理赔工作。本着“重合同，守信用”，理赔工作应坚持主动、迅速、准确、合理的原则。其中主动是指配送中心应主动深入现场开展理赔工作；迅速是指配送中心应按法律规定的时间，及时赔付，不拖拉；准确是指计算赔付金额应力求准确，该赔多少就赔多少，不惜赔，不滥赔；合理是指赔付要合情合理，树立实事求是的作风，具体情况具体分析，既符合合同条款规定，又符合实际情况。

五、对退赔商品的处理

（一）退回的商品

（1）所有销售后退回的商品，验收员应凭销售部门开具的退货凭证收货，并将退货商品存放于退货库（区），悬挂黄牌标志。

（2）对退回的商品应核对其品名、规格、产地、发货日期和批号是否与原发货记录相符。

①符合记录的，应由业务、质量等有关部门在销售退货通知单上签署意见后办理冲退。

②不符合记录的，不能办理退货手续，并向顾客做出解释。如遇特殊情况，应及时与业务部门联系，经经理同意后办理冲退。

（3）对所有退回的商品，应按采购商品的进货验收、检验标准和验收操作进行验收，并将验收情况及时、如实登入“退货商品处理情况记录”。

（4）验收员对退货商品的验收应做出合格与不合格的判定。

①经判定，如果退回的商品有质量问题，则应：

• 填写不合格（有问题）商品报告/确认表，及时报告质管部进行确认。需要时，质管部应抽样进行检验

• 经质管部确认为不合格商品的，应及时将商品移入不合格库（区）存放，挂红牌标志，并按“不合格商品管理操作指导书”的规定进行处理

②经判定，退回商品无质量问题的，做如下处置：

• 内外包装完好、无污染的商品，可入库继续销售

• 内外包装有破损或有污染的商品，不能入库销售

• 商品应及时移入退货区，挂黄牌标志。由销售部门与退货方及时联系，

课堂笔记

妥善解决

（二）退回的商品（退供货方）

（1）填写购进退出通知单。

（2）供货方自提：

①仓库保管员按单发货，并在发货单据上签名（章），交复核员复核。

②复核员按单详细复核品名、规格、产地、数量、批号和收货单位。经复核无误后，复核员应在发货单据上签名。

③复核员将商品当场交给供货方，供货方开具收货条，附退出通知单，并在购进退出通知单上签名。其他联次交财务结算。

（3）装车发运：按公司“商品运输，复核与交会操作指导书”的规定进行。

（4）供货方换货：

①按公司规定，对换回的商品进行验收，合格后方可入库。

②验收合格后，根据不同的退货情况开具入库单据交保管员入库，并注明批号。

（5）退出商品的处理情况，结果应及时、如实登入“退货商品处理情况记录”。

（三）记录要求

（1）记录应按规定及时、规范、逐项填写清楚，不得用铅笔填写，不得撕毁或任意涂改。确实需要更改的，应划掉后在旁边重写，并在修改处加盖本人印章。

（2）签名、盖章须用全名；记录、签名、盖章均用蓝色或黑色。

（3）退货商品记录保存三年。

同步测试

一、单选题

1. 补货作业是将货物从(　　)搬运到(　　)的工作。

A. 月台　仓库　　　　　　　　B. 仓库　配送中心

C. 仓库保管区域　拣货区　　　D. 暂存区　拣货区

2. 适合体积小且少量多样出货的货品的补货方式是(　　)。

A. 由货架保管区补货至流动货架的拣选区

B. 由地板堆叠保管区补货至地板堆叠拣选区

C. 由地板堆叠保管区补货至货架拣选区

D. 货架上层向货架下层的补货

3. 适合体积大或出货量多的商品的补货方式是(　　)。

课堂笔记

A. 由货架保管区补货至流动货架的拣选区
B. 由地板堆叠保管区补货至地板叠堆拣选区
C. 由地板堆叠保管区补货至货架拣选区
D. 货架上层向货架下层的补货

4. 适合体积中等或中量出货的货品的补货方式是(   )。
A. 由货架保管区补货至流动货架的拣选区
B. 由地板堆叠保管区补货至地板叠堆拣选区
C. 由地板堆叠保管区补货至货架拣选区
D. 货架上层向货架下层的补货

5. 适合体积不大，每个品项存货量不高，且出货多属中小量的货品的补货方式是(   )。
A. 由货架保管区补货至流动货架的拣选区
B. 由地板堆叠保管区补货至地板叠堆拣选区
C. 由地板堆叠保管区补货至货架拣选区
D. 货架上层向货架下层的补货

二、多选题

1. 补货方式主要有(   )。
A. 由货架保管区补货至流动货架的拣选区
B. 由地板堆叠保管区补货至地板叠堆拣选区
C. 由地板堆叠保管区补货至货架拣选区
D. 货架上层向货架下层的补货

2. 选择补货时机通常采用的方式是(   )。
A. 批次补货　　B. 定时补货
C. 随机补货　　D. 定量补货

三、简答题

1. 用图示说明补货作业流程。
2. 整箱补货、托盘补货和货架上下层的补货方式各自特点是什么？
3. 描述补货时机决策过程。
4. 补货技术有哪些？
5. 商品退货工作在物流配送中的作用主要有哪些？
6. 商品退货有哪些原则？
7. 商品退货的主要流程是什么？
8. 索赔和理赔在物流配送中有什么作用？
9. 退赔的商品应如何处理？

课堂笔记

第七章　配送作业业绩评价

知识目标

- 了解配送作业绩效评价概念、作用和基本流程
- 掌握建立配送作业绩效指标体系的原则、方法和流程
- 熟悉配送作业绩效评价常用指标、评价和分析方法

技能流程

- 能够根据企业内外部环境，建立合理可行的配送作业绩效指标体系
- 能够运用绩效评价体系进行配送作业绩效评价和分析

关键点：绩效评价流程每一环节缺失都可能导致绩效评价失败，但是其中最核心环节在于建立有效的评价指标体系和进行绩效结果评价和分析，这也是本章的重点学习内容。

作业流程

绩效评价流程如图 7-1 所示。

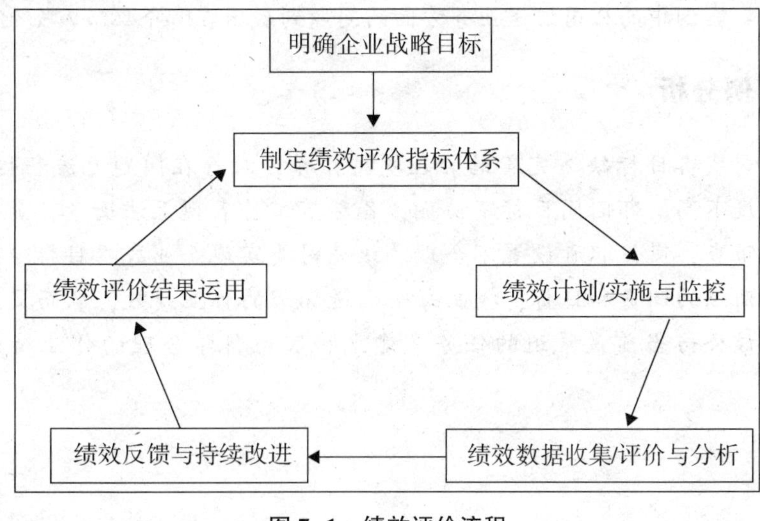

图 7-1　绩效评价流程

课堂笔记

案例导入

引例：宁波隆兴储运有限公司（以下简称隆兴公司）从事仓储运输业务已经有15年，是当地颇具影响的储运行业龙头之一。三年前，隆兴公司开始涉足工业品配送业务，五年战略目标是以低成本、优质服务成为本地市场占有率最大的工业品配送企业。凭借多年积累下来的丰富企业关系资源，公司开始的业务拓展非常顺利。但是，随着公司配送业务量的剧增，内部管理问题逐渐显露，客户投诉越来越频繁。尤其近一年来竞争对手逐渐增多，本公司客户流失现象严重，一连三个季度营业额下降明显。公司沈总意识到公司面临形势严峻，亲自带队拜访老客户，调研客户流失原因。经了解，客户的抱怨概括如下：①常有送货延误，影响正常生产；②竞争对手收费更低；③出现单货不符与货损货差的情况；④货损后要求退换货，长时间得不到处理结果。沈总立即就以上问题展开内部调研，不曾想员工抱怨更多：①送货车队成本独立核算，司机埋怨频繁出车会增加空载油耗，而等待充分配载又需要时间，尤其拣货效率低，还有积载不当、送货路线设计不好也常常导致送货延误。②拣货人员埋怨人手紧缺，尤其上午十点左右月台挤满等货的车，拣货匆忙交接仓促，难免出错。③打包工人说货不能算到他们身上，因为谁也不知道包装是装卸时还是送货时损坏的。④订单部反映某“优秀员工”领导加班时他都在，领导对其印象很好，而平时上班常溜号，同事对此很不满。⑤前台客服人员抱怨经常接到一些怨气冲冲的电话要求退换货，每次均须向经理反映，但经理常常出差不在……沈总调研发现，每个部门都摆出工作成绩和困难，但相互推诿责任；员工们埋怨辛苦，要求提高待遇，但事实上企业业绩却在不断下滑。

问题：案例中的公司配送业务方面的问题到底出在哪个环节？如何解决？

引例分析

该公司战略目标缺乏完善的管理支持体系，对存在问题无流程性评价，顾客满意度不高，部门间目标不协调，各环节工作表现无法衡量，员工行为缺乏动态审查，岗位职责设置不合理。该公司要实现企业战略目标，必须明确每一个岗位的职责和目标，提高每一配送环节的作业绩效，从而提高顾客满意度。该公司当前最紧迫的任务是建立和实施科学合理的作业绩效评价机制。

课堂笔记

第一节　配送作业绩效评价指标体系

一、配送作业绩效评价概念

所谓绩效，是组织期望的结果，是组织为实现其目标而展现在不同层面上的有效输出，它包括个人绩效和组织绩效两个方面。

绩效评价是指运用科学的评价方法，采用特定的评价指标体系和评价标准，按照一定的评价程序，通过定量与定性分析，对特定组织或人员在一定期间的业绩、行为和发展潜力做出客观、公正和准确的判断。开展绩效评价能正确判断企业实际经营水平，发现运营方面的不足并予以改正，提高经营能力和管理水平，调动各部门与人员的积极性，控制成本，提高效率，提供更优质产品和服务，从而增加企业整体效益。

配送企业的绩效评价与一般传统企业管理绩效评价相比，有其自身的特点。现行一般企业绩效评价对象大多限于单个企业及内部职能部门或者员工个人，评价内容主要为部门和岗位工作完成情况，数据来源于财务结果，侧重事后分析。配送企业绩效评价内容则更为广泛，除了要反映岗位任务完成情况，还要能对业务流程做出评价，能全方位反映配送整体运作情况，着重反映客户需求的落实，并且尽可能提供实时分析功能。配送作业绩效评价是配送企业绩效管理的重要环节，它为配送企业如何管理绩效提供具体依据。

本章所讨论的配送作业绩效评价仅限于配送企业的进出货、储存、订单处理、拣货、流通加工、送货、补货及退货等内部流程作业层面的绩效，及其在企业整体层面表现出的客户服务绩效。

二、配送作业绩效评价作用

（1）提供管理决策依据。评价配送企业整体运行效果，了解其在同企业竞争中的优势地位，为拟定和调整企业战略、目标、计划、投入预算等提供决策依据。

（2）促进企业绩效持续改进。评价配送企业内部流程作业和外部客户服务绩效，及时发现存在的问题，持续改进流程安排和作业方式、方法和条件；评价和反馈员工的业绩和行为，帮助员工提高工作绩效。

（3）用于责任考核与激励。评价员工和团队对企业的贡献，为企业实施奖惩、调整薪酬、变动职务等提供客观依据；激发员工潜能，提高工作满意度，增强团队凝聚力，促成形成以绩效为导向的企业文化。

（4）用于其他人力资源安排。发现员工和团队培训和教育需要，修订员工

课堂笔记

职业生涯规划，做出招聘选择和工作分配决策，为人力资源规划提供有用信息。

三、配送作业绩效评价流程

1. 明确企业战略目标

在明确企业发展规划的前提下，识别战略实施的关键评价因素，确定企业具体经营目标。

2. 制定绩效评价指标体系

将企业经营目标进行分解，据以确定各部门主要评价活动和关键评价点绩效指标，最终分解落实到各个岗位，形成员工行为与结果共同构成的岗位绩效指标体系。

3. 绩效计划、实施与监控

制订绩效工作方案，确定评价原则、评价方法、评价周期，安排工作进程、评价时间表和评价小组人员分工。员工对自己绩效目标做出承诺，在绩效实施期间，管理者要对员工的工作过程进行指导和监督，对发现的问题及时予以解决，并根据需要对绩效计划进行调整。

4. 绩效数据收集、评价与分析

绩效实施过程中和周期结束后，收集、核实和整理评价所需基础资料和数据。依据预先评价方案与标准统计计分，对照绩效目标形成综合评价结论，并对结果的形成原因进行讨论、分析和总结，撰写评价报告。

5. 绩效反馈与持续改进

通过绩效反馈面谈，员工了解主管期望和本人实际绩效，得到指导和帮助。双方对绩效评价结果和改进点达成共识后，共同商定调整下一轮绩效周期、绩效目标和改进点。

6. 绩效评价结果运用

根据绩效评价结果，有针对性地开展员工教育与培训，据以决定对员工的奖惩、薪酬调整和相应人事变动等。

四、配送作业绩效评价指标

1. 配送作业绩效评价指标概念

配送作业绩效评价指标是反映配送流程作业环节及其整体作业效率与效果，衡量配送作业管理水平高低的尺度，是配送企业对内加强流程作业管理，对外提高客户服务水平的重要工具。

配送作业绩效评价指标可以涉及配送作业绩效管理的方方面面，体系庞杂，现代企业普遍采用“二八原理”，仅甄选出少数的关键业绩指标（key performance indication，KPI）进行评估。KPI 是通过对组织内部某一流程的输

课堂笔记

入端、输出端的关键参数进行设置、取样、计算、分析，衡量流程绩效的一种目标式管理指标，是企业绩效管理系统的基础和关键。KPI抓住企业少数的关键行为进行分析和衡量，就能抓住业绩评价的重心。它的优点是数量有限，标准鲜明，易于做出评估；缺点是对简单的工作制定标准难度较大，缺乏一定的定量性，对其他非关键内容缺少一定的评估，应用时需要适当地注意。

2. 配送作业绩效评价指标量表

评价指标量表（见表7-1）是贯穿绩效评价全过程的管理工具，量表栏目一般包括评价主体、评价客体、评价周期、评价指标名称、指标说明指标权重、目标值、评价标准、得分结果等内容。指标量表的质量直接影响到绩效评价的成败。

表7-1　某公司仓储部库管员岗位绩效评价指标量

评价者		被评价者		评价时间			综合得分	
评价项目	指标名称	指标说明	指标权重	评价频度	资料来源	目标值	评价标准	得分
出入库管理	货物出入库差错率	货物出入库出错次数/出入库总次数×100%	20%	月度	仓储部	0	等于目标值得20分；每提高1%扣____分；高于5%得0分	
	货物验收及时率	规定时间内完成验收次数/货物验收总次数×100%	15%	月度	仓储部	100%	等于目标值得15分；每降2%扣____分；低于90%得0分	
出入库单据处理	出入库单据填写差错率	出入库单据填写错误次数/出入库单据总填写次数×100%	20%	月度	单据操作部	0	等于目标值得20分；每提高1%扣____分；高于5%得0分	
	出入库台账登记及时率	及时登记出入库台账次数/登记出入库台账总次数×100%	15%	月度	单证操作部	100%	等于目标值得15分；每降1%扣____分；低于90%得0分	

课堂笔记

（续表）

评价者		被评价者		评价时间			综合得分	
仓库环境管理	仓库环境良好率	评价期内仓库环境检查良好天数/评价期工作天数×100%	20%	月度	安监部	95%	等于目标值得20分；每降5%扣____分；低于80%得0分	
仓库利用情况	库容利用率	库存货物占用面积/仓库总面积×100%	10%	月度	仓储部	80%	等于目标值得10分；每降5%扣____分；低于60%得0分	

一般来说，当评价指标量表应用于对岗位员工考核时，评价主体是此岗位的上级；但运用360°绩效评价法时，评效主体还可以是本人、同事、下属、客户等。指标可分为定性指标与定量指标，主要来自与此岗位相关的流程与岗位职责，数量不宜超过八个，权重设置要反映指标的重要性。绩效执行与辅导阶段，评价主体要随时进行观察、记录，并提供必要的服务、指导和建议，协助达成绩效目标。此过程在考核表中以资料来源或事例的形式体现，使此后的绩效评价有充分的事实依据。

3. 配送作业绩效评价指标建立流程

（1）确定企业级KPI。在明确配送企业战略目标的基础上，找出企业的业务重点，也就是企业价值评估的重点，然后找出这些关键业务领域的关键绩效指标。

（2）KPI细化分解。确定企业级KPI相关要素目标，分析绩效驱动因素（技术、组织、人），确定实现企业目标的部分分解目标。各部门主管再将KPI进一步细化分解为各岗位的业绩衡量指标，作为员工考核要素和依据。

（3）绩效特征分析。可以使用图标标出各指标要素的绩效特征，按评价的需要程度分档，例如可以按照必需评价、非常需要评价、需要评价、需要评价程度低、几乎不需要评价五挡对上述指标要素进行评估，根据少而精的原则按照不同的权重进行选择。

（4）理论验证。依据绩效评价的基本原理与原则，对所设计的绩效评价要素指标进行验证，保证其能有效、可靠反映评价对象绩效特征和评价目的要求。

（5）要素调查以确定指标。根据初步确定的要素，灵活运用多种方法进行要素调查，最后确定绩效评价指标体系，确保指标体系更加准确、完善、可靠。

（6）指标修订。为了使确定好的指标更趋合理，还应对其进行修订。修订分为两种。一种是考核前修订。通过专家调查法，将所确定的考核指标提交领导、专家会议及咨询顾问，征求意见，修改、补充、完善绩效考核指标体系。另一种是考核后修订。根据考核及考核结果应用之后的效果等情况进行修订，使考核指标体系更加理想和完善。

五、配送作业绩效评价指标体系

1. 配送作业绩效评价指标体系构成

目前人们尚未制定出统一的配送绩效衡量标准，不同企业选用的配送作业绩效评价指标体系可能会存在差异，但也不外乎是对作业环节进行局部绩效衡量与对配送作业活动一体化效果进行综合衡量，一般而言，可以体现为配送作业质量、配送作业成本、配送作业效率、配送作业安全、客户服务效果等方面。

（1）配送作业质量。配送作业最直接的目的是将货物保质、保量、按时、准确地送达客户，因此衡量配送作业质量的指标包括货物送达客户时的货物完好率、货物误差率、准时送货率、单证正确率、送货准确率、无误交货率等。

（2）配送作业成本。配送作业成本直接影响配送服务价格和企业利润，主要包括运输成本、装卸成本、储存成本、流通加工成本及操作失误赔偿等。其指标可以是配送费用占货物价值比率、平均配送费用、单位货物运输成本、平均装卸成本、平均流通加工成本、百公里运输油耗、百公里车辆保修费、货损货差赔偿费率等。

（3）配送作业效率。配送作业效率主要衡量的是配送工作人员的劳动生产率、设施设备的利用率和运转效率、配送作业管理水平。其指标可以是订单响应时间、收发货时间、车辆利用率、车辆实载率、运力利用率、总运力贡献率、平均配送速率、单位时间配送量、进出货时间占比等。

（4）配送作业安全。一般从货物安全和人员安全两方面评价。包括火灾、盗窃、货物湿损、锈损、鼠咬、虫蛀等事件发生次数及其预防措施的合规性，危险品装卸储运作业的操作规范情况，配送作业过程中的工伤、事故频率、安全行车间隔里程等方面指标。

（5）客户服务效果。客户服务效果指的是外部客户与市场对上述配送作业质量的反馈。衡量指标包括客户抱怨率、客户意见处理率、市场占有率、客户忠诚度、新增顾客量等。

2. 配送作业评价指标的选择

评价指标体系是否合理有效，是绩效评价工作成败的关键，务必参照以下原则，慎重选择评价指标：

（1）战略目标一致性和系统性。绩效管理是战略目标实施的有效工具，评价指标应围绕战略目标层层传递和分解，下一层级指标服务于上一级指标

课堂笔记

的实现，企业每个部门、每个岗位、每个员工都被赋予战略责任，承担各自的职责。

（2）与评价目的高度相关。指标考核结果必须能为评价目的提供充分依据，要求评价对象对指标事件高度可控，指标事件能反映评价目的的需要。针对特定评价目的，一组指标间避免存在包涵、交叉的相互关系，但多目标评价允许这些关系存在。

（3）控制指标数量，突出重点。指标不一定要面面俱到，抓住关键绩效指标足以将员工行为引向企业战略目标。过多考评指标会增加管理难度和成本，降低员工满意度，但过少又可能无法反映对象的关键绩效水平。

（4）个体绩效、流程绩效与整天绩效并重。员工个体绩效是支持后两者绩效的基础，是企业绩效考评和改进的落脚点。工作流程绩效不仅仅是相关个体绩效的总和，更反映个体、团队与部门之间、人力资源与各项企业资源之间的合作协调情况，是企业总体绩效的过程保证，应具有实时分析与评价的特性。

（5）突出绩效的市场驱动特性。要采用能反映配送企业与客户之间关系的绩效评价指标，要将外部市场需求转化分解为企业内部作业指标要求。

（6）员工素质、行为和业绩并重。员工绩效是所有企业绩效的基础，通常从“德、能、勤、绩”四方面来衡量，考虑其对企业文化、企业秩序和企业效益和发展等方面的贡献，各方面指标间应有恰当的比例安排。

（7）SMART 原则。SMART 原则即指标的具体性、衡量性、可达性、现实性、时限性。绩效指标应当明确，易理解、易沟通；应当可衡量且尽可能量化，数据源可控、可信、易采集；应当是根植于具体企业土壤的个性化指标，目标值设置要务实，过高、过低都将起不到激励作用；应当有适当长度的考核期，需要根据企业发展动态调整，保持适用。

第二节　配送作业绩效评价分析

一、配送作业环节绩效评价

1. 配送作业环节绩效评价

按配送作业环节和工作内容描述，常用的配送作业绩效评价量比指标主要有以下几方面，应用时可根据评价目的和评价对象进行适当调整。

（1）进出货作业环节。进货作业包括从车辆上将货物卸下、搬运、堆码、核对数量和质量、接收签单及将有关信息书面化等一系列工作。

出货作业是指将拣取分类完成的货物做好出货核查后，根据各车辆或配送路线将货物搬至出货准备区，而后装车配送。

在进出货作业环节，企业管理人员需要考虑作业人员工作量、装卸设备及站台泊位利用率、进出货时间集中度控制等方面问题。作业效率指标通常有：

①人员效率：考核工作分配是否合理，作业效率如何。

每人每小时处理进货量=考核期总进货量/（进货人员数×每日进货时间×工作天数）

每人每小时处理出货量=考核期总出货量/（出货人员数×每日出货时间×工作天数），即

进货时间率=每日进货时间/每日工作时数

出货时间率=每日出货时间/每日工作时数

如果进出货共用一批人员，则可合并计算。

每人每小时处理进出货量=考核期总进出货量/（进出货人员数×每日进出货时间×工作天数）

②空间利用率：考核站台是否因数量不足或规划不当造成拥挤或低效。

站台使用率=进出货车次装卸货停留总时间/（站台泊位数×工作天数×每天工作时数），即

站台高峰率=高峰车数/站台泊位数

（2）存货管理环节。配送企业的管理主要是将货物短期妥善保管，要求充分利用仓库空间，加强库存控制，既要防止存货过多而占用资源和资金，又要及时补货，降低存货的缺货率，并且定期或不定期做好盘点，为日后准确、及时出货做准备。

因此，存货管理绩效量化指标可包括以下几类：

① 空间设施利用率：

$$储区面积率=\frac{储区面积}{配送中心建筑面积}$$

$$储位容积使用率=\frac{存货总体积}{储位总体积}$$

$$单位面积保管量=\frac{平均库存量}{可保管面积}$$

$$平均每品项所占储位数=\frac{料架储位数}{总品项数}$$

其中，平均每品项所占储位数应规划在0.5~2之间，便于储存、拣货人员找寻存取货品。

② 库存周转率：

$$库存周转率=\frac{出货量}{平均库存量}=\frac{营业额}{平均库存金额}$$

课堂笔记

周转率是考核配送企业库存控制水平和经营绩效的重要指标，该指标值越高，表明库存积压占用资金越少。企业利润随周转率提高而增加。

③ 存货管理费率：

$$存货管理费率=\frac{库存管理费用}{平均库存量}$$

一般存货管理费用包括仓库租金，仓库管理费用（出入库验收、盘点等人工、保卫、仓库照明、温湿度调节、建筑物、设备、器具维修等费用），保险费，货物变质、破损、盘点等损耗费，货物换季过时减值损失等。欲降低存货管理费率，需要针对上述费用项逐一检查分析，寻找改进途径；尽可能少量、频繁补货，提高库存的周转速度。

④呆废货品率：

$$呆废货品率=\frac{呆废货品件数}{平均库存量}$$
$$=\frac{呆废货品金额}{平均库存金额}$$

该指标用于测定补货策略、库存控制水平和储存现场管理水平。

⑤出货品采购成本率：

出货品采购成本率=出货品采购成本/营业额

此为采购成本合理性指标，考察销售配送型企业的供应商选择、采购谈判、采购策略等绩效水平，可以采用公开招标选择最佳供应商，通过签订长期供货合同、集中采购获得数量折扣以降低采购价格。

⑥货品采购储存总费用：

货品采购储存总费用=采购作业费用+库存管理费用

该指标衡量采购与库存策略的合理性，降低该总费用需要计算经济订货批量和最佳订货周期，一般来说高单价货品宜少量多次订购，低单价货品宜大批量订购。

⑦补货作业质量：

补货数量误差率=补货误差量/补货量

补货次品率=补货不合格率/补货量

补货延迟率=延迟补货数量/补货量

该类指标反映所选择供应商的商品质量、供货可靠性，与订单缺货率相关联。

⑧盘点误差率：

盘点数量误差率=盘点误差量/盘点总量

盘点品项误差率=盘点误差品项数/盘点实际品项数

（3）订单处理作业。从接到客户订单开始到着手准备拣货之间的作业阶段，包括订单资料确认、存货查阅、单据处理等，主要评价指标有如下一些：

课堂笔记

①订单分析指标：

日均受理订单数=考核期总订单数量/工作天数

每单平均订货数量=出货量/订单数量

日均商品单价=营业额/订单数量

此类指标提示每天订单及其特性变化，用以拟定客户管理策略及业务发展计划。

②订单延迟率=延迟交货订单数/订单数量

订单货件延迟率=延迟交货量/出货量

此两项指标皆衡量交货延迟状况，改善指标可从以下几方面着手：找出配送作业流程的瓶颈加以解决，改善作业环节间的协调性和均衡性；动态准确掌握库存情况，及时补货；合理安排配送时间；降低订单货件延迟率，重点保证向订货量大的客户及时交货。

③紧急订单响应=未超过12小时出货订单/订单数量

此指标反映配送企业的订单快速处理能力和紧急插单业务处理能力，需要事先制定快速作业处理流程与操作规则。

④订单缺货率=接单缺货数/出货量

如果缺货率过高，就应当重新审视目前的库存控制策略，有无调整再订货点、订货批量基准的必要，督查是否及时录入进出货品情况，动态关注存货异动，掌握采购、补货时机，督促供应商准时送货。

（4）拣货作业。拣货作业是依据客户订货要求或配送作业计划，准确、迅速地将货品从其储位或其他区域拣取出来的过程，一般属于劳动密集型作业，耗费成本较多，而拣取时间、拣取策略及拣货精确度对接单出货时间与出货质量影响较大。

拣货作业绩效评价指标包括：

人均每小时拣货品项数=订单总品项数/（拣货人员数×每天拣货时数×工作天数）

人均每小时拣货件数=订单累计总件数/（拣取人员数×每天拣货时数×工作天数）

批量拣货时间=（每天拣货时数×工作天数）/拣货分批次数

②拣货成本：

每订单投入拣货成本=拣货投入成本/订单数量

每件货品拣货成本=拣货投入成本/拣货单位累计件数

单位材积投入拣货成本=拣货投入成本/出货品材积数

③拣货作业质量：

拣误率=拣取错误笔数/订单总笔数

课堂笔记

（5）送货作业质量：送货作业是将货品送达客户的活动，是配送作业绩效的最终体现。如何选择适合的送货人员、适合的送货车辆、最佳行车路径，合理规划送货时间，实现最大的配载效率，控制成本费用及减少交货延迟发生率等都是送货管理人员应该考虑的问题。送货作业绩效评价量化指标有以下几个方面：

①资源利用效率：

人均送货量=送货量/送货人员数

平均每车送货量=送货总体积/自车数量+外车数量

车辆作业率=送货总次数/（自车数量+外车数量）×工作天数

平均每车次数送货吨公里数=送货总距离×送货总重量/送货总车次

空驶率=空车行驶距离/送货总距离

分析：以上指标均考察送货人车资源的利用率，配置适合资源数量，合理配置和调度车辆，可改善该类指标值。

②外车比例：

外车比例=外车数量/自车数量+外车数量

该指标评估外车数量比例是否适合本企业送货业务特点。若本企业送货货物中季节性或节假日商品比例高，旺淡季出货量差别大，宜提高对应外车比例，以此应付业务量变动和低于平日养车成本；反之，宜降低外车比例，选择自车以提高送货效率和成本。

③送货成本：

送货成本比率=（自车送货成本+外车送货成本）/送货总费用

每公里送货成本=（自车送货成本+外车送货成本）/送货总距离

每材积送货成本=（自车送货成本+外车送货成本）/出货品材积数

每车次送货成本=（自车送货成本+外车送货成本）/送货总车次

④送货延误率：

送货延迟率=送货延误车次/送货总车次

送货延误原因很多，可能是车辆设备故障、路况不佳、交通意外、供应交货延误、缺货等，要全面分析，有针对性地采取对策。

⑤送货短缺率：

送货短缺率=出货短缺数/出货量

出货品短缺会影响客户满意度，增加再次送货成本，需要注重每位员工每次作业质量，做好出货每一作业环节的复核。

2. 绩效评价方法选择

实践中，常用的绩效评价方法很多，主要用于对人员的考核，亦可变通用于对企业的评价。大致可分为相对评价法、绝对评价法、描述法和其他考核方法。

课堂笔记

（1）相对评价法，包括序列比较法、相对比较法、强制/硬性分布法三种方法。

①序列比较法。序列比较法是按员工工作成绩的好坏进行排序考核的一种方法。在考核之前，首先要确定考核的模块，但是不确定要达到的工作标准。将相同职务的所有员工在同一考核模块中进行比较，根据他们的工作状况排列顺序，工作较好的排名在前，工作较差的排名在后。最后，将每位员工几个模块的排序数字相加，就是该员工的考核结果。总数越小，绩效考核成绩越好。

②相对比较法。相对比较法是对员工进行两两比较，任何两名员工都要进行一次比较。两名员工比较之后，相对较好的员工记“1”，相对较差的员工记“0”。所有的员工相互比较完毕后，将每个人的得分相加，总分越高，绩效考核的成绩越好。

③强制/硬性分布法。属于强制比例法的一种，评价者根据被考核者的业绩，将被考核者归到类似正态分布的有限数量的类型中去，例如，把最好的10%的员工归为优秀一类，次之20%的员工归为良好一类，再次之的40%归为中等，又次之的20%归为较差档，余下的10%放在最低等级的类别中。

（2）绝对评价法，包括目标管理法、关键绩效指标法、等级评估法、平衡记分卡四种方法。

①目标管理法。目标管理是通过将组织的整体目标逐级分解直至个人目标，最后根据被考核人完成工作目标的情况来进行考核的一种绩效考核方式。在开始工作之前，考核人和被考核人应该对需要完成的工作内容、时间限制、考核的标准达成一致。在时间期限结束时，考核人根据被考核人的工作状况及原先制定的考核标准来进行考核。作业标准法、标杆对比法均属此类。

②关键绩效指标法。关键绩效指标法是以企业年度目标为依据，通过对员工工作绩效特征的分析，据此确定反映企业、部门和员工个人一定期限内综合业绩的关键性量化指标，并以此为基础进行绩效考核。

③等级评估法。等级评估法根据工作分析，将被考核岗位的工作内容划分为相互独立的几个模块，在每个模块中用明确的语言描述完成该模块工作需要达到的工作标准。同时，将标准分为几个等级选项，如“优、良、合格、不合格”等，考核人根据被考核人的实际工作表现，对每个模块的完成情况进行评估。总成绩便为该员工的考核成绩。

④平衡记分卡。平衡记分卡从企业的财务、顾客、内部业务过程、学习和成长四个角度进行评价，并根据战略的要求给予各指标不同的权重，实现对企业的综合测评，从而使得管理者能整体把握和控制企业，最终实现企业的战略目标。

（3）描述法，包括全视角考核法、重要事件法、叙述法三种方法。

课堂笔记

①全视角考核法。全视角考核法（360 度考核法）即上级、同事、下属、自己和顾客对被考核者进行多维度的评价，综合不同评价者的意见，得出一个全面的评价结论。

②重要事件法。考核人在平时注意收集、保存对评价对象最有利和最不利工作行为或事件的书面记录。这些行为或事件会对部门的整体工作绩效产生积极或消极的重大影响。考核时根据这些书面记录进行整理和分析，最终形成考核结果。

③叙述法。评价者写一篇简短记述性文字来描述员工的业绩，这种方法集中倾向于员工工作中的突出行为，而不是日常业绩。

（4）其他考核法，包括功效系数法、强制选择业绩报告、工作计划考核法、综合分析判断法、全方位绩效看板、情景模拟法、主观考核法以及客观考核法等。

配送企业在选择作业绩效评价法时，应当根据本企业实际情况，考虑评价方法的实施成本、实用性和对象的工作性质等因素。此外，还应考虑以下选择原则：

（1）参与原则。企业通常强调员工对集体的归属和服从，此观念在绩效评估中易表现为对个体评估不重视及为长官意志服务现象。因此，评估方法要强调评估者和评估对象共同参与，尊重双方意见，有效调动员工工作积极性和主动性。

（2）客观性原则。绩效评估容易受到评价双方亲疏关系、等级关系及主观偏见的影响，因此选择的评估方法应该尽可能体现客观性原则。

（3）易操作原则。为方便企业管理，应尽量选择简便易操作的评估方法。当然，具备一定管理基础并希望通过绩效评估提高管理规范性的企业也可以采取较复杂的评估方法。

（4）多评价主体原则。要选择有多个评价主体进行评价的评价方法，避免上司意志左右评价结果，以保证评价的客观性和准确性。

（5）结果便于区分原则。一些企业平均主义思想严重，常常导致评选结果趋中，因此应选择能使评价结果区分较大的评估方法。

二、顾客服务绩效评价分析

1. 顾客服务指标体系设计

顾客服务绩效不是指配送企业客户服务部门的绩效，而是指配送流程作业绩效在企业层面对顾客的整体表现。提供顾客满意的产品和服务，建立和维护良好的客户关系，获得预期市场份额和利润，支持企业战略实现，这是顾客服务绩效指标体系内在逻辑关系链。企业战略上的精髓在于选择做什么、不做什么和做到什么程度，因此配送企业对市场、顾客和服务的战略定位，决定了配送企业顾客服务绩效指标的取舍。

（1）配送企业顾客服务绩效指标体系。顾客服务绩效包括配送企业内部可控因素和市场不可控因素两部分。配送企业可控的是服务价格、服务质量和其他管理努力，对应的是事前积极导向指标；不可控的是顾客和市场的反应，对应的是事后的结果评价指标。

服务价格。应与市场中同行业、同类型服务价格比较。定位基于配送企业内部作业成本控制，同时反映企业战略意图。

服务质量。包括交货及时性、准确性、可靠性、交货完好率、服务态度等，取决于各配送作业环节绩效的整体表现。

服务价格与服务质量均属于客户服务的主要特征。有些顾客不会在服务档案方面提特别要求，希望得到的是尽可能低价格的基本服务，另外一些顾客为实现本身竞争战略，希望提供特殊服务，并愿意支付额外对价。

顾客关系。包括对顾客需求的快速反应，对顾客抱怨的及时处理，顾客沟通的方便性，向顾客做出长期服务承诺等。

形象和声誉。对外交往中的形象和声誉宣传和维护可以在顾客面前积极展示企业优势，吸引顾客和维护顾客忠诚度，包括主动公关和危机处理，这需要每位配送作业人员共同参与。

市场份额。一般在确定顾客群体或市场领域之后，评价本企业市场占有率。

顾客的忠诚度。留住顾客是所有配送企业的愿望，一般通过评价同现有客户进行反复交易状况来评价顾客的忠诚度。

客户满意程度。只有在顾客接受配送服务时完全满意或极为满意的情况下，配送企业才能指望顾客反复交易。

顾客开发。配送企业若想扩大自己的市场份额，就应争取更多的顾客，通过新增顾客的数量或新增顾客的采购总额来评价。

从顾客处获取利润。企业不仅评价同顾客的交易量，还要评价这种交易是否有利可图。有些顾客尽管无利可图，但有很大的增长潜力，不可忽视；有些顾客与之交易多年仍然无利可图，则应尽快摆脱。

（2）顾客服务绩效评价指标确定。首先要确定关键的顾客满意指标。顾客满意指标的设计核心是确定产品或服务在多大程度上满足顾客的欲望和需求。顾客因欲望和需求而产生期望和要求，期望和要求可以归纳为一系列绩效指标，这些指标可以判断一个配送企业的可接受程度。指标因企业和行业不同而有所不同，配送企业确定顾客满意指标可以依据下列两条原则：

①绩效指标对顾客而言必须是重要的，确定的唯一途径是倾听顾客是怎么说的。

②绩效指标必须能够控制，可以通过定量和定性研究方法结合起来确定，

课堂笔记

这些方法包括深入访谈、电话访问、邮寄调查表等方法。

绩效评价机构初拟的顾客服务绩效指标，需要先与企业内部的送货、订单处理、顾客服务等人员进行沟通修订，接下来通过与顾客的访谈来筛选、确定。可以用统计方法（例如因素分析法、判断分析法等）来选择最终的绩效指标系列，再征求专家意见加以修改、补充，提交企业领导审核确认，这样得到的绩效指标系列不仅在统计方面有效，逻辑方面适用于测量顾客满意度，而且在操作上易于本企业推行。最后，顾客服务绩效指标还须根据绩效评价及评价结果应用之后的效果等进行修订，使指标体系更加完善。

2. 顾客服务绩效问题分析

（1）鱼骨图的概念。

鱼骨图，即特性要因图或者因果图，由日本管理大师石川馨创制，又名石川图，是一种透过问题现象找出根本原因的分析方法。问题的特性总是受到一些因素的影响，首先通过头脑风暴找出这些因素，将它们与特性值一起，按相互关联性整理成层次分明，条理清楚的图形，因其形状如鱼骨，故称鱼骨图。鱼骨图分析法好似咨询人员进行因果分析时经常采用的一种方法，其特点是简捷实用，比较直观。

应用鱼骨图分析法时通常要经过头脑风暴这一环节，头脑风暴法（Brain Storming，BS）是一种通过集思广益，发挥团队智慧，从各种不同角度找出问题所有原因或构成要素的会议方法。

根据不同用途划分，鱼骨图有以下三种类型：

①整理问题型鱼骨图（各要素与特性值间不存在原因关系，而是结构构成关系）。

②原因型鱼骨图（鱼头在右，特性值通常以“为什么……”来表示）。

③对策型鱼骨图（鱼头在左，特性值通常以如何提高/改善……”来表示）。

（2）鱼骨图分析流程。

①分析问题成因结构：

第一步，针对要解决的问题点，选择层别方法（如人机料法等）讨论其成因。确定大要因（大骨）时，现场作业一般从“人机料法环”（即人员、机器、原料、方法、环境）着手，管理类问题一般从“人事时地物”层别，应视具体情况决定。

第二步，采用头脑风暴法分别对各层别类别找出所有可能原因。召集绩效相关方共同讨论，应尽可能多而全地找出所有可能原因，而不仅限于自己能完全掌控或正在执行的内容。对人的原因，宜从行动而非思想态度面着手分析。

第三步，将找出的各要素进行归类、整理，明确其从属关系。大要因必须用中性词语描述（不说明好坏），中小要因必须使用价值判断（如……不良）。中要因跟特性值，小要因跟中要因间有直接的原因—问题关系，小要因应分析至可以直接下对策。

第四步，分析选取重要因素。选取重要原因不要超过七项。

第五步，检查各要素的描述方，确保语法简明，意思明确。

②鱼骨图的绘制。将上述步骤整理出来的分类分层要因文字标示到鱼骨图上，使条理清楚，一目了然。

首先，将讨论对象问题填写在鱼头位置，按"为什么不好"的方式描述画出主骨。然后，依次画出大骨，填写大要因；画出中骨、小骨填写中小要因。

可用特殊符号将重要的因素醒目地标示出来。

③鱼骨图对策分析。针对鱼骨图标示出来问题终极原因，征求多方意见，列出尽可能多的解决方法，在实践中检验、遴选出可行的解决对策。

同步测试

一、单选题

1. 企业岗位绩效指标从根本上服务于(　　)。

A. 员工利益　　B. 主管利益

C. 客户利益　　D. 企业战略

2. 关于绩效评价，叙述正确的是(　　)。

A. 是按一定评价程序进行的定性分析

B. 仅针对员工的工作业绩进行评价

C. 企业绩效评价工作周期是一年

D. 能调动各部门与人员的积极性

3. 关于配送作业绩效评价指标描述有错误的是(　　)。

A. 是配送企业加强内部流程作业的管理工具

B. 是配送企业提高对外服务水平的管理工具

C. 对于特定配送企业，该指标体系是稳定不变的

D. 是绩效考核双方共同商榷、沟通的结果

4. 以下对于关键绩效指标（KPF）的叙述，不正确的是(　　)。

A. 应当符合"二八原理"　　B. 是目标式量化管理指标

C. 能抓住业绩评价的重心　　D. 评价全面

5. 企业为了使确定好的评价指标更趋合理，将其提交领导、专家会议及咨询顾问征求意见，该环节为(　　)。

A. 要素调查　　B. 理论验证

课堂笔记

C. 考核前修订　　D. 考核后修订

6. 送货准确率属于(　　)方面的指标。

A. 配送作业效率　　B. 配送作业安全

C. 客户服务效果　　D. 配送作业质量

7. 客户服务效果是外部客户和市场对配送企业(　　)的直接反馈。

A. 配送作业质量　　B. 配送作业成本

C. 客户服务效率　　D. 配送作业安全

8. 绩效管理是企业战略目标实施的有效工具，因此(　　)指标被赋予战略责任。

A. 企业级　　B. 部门级

C. 员工级　　D. 以上都是

9. 关于配送作业评价指标的选择，下列说法错误的是(　　)。

A. 评价对象应该对指标事件高度可控

B. 控制指标数量，不一定要面面俱到

C. 工作流程绩效是相关个体绩效的总和

D. 要将市场需求转化为企业内部作业指标

10. 在进出货作业环节，反映进出货时间集中度控制问题的指标为(　　)。

A. 每人每小时处理货量　　B. 进出货时间率

C. 站台使用率　　D. 站台高峰率

11. 存货管理环节评价指标不应包括(　　)。

A. 储位容积使用率　　B. 站台使用率

C. 库存周转率　　D. 呆废货品率

12. 订单处理作业环节，实施客户 ABC 管理可以改善(　　)。

A. 紧急订单响应率　　B. 订单延迟率

C. 订单货件延迟率　　D. 订单缺货率

13. 拣货时间、拣货精确度及(　　)对接单出货时间和出货质量影响较大。

A. 拣货成本　　B. 拣货策略

C. 拣货单数　　D. 拣货重量

14. 送货作业绩效评价指标不包括(　　)。

A. 空驶率　　B. 外车比例

C. 每公里送货成本　　D. 缺货率

15. 平衡记分卡根据战略的要求对企业进行综合测评，其评价角度不包括(　　)。

A. 生产率角度　　B. 顾客角度

C. 内部业务流程角度　　　　　　D. 学校和成长角度

课堂笔记

二、多选题

1. 绩效实施过程中，应当(　　)。

A. 由员工对自己的绩效目标做出承诺

B. 主管对员工工作过程进行指导和监督

C. 对发现的问题及时予以解决

D. 根据需要对绩效计划进行调整

2. 绩效反馈过程中，应当(　　)。

A. 面谈双方平等交流

B. 员工少说多听接受批评指导

C. 主管为员工指定下一周期绩效目标

D. 关注和肯定此员工工作成绩

3. 与一般传统企业管理绩效评价相比，配送企业绩效评价(　　)。

A. 数据来源于财务结果，更侧重事后分析

B. 反映岗位任务完成情况，而与业务流程无关

C. 能全方位反映企业整体运作情况

D. 着重反映客户需求的落实，尽可能提供实时分析功能

4. 绩效评价结果可用于(　　)。

A. 调整企业战略　　　　　　B. 帮助员工提高绩效

C. 实施奖惩和调整薪酬　　　　D. 人力资源规划

5. 应用评价指标量表时，应注意(　　)。

A. 量表要有被评价者的签名确认

B. 设定指标数量不宜超过八个

C. 指标权重设置要反映指标的重要性

D. 在绩效实施过程中积累评价事实依据

6. 配送作业评价指标体系一般可包括配送作业质量、作业成本和(　　)等方面。

A. 作业效率　　　　　　B. 作业安全

C. 客户服务效果　　　　D. 单证正确率

7. 绩效的指标 SMART 原则指的是指标的具体性、(　　)等。

A. 可衡量性　　　　　　B. 可达性

C. 现实性　　　　　　　D. 时限性

8. 绩效评价对企业的持续改进功能体现在(　　)。

A. 改进工作流程　　　　B. 改进工作设备

C. 改进员工待遇　　　　D. 改进员工行为

9. 考核指标修订时机可以是(　　)。

课堂笔记

A. 考核前修订　　B. 考核中修订
C. 考核后修订　　D. 动态及时修订

10. 配送作业指标选择时应当考虑(　　)。
A. 与战略目标一致性　　B. 与评价目的相关性
C. 控制数量突出重点　　D. 绩效的市场驱动性

11. 配送作业质量指标可包括(　　)。
A. 送达货物完好率　　B. 平均配送速率
C. 准时送货率　　D. 无误交货率

12. 鱼骨图分析法通常要经过“头脑风暴”这一环节，该环节要求参与者(　　)。
A. 严禁批评　　B. 言论自由
C. 多多益善　　D. 搭便车

三、简答题

1. 配送作业评价指标体系应当由哪几方面的指标构成?
2. 什么是制定绩效评价指标的 SMART 原则?
3. 配送企业确定顾客服务绩效指标时，应征求哪几方面人员的意见?
4. 列举客户服务效果评价指标。

第八章　现代配送信息技术

课堂笔记

信息技术是实现物流信息能够迅速、准确地采集、传递、应用的基础平台。在配送电子化过程中，应用信息技术就显得尤为重要，它关系到物流配送现代化的成败。可以说企业是否在物流配送过程中应用现代信息技术，决定了企业是否实现了对物流配送的实时控制与管理。本章主要就反映配送现代化趋势的几种信息技术做一个简单的介绍。

第一节　自动识别技术

自动识别技术是在物流配送过程中，具有信息获取和信息录入功能，通过自动（非人工手段）获取物品标识信息并且不使用键盘即可将数据实时输入计算机、程序逻辑控制器或其他微处理器控制设备的技术。其具有自动数据采集、彻底消除人为错误准确性、信息交换实时进行高效性、与信息管理系统无缝连接兼容性的特点。

自动识别技术解决了物流配送信息录入计算机的瓶颈，是实现物流管理现代化的基础。

自动识别技术包括：条码技术、射频识别技术、磁识别技术、声音识别技术、图形识别技术、光字符识别技术和生物识别技术。目前，在物流配送管理过程中最常用的自动识别技术是条码技术和射频识别技术。

一、物流条码技术概述

1. 条形码技术的产生

条形码技术是在计算机应用发展过程中，为消除数据录入的“瓶颈”问题而产生的，可以说是最“古老”的自动识别技术。1973 年，美国统一代码委员会选定 IBM 公司的条码系统，作为北美的通用产品代码，即 UPC 码，应用于食品零售业，利用条码技术进行自动销售，大大加快了食品的流通。1981 年，国际物品编码协会成立，建立了全球统一的商品标识代码系统及条码标识，以条码识读为基础的 POS 自动销售系统，带来了销售、库存管理、订货、结算方式的变革，同时也促进了条码体系的发展及其在更大范围、更

课堂笔记

多领域的应用，逐步从供应链的零售末端前推到配送、仓储、运输等物流的各个环节。近年来，EAN 与 UCC 合作建立了全球统一的开放系统的物品编码体系及条码标识，为全供应链物流环节的条码应用提供了解决方案。

2. 条形码的技术原理

条形码简称条码，是由一组黑白相间、粗细不同的条状符号组成的信息，条码隐含着数字信息、字母信息、标志信息、符号信息，主要用以表示商品的名称、产地、价格、种类等，是全世界通用的商品代码的表示方法。条码是一组黑白相间的条纹，这种条纹由若干个黑色的“条”和白色的“空”的单元所组成。其中，黑色条对光的反射率低而白色空对光的反射率高，再加上条与空的宽度不同，就能使扫描光线产生不同的反射接收效果，在光电转换设备上转换成不同的电脉冲，形成了可以传输的电子信息。由于光的运动速度极快，所以，可以准确无误地对运动中的条码予以识别。条码的字符结构如图 8-1 所示。

图 8-1　条形码

目前，国际广泛使用的条码种类有 EAN、UPC 码（商品条码，用于在世界范围内唯一标识一种商品，我们在超市中最常见的就是 EAN 和 UPC 条码）、Code39 码（可表示数字和字母，在管理领域应用最广）、ITF25 码（在物流管理中应用较多）、Codebar 码（可表示数字和字母信息，主要用于医疗卫生、图书情报、物资等领域）。其中，EAN 码是当今世界上广为使用的商品条码，已成为电子数据交换（EDI）的基础；UPC 码主要为美国和加拿大使用；在各类条码应用系统中，Code39 码因其可采用数字与字母共同组成的方式而在各行业内部管理上被广泛使用；在血库、图书馆和照相馆的业务中，Codebar 码也被广泛使用。另有 ISBN 码、ISSN 用于图书和期刊。

3. 物流条码的特点

物流条码是物流过程中用以识别具体实物的一种特殊代码，它是由一组黑白相间的条、空组成的图形，可被识读设备自动识别，自动完成数据采集。商品条码在当今已经有广泛的应用，而物流条码则刚刚起步。物流条码与通用商品条码相比，有许多不同之处。

（1）识别的对象不同。

通用商品条码的唯一标识是最终消费单位，而物流条码的唯一标识是货运单位。消费单位是指最终用户通过零售渠道得到的商品包装单元，货运单位是若干消费单元组成的集合，这种货运单元主要应用在仓储、装卸、运输、配送、收发货等物流业务中。

（2）应用领域不同。

通用商品条码的应用主要在对零售业现代化管理上，而物流条码主要用于物流现代化的管理，贯穿于物流的整个过程之中，包括包装、仓储、分拣、配送等环节。

（3）采用的码制不同。

通用商品条码采用的是 EAN/UPC 码制，而物流条码主要采用 UCC/EAN128 条码。EAN/UPC 码的长度比较固定，信息量少。而 UCC/EAN128 条码的长度不固定，信息容量较大，容易制作与推广。

4. 条码识别装置

条码识别采用各种光电扫描设备，主要有以下几种：

（1）光笔扫描器。似笔形的手持小型扫描器。

（2）台式扫描器。固定的扫描装置，手持带有条码的卡片或证件在扫描器上移动，完成扫描。

（3）手持式扫描器。能手持作用和移动使用的较大的扫描器，用于静态物品扫描。

（4）固定式光电及激光快速扫描器。它是由光学扫描器和光电转换器组成，是现在物流领域应用较多的固定式扫描设备，安装在物品运动的通道边，对物品进行逐个扫描。

各种扫描设备都和后续的电光转换、信息信号放大及与计算机联机形成完整的扫描阅读系统，完成了电子信息的采集。

5. 条码在物流配送中的应用

条码在物流中有较为广泛的应用，主要在以下几方面：

（1）销售信息系统（POS 系统）。

在商品上贴上条码就能快速、准确地利用计算机进行销售和配送管理。其过程为：对销售商品进行结算时，通过光电扫描读取并将信息输入计算机，然后输进收款机，收款后开出收据，同时，通过计算机处理，掌握过、销、存的数据。

（2）库存系统。

在库存物资上应用条码技术，尤其是规格包装、集装、托盘货物上，入库时自动扫描并输入计算机，由计算机处理后形成库存的信息，并输出入库区位、货架、货位的指令，出库程序则和 POS 系统条码应用一样。

（3）分货拣选系统。

在配送方式和仓库出货时，采用分货、拣选方式，需要快速处理大量的货物，利用条码技术便可自动进行分货拣选，并实现有关的管理。其过程如

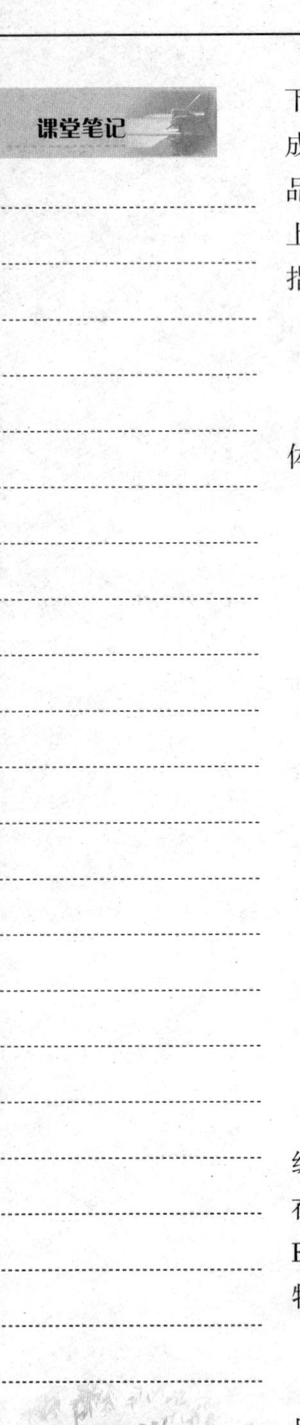

下：一个配送中心接到若干个配送订货要求，将若干订货汇总，每一品种汇总成批后，按批发出所在条码的拣发标签，拣货人员到库中将标签贴于每件商品上并取出用自动分拣机分货，分货机始端的扫描器对处于运动状态分发机上的货物扫描，一是确认所拣出货物是否正确，二是识读条码上用户标记，指令商品在确定的分支分流，到达各用户的配送货位，完成分货拣选作业。

二、物流条码标准体系及类别

物流条码标准体系主要由码制标准、应用标准、产品包装标准构成。其体系如图 8-2 所示。

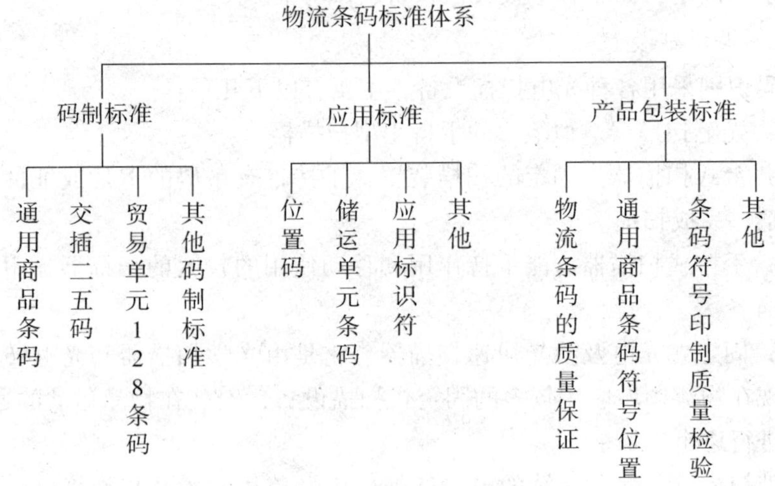

图 8-2　物流条码标准体系

1. 码制标准

条码的码制是指条码符号的类型，每种类型的条码符号都是由符合特定编码规则的条和空组合而成，都有固定的编码容量和条码字符集。虽然，现在正在使用的条码码制有很多种，但国际上公认的物流条码只有三种，即 EAN-13 码、交插二五码和 UCC/EAN-128 条码，这三种码制基本上可以满足物流条码体系的应用要求。

（1）通用商品条码。

我国于 1990 年制定了《GB/T 12904-91：通用商品条码》国家标准。通用商品条码结构与国际物品编码协会推行的 EAN 码结构相同，其标准与国际标准是兼容的。物流条码应用的是 EAN 码制中的 EAN-13 码。EAN-13 码是国际通用符号体系，它是一种定长、无含义的条码，没有自校验功能。EAN-13 码的 13 位数字分别代表不同的意义，其结构如图 8-3 所示。

前缀码	制造厂商代码	商品代码	校验码
×××	××××	×××××	×

图 8-3　EAN-13 码的结构

前缀码由 3 位数字组成，是用来标识国家或地区的代码，由国际物品编码协会统一分配，确保了前缀码在国际范围内的唯一性，我国应用的前缀码是 690、691 和 692；制造厂商代码由 4 位或 5 位数字组成，用来标识商品的制造厂家，由中国物品编码中心统一分配，确保了制造厂商代码在我国国内的唯一性；商品代码是由 5 位或 4 位数字组成的，用来标识商品，由制造厂商自己分配使用；校验码是一位数字，将前 12 位数字按一定的运算规则计算而得出。

标准版商品条码符号由左侧空白区、起始符、左侧数据符、中间分隔符、右侧数据符、校验符、终止符、右侧空白区及供人识别字符组成（见图 8-4）。

6 901234 000016

图 8-4　EAN-13 商品条码

（2）交插二五条码。

交插二五条码在物流管理中被广泛采用。1983 年，交插二五条码完整的规范，被编入有关物资储运的条码符号美国国家标准 ANSI MH10. 8 中。1997 年，我国制定了《GB/T 16829-1997：交插二五条码》国家标准，并于 1998 年 3 月开始实施。交插二五码是一种连续、非定长、具有自校验功能，且条空都表示信息的双向条码。

ITF（Interleaved Two of Five）条码是在交插二五条码的基础上扩展形成的一种应用于储运包装箱上的固定长度的条码。ITF 字符的条码符号表示和交插二五条码相同。为适应特定的印刷条件，多数情况下都在条码符号的周围加上保护框，并没有印刷适应性实验的“H”符号。在物流系统中，常常用 ITF-14 和 ITF-6 来标识储运单元，如图 8-5 所示。

（3）贸易单元 128 条码。

我国制定的《GB/T 15429-94：贸易单元 128 条码》国家标准等效采用了 UCC/EAN-128 条码。UCC/EAN-128 条码是由国际物品编码协会、美国统一代码委员会和自动识别制造商协会共同设计而成的。它是一种连续型、非定

图 8-5　ITF-14 交插二五条码

长、有含义的高密度代码。贸易单元 128 条码是物流条码实施的关键。它能够更多地标识贸易单元的信息，如产品批号、数量、规格、生产日期、有效期、交货地等，使物流条码成为贸易中的重要工具。

贸易单元 128 条码有 A、B、C 三套字符集，其中 C 字符集能以双倍的密度来表示全数字的数据。这三套字符集覆盖了 128 个 ASCⅡ码字符。128 条码由起始符号、数据符、校验符、终止符及左右侧空白区组成，结构如表 8-1 如图 8-6 所示。

表 8-1　贸易单元 128 条码

左侧空白区	双字符起始符	数据字符	符号校验符	终止符	右侧空白区
10 模块	22 模块	11N 模块	11 模块	13 模块	10 模块

注：N 为数据字符与辅助字符。

图 8-6　EAN-128 条码表示的物流信息

这三种条码都是物流条码中常用的码制，它们的具体应用在实际中又有所不同。一般来说，通用商品条码用在单个大件商品的包装箱上，当包装箱内含有预先确定的、规则数量商品的时候，也可用通用商品条码码制，给每个货运单元分配一个与消费单元不同的 EAN-13 码；交插二五码可用于定量储运单元的包装箱上，ITF-14 和 ITF-6 附加代码共同使用也可以用于变量储运单元；贸易单元 128 条码的使用是物流条码实施的关键，它可以弥补商品

通用代码和交插二五码的不足，更多地标识贸易单元的信息，如产品批号、数量、规格、生产日期、有效期、交货地点等，而且对128条码的印刷要求更为宽松，在许多粗糙、不规则的包装上都可以印刷，128条码的识别要比前两种码制的识别容易得多。

2. 应用标准

在物流条码标准体系中，一般应用标准大多采用以上三种码制。但不同的实际情况，为解决具体问题，可以有不同的灵活应用。因此，物流条码标准体系中还有许多应用标准。如我国物品编码中心根据国际物品编码协会的技术规范，并结合我国具体情况制定的位置码、储运单元条码、条码应用标识等。

（1）位置码。

中国物品编码中心根据国际物品编码协会的技术规范《EAN位置码》，并结合我国具体情况，制定了我国《GB/T 16828-1997：位置码》国家标准。位置码是对法律实体、功能实体、物理实体进行标识的代码，具有唯一性、无含义性，国际通用，并有严格的定义和结构，主要应用于EDI和自动数据采集中。位置码由13位数字组成，其结构如图8-7。

×××	×××××××××	×
前缀码	位置参考代码	校验码

图8-7　位置码结构

前缀码是三位数字，是国际物品编码协会分配给中国物品编码中心的标识码，由于我国分配的前缀码为690、691的EAN13码已经全部分配为物品编码，因此，位置码以692为前缀码；位置参考代码由9位数字组成，由中国物品编码中心统一分配，以900000000—999999999为参考代码的范围；校验码是一位数字，具体计算方法可以参考位置码的国家标准。

位置码当用条码符号表示时，应与位置码应用标识一起使用，条码符号采用贸易单元128码制。

EAN位置码提供了国际共同认可的标识团体和位置的标准，也正在日渐用于标识交货地点和起运地点，成为EDI实施的关键。

（2）储运单元条码。

中国物品编码中心在遵守国际物品编码协会EAN规范中《关于储运单元条码与标识的EAN规范》的前提下，结合我国的具体情况制定了《GB/T 16830-1997：储运单元条码》国家标准，此标准适用于商品储运单元的条码标识。

储运单元是指由若干消费单元组成的稳定和标准的产品集合，是装卸、

仓储、收发货、运输等项业务必需的一种产品单元。储运单元分为定量储运单元和变量储运单元，因此，储运单元条码也应分为两种不同的情况。

①定量储运单元：

定量储运单元是指内含预先确定的、规则数量商品的储运单元。当大件商品的储运单元又是消费单元时，其代码就是通用商品代码，应使用 EAN-13 条码表示；当定量储运单元内含有不同种的定量消费单元时，给储运单元分配一个区别于消费单元的 13 位数字代码，条码标识可用 EAN-13 码，也可用 14 位交插二五码（即 ITF 14），其编码的代码结构如表 8-2 所示。

表 8-2　定量储运单元结构

定量储运单元包装指示符	定量消费单元代码（不含校验字符）	校验字符
V	$X_1X_2X_3X_4X_5X_6X_7X_8X_9X_1 0X_1 1X_1 2$	C

编码的代码结构中，定量储运单元包装指示符（V）用于指示定量储运单元的不同包装，取值范围为 Vl，2，……，8。定量消费单元代码是指包含在定量储运单元内的定量消费单元的代码去掉校验字符后的 12 位数字代码。

另定量储运单元还可用 EAN-128 条码标识定量储运单元的 14 位数字代码，如图 8-8 所示。

图 8-8　表示的定量储运单元条码符号

②变量储运单元：

变量储运单元是指按基本计量单位记价的商品的储运单元。其编码是由 14 位数字的主代码和 6 位数字的附加代码组成的，都用交插二五码表示。代码结构如表 8-3 所示。

表 8-3　变量储运单元结构

主代码			附加代码	
变量储运单元包装指示字符	厂商识别代码与商品项目代码	校验字符	商品数量	校验字符
LI	$X_1X_2X_3X_4X_5X_6X_7X_8X_9X_{10}X_{11}X_{12}$	C_1	$Q_1Q_2Q_3Q_4Q_5$	C_2

其中，变量储运单元包装指示字符（LI）指示在主代码后面有附加代码，取值为 LI=9。附加代码（Q_1-Q_5）是指包含在变量储运单元内，按确定的基

课堂笔记

本计量单位（如公斤、米等）计量取得的商品数量。变量储运单元的主代码用 ITF-14 条码标识（图 8-9 所示），附加代码用 ITF-6（6 位交插二五条码）标识。变量储运单元的主代码和附加代码也可以用 EAN—128 条码标识。

图 8-9　变量储运单元的主代码用 ITF-14 条码标识

运输和仓储是物流配送过程的重要环节，《储运单元条码》国家标准起到了对货物储运过程中物流条码的规范作用，在实际应用中具有标识货运单元的功能，是物流条码标准体系中一个重要的应用标准。

（3）条码应用标识。

中国物品编码协会根据国际物品编码协会与美国统一代码委员会共同制定的《UCC/EAN 应用标识符标准规范》和根据我国的实际需要制定了《GB/T16986-1997：条码应用标识》国家标准。条码应用标识是商品统一条码有益和必要的补充，填补了其他 EAN/UCC 标准遗留的空白。它不仅仅是一个标准，更是一种信息交换的工具，将物流和信息流有机地结合起来，成为连接条码与电子数据交换的纽带。

条码应用标识是指一组用条码表示的数据，用来表示贸易单元的相关信息，它由应用标识符和数据两部分组成，通常不包含校验符。应用标识符是用于定义条码数据域的前缀，每个不同的前缀唯一地标识其后数据域的含义及格式。每个应用标识符由 2~4 个数字构成。如表 8-4、图 8-10 和图 8-11 所示。使用应用标识符，可以将很多不同内容的数据元表示在一个条码符号中。不同的数据域间无须分隔，既节省空间，又为计算机的数据处理创造了条件。条码应用标识是一个开放的标准，可根据用户的要求，随时定义新的应用标识符。

GTIN 95012345678903 +　净重 4.00 kg

单价 3.65　批号 123456

图 8-10　应用标识符（AI）的条码表示

课堂笔记

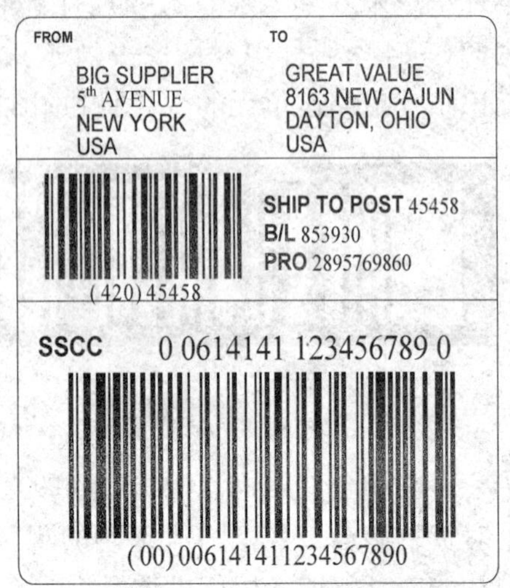

图 8-11　包括物流单元标识符的系列货运包装箱代码（SSCC）、产品相关的信息、订货、订单处理和运输装卸信息（如：生产日期、包装日期、有效期、最佳食用日期、组号、批号和系列号、到货地、订单代码、到货地邮政编码、托运代码等）的 EAN・UCC 物流标签

表 8-4　条码常用的应用标识符

应用标识符	含义	格式
00	系列货运包装箱代码	n2 + n18
01	全球贸易项目代码（GTIN）	n2 + n14
02	物流单元中的全球贸易项目代码	n2 + n14
10	批号或组号	n2 + an…20
11	生产日期	n2 + n6
15	保质期	n2 + n6
17	有效期	n2 + n6
21	系列号	n2 + an…20
310X	净重（千克）	n2 + n6
37	在一个物流单元中所含贸易单元的数量	n2 + n…8
401	托运代码	n3 + an…30
420	收货方邮政编码	n3 + an…20

条码应用标识用贸易单元 128 条码码制来表示，多个应用标识共同使用，可以用同一个条码符号来表示，当前一个应用标识是一个定长的数据时，应用标识之间可以直接连接，当前一个应用标识是可变长度的数据时，必须加

课堂笔记

FNCI 分隔，但编码数据字符的最大数量为 48，包括空白区在内的条码长度不能超过 16.5cm。

3. 产品包装标准

物流条码的使用是为了实现物流过程中各个环节的数据共享，通过物流条码数据的收集、反馈来提高整个物流配送系统的经济效益，为了更好地实现这一目标，物流条码标准体系就应该具有相应的包装标准，保证物流条码能够被快速准确地识别。现在已经有一些国家标准作为物流条码的保证，但仍然还有一部分空白等待填补，使物流条码标准体系更加完善。

为了便于运输和仓储，物流单元一般采用箱式包装或集装箱托盘。与消费单元包装相比，物流单元大多体积比较大，包装选材更坚硬，表面较粗糙。因此，物流条码应该符合物流单元包装的特点，选择适当的位置，以便于识别。因此，产品包装标准体现以下原则：

（1）贸易单元 128 条码一般平行地放在主代码的右侧，在留有空白区的条件下，尽可能缩小两个符号间的距离。如果不能满足上述要求，应明显地印在与主代码关联的位置上，且两者方向一致。

（2）箱式包装一般应把物流条码置于包装箱的侧面，条码符号下边缘距印刷面下边缘的最小距离为 32mm，条码符号保护框外边缘距垂直边的最小距离为 19mm。

（3）集装箱托盘的条码符号的底边距托盘上表面 45cm，垂直于底边的侧边不小于 50 mm。

（4）贸易单元 128 条码符号最小放大系数的选择取决于印刷质量，并且由印刷扩展的变化或允许误差来决定。当贸易单元 128 条码作为通用商品条码或交插二五码的补充条码时，实际放大系数的选择必须考虑通用商品条码或交插二五码的尺寸。一般原则是：贸易单元 128 条码的模块宽度不能小于主代码最窄宽度的 75%。

对于不同码制的代码，在国家标准中都有具体的要求，来保证条码符号的质量。我国已经制定了《GB/ 14257-93：通用商品条码符号位置》国家标准和《GB/T 14258-93：条码符号印刷质量的检测》国家标准，可以作为物流条码标准体系的引用标准。

三、二维条码

传统条码（即一维条码）技术自出现以来，得到了人们的普遍关注，发展十分迅速，仅仅 20 年左右的时间，已广泛应用于交通运输业、商业、医疗卫生业、制造业、仓储配送业等领域。传统条码的使用，极大地提高了数据采集和信息处理的速度，改善了人们的工作和生活环境，提高了工作效率，并为管理的科学化和现代化做出了很大贡献。

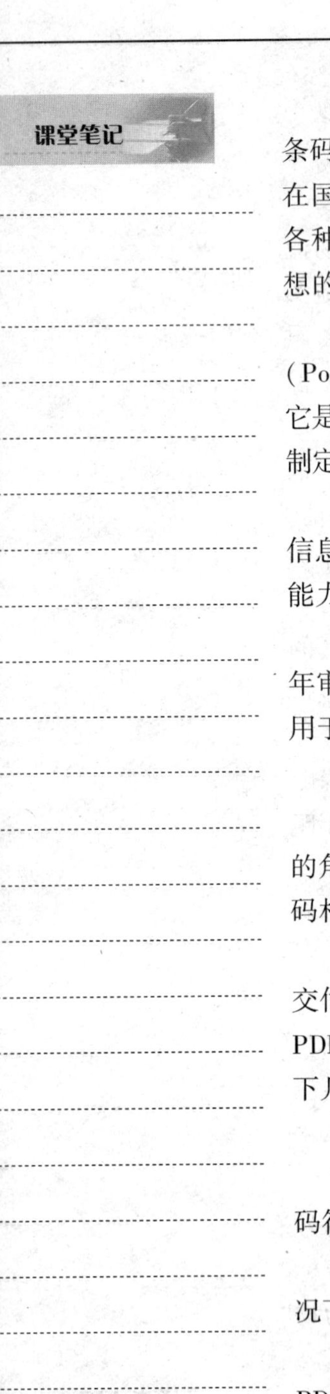

二维条码属于高密度条码，在1平方英寸内记录高达2 000个字符。二维条码本身就是一个完整的数据文件，它在水平方向和垂直方向都表示了信息，在国外又被称为便携式数据文件、自备式数据库或纸上网络等。二维条码是各种证件及卡片等大容量、高可靠性信息实现存储、携带并自动识读的最理想的方法。

在二维条码中，美国Symbol公司于1991年正式推出的名为PDF417（Portable Data Files，即便携数据文件）的二维条码，简称为PDF417条码，它是一种层排式二维条码，是目前技术比较成熟，应用比较广泛的一种。我国已制定并颁布了PDF417的国家标准，即《四一七条码》（GB/T17172-1997）。

PDF417条码是一种高密度、高信息含量的便携式数据文件，其特点为：信息容量大，编码应用范围广，保密防伪性能好，译码可靠性高，修正错误能力强，条码符号的形状可变。

美国的一些州、加拿大部分省份已经在车辆年检、行车证年审及驾驶证年审等方面，将PDF417选为机读标准。巴林、墨西哥、新西兰等国家将其应用于报关单、身份证、货物实时跟踪等方面。

1. PDF417条码在货物配送运输中应用的特点

随着条码技术的不断发展，条码在包裹、货物运输上扮演了越来越重要的角色，特别是近几年来，许多国家的运输公司纷纷采用一维条码和二维条码相结合的货票标签，用以实现货物运输中的条码跟踪和信息传递。

在货物运输过程中，一维条码和二维条码可以在货物运输的承运、中转、交付和清点等不同的作业环节中发挥作用，货物的许多信息都可以采用PDF417二维条码表示出来（见图8-12）。PDF417条码的特点主要表现在以下几个方面：

（1）PDF417作为二维条码所表示的信息量，能够满足货物运输的要求。

（2）PDF417条码通过选择错误修正等级，可以将受损面积达50%的条码符号所含的信息照常地复现出来。

（3）PDF417是一个便携式数据文件，在计算机网络通信条件不完善的情况下，二维条码的使用弥补了数据通信条件不足的弱点。

（4）在货物运输中，只要在货物起票时，生成货物信息的单据和相对应PDF417条码后，以后在货物运输作业的各个环节，都可以方便、快速、准确地识别货物和货物单据信息的一一对应关系，减少数据的重复录入，加快货物作业的速度。

（5）PDF417条码已经作为ISO和国家标准推行，它是一种比较成熟的二维条码系统，具有与其他信息系统进行数据交换和共享的良好条件和基础。

（6）一维条码的使用也是必要的，如使用EAN128码，在一些有条件使用联机识读设备的地方，扫描器连有数据库，可以减少条码识读设备的投资。

课堂笔记

图 8-12　PDF417

2. 二维条码在货物配送运输作业过程中的应用方案

在货物配送运输过程中，作业的基本过程是承运、运输和交付，其他还包括装卸、保管、查询、赔付等。在货物运输作业中，货流和信息流产生，两者发生一对一的对应吻合时，例如在货物发生装卸、交接，以及货物在终到站的交付时，条码都将发挥作用。

在货物运输作业的具体环节中，条码信息在货物受理、货票等单证填写时应该同时生成，在货物承运以后，在发生中转作业的装卸、清点、仓储等环节中，可以使用一维条码表示货物运输作业过程中所需的数据，如始发站、中转站、终到站、发送件数等信息。使用一维条码识读设备扫描货票、货签上的条码信息，就可以快速、准确地采集货物运输中作业状态的变化信息，使计算机信息系统中的货物信息流与货物运输的货物流同步对应起来，自动地更新计算机系统中的有关信息，使其保持一致性。在货物运输完成向货主交付时，可以采用二维条码，提取出货物交付时所需的诸如含有取货人密约的详细信息。

例如，在货物装卸和中转交接过程中，可以利用条码识读设备扫描货物包装上的一维条码，核对是否按票装卸车，将扫描货物条码的数据与货物中转数据库中的信息进行比较，检查出入库登记和所装卸货物的正确性，并更新相应货物数据库中的货物运输状态信息。在装卸车时利用条码复核出入库待装卸的货物，可以简化人工作业时的繁琐和重复录入数据的过程，简化装卸交接凭证填写；利用条码在货物票据交接正确并转运发送后，可更新货物信息系统中货物的运输状态信息，提高货物运输生产过程的效率，加快货物中转、交接速度；在货物保管时的入库、出库过程中，可以利用货物上的条码信息简化办理货物保管时的手续和过程。货物向货主交付时，可以利用条码识读设备扫描货票和取货人持有的取货凭证中的二维条码，如核对发货人与取货人的密约、取货人的身份，完成货物的交付，并更新到达交付货物数据库的信息。减少错领冒领的可能性，甚至可以取消取货凭证，通过取货密约，简化取货程序，加快货物交付速度，改善货物运输的服务形象。

所以，在货物受理时，应该针对不同货物运输作业的要求，生成 EAN128 码和 PDF417 二维条码，如图 8-12、图 8-13 所示。

课堂笔记

承运公司名称

承运公司位置码

4 1 0 6 9 1 1 2 3 4 5 5 6 6 6 7 6

__年__月__日 **货 票** NO.______

始发站:______ 终到站:________ 中转站:______

发货人姓名:__________

住址:______________ 电话:____________

货物序号			
种类			
件数			
重量			
运费			
保价金额			

图 8-13 货 票

四、扫描技术

自动识别技术的另一个关键组件是扫描处理，这是条形码系统的“眼睛”。扫描仪从视觉上收集条形码数据，并把它们转换成可用的信息。现在较为流行的有两种扫描仪：手提的和定位的。每种类型都能使用接触和非接触技术。手提扫描仪既可以是激光枪（非接触式的），也可以是激光棒（接触式的）。定位扫描仪既可以是自动扫描仪（非接触式的），也可以是卡式阅读器（接触式的）。接触技术需用阅读装置实际接触条形码，这样可以减少扫描错误，但降低了灵活性。激光枪技术是当前最流行的，速度超过激光棒。其作用：对托运人而言，可改进订货准备和处理，排除验货差错，减少劳动时间，改进记录保存，减少实际存货时间；对承运人而言，运费账单信息完整，顾客能存取实时信息，改进顾客装运活动的记录保存，可跟踪装运活动，简化集装箱处理。监管车辆内的不相容物资，减少信息传输时间。对仓储而言，可改进订货准备、处理和装置，提供精确的存货控制，顾客能存取实时信息，考虑安全存取信息，减少劳动成本，入库精确。

课堂笔记

五、射频识别技术

1. 射频识别技术的原理

射频识别技术 RFID（Radio Frequency Identification）于 20 世纪 80 年代出现，90 年代后进入实用化阶段。射频识别的原理是标签与识读器之间利用感应、无线电波或微波进行非接触双向通信，实现标签存储信息的识别和数据交换。

2. 射频识别技术的特点

射频识别技术最突出的特点是可以非接触识读（识读距离可以从十厘米至几十米），可识别高速运动物体，抗恶劣环境能力强，一般污垢覆盖在标签上不影响标签信息的识读，保密性强，可同时识别多个识别对象等，应用领域广阔。常用于移动车辆的自动识别、资产跟踪、生产过程控制等。由于射频标签较条码标签成本偏高，目前在物流过程，很少像条码那样用于消费品标识，多数用于物流器具，如可回收托盘、包装箱的标识。

3. 射频识别识读器与标签之间的耦合方式

射频识别识读器与标签之间的耦合有静电耦合、感应耦合和微波三种方式：

（1）静电耦合系统，识读距离在 2mm 以下，常见的“信息钮”就是以静电耦合方式获取信息的，可用于固定货物的巡检等。

（2）感应耦合系统，识读器天线发射的磁场无方向性，可以不考虑货物上射频标签的位置和方向，常用于移动物品的识别、分拣。

（3）微波射频识别系统，识读微波方向性很强，一般用于高速移动物体，如运输车辆的识别等。

4. 射频识别在物流配送过程中的应用

物流配送过程应用的射频识别一般是感应耦合方式的系统。感应耦合射频识别系统的工作过程通常是这样的：射频识读器的天线在其作用区域内发射能量形成电磁场，载有射频标签的物品在经过这个区域时被读写器发出的信号激发，将储存的数据发送给识读器，识读器接收射频标签发送的信号，解码获得数据，达到识别目的。由于射频识别技术应用涉及使用频率、发射功率、标签类型等诸多因素，目前尚没有像条码那样形成在开环系统中应用的统一标准，因此主要是在一些闭环系统中使用 。在物流配送过程中，射频识别一般用于：

（1）智能托盘系统。

系统组成中的射频识读器，安装在托盘进出仓库必经的通道口上方，每个托盘上都安装了射频标签，当叉车装载着托盘货物通过时，计算机通过识

读器了解货物出入库情况。如图 8-14 所示。

（2）通道控制系统。

即通过在货物进出通道安装射频识别“红、绿信号”系统，控制仓库进出的包装箱。也就是说，进出货物包装箱上固定着记录着每个包装箱的唯一标识——射频标签，包装箱里是需要特殊标识的原材料。在包装箱进出口处安装了射频识读器，识读器天线固定在上方。当包装箱通过天线所在处，系统将标签记录信息与主数据库信息进行比较，正确时绿色信号亮，包装箱通过；如果不正确，则激活红色信号，同时将时间和日期记录在数据库中。

（3）气瓶防盗系统。

在该系统运行的每个气瓶上都装有射频标签。装有气瓶的卡车通过装有射频识读器的出口时，识读器可同时识别每个气瓶上的标签信息，如有非注册气瓶，可认为是被盗气瓶，被限制运出。该系统还同时获取气瓶的年检信息。该系统充分利用了射频识别系统可识别高速移动物体及可同时识别多个标签的特点，实现气瓶运输过程多气瓶的实时监控及防盗 。

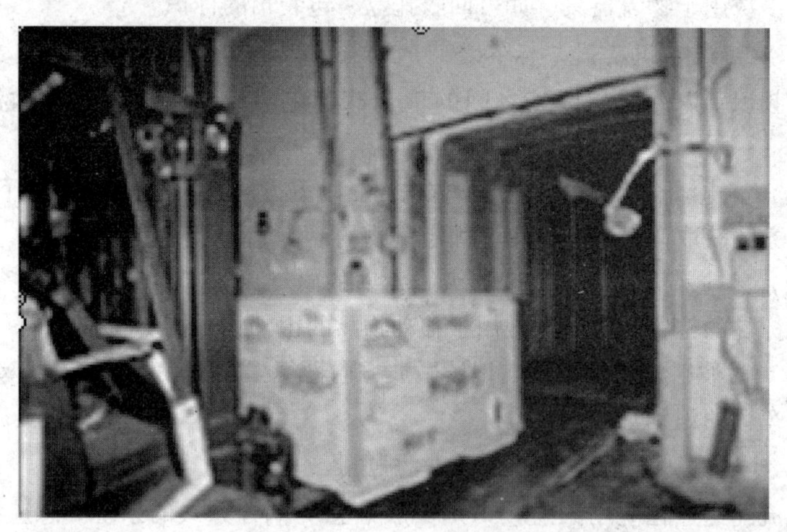

图 8-14　智能托盘射频识别系统

第二节　货物自动跟踪技术

随着全球经济一体化进程加快，货物贸易的距离越来越远，也越来越复杂，为加强货物跟踪管理，货物配送过程中应用自动跟踪技术就显得愈来愈为重要，本节将就实现货物自动跟踪的地理信息系统、全球卫星定位系统的概念及应用做一个简要介绍。

课堂笔记

一、地理信息系统

1. 地理信息系统的概念

地理信息系统（geographical information system，GIS）是多种学科交叉的产物，它以地理空间数据为基础，采用地理模型分析方法，适时地提供多种空间的和动态的地理信息，是一种为地理研究和地理决策服务的计算机技术系统。其基本功能是将表格型数据（无论它来自数据库、电子表格文件还是直接在程序中输入）转换为地理图形显示，然后对显示结果测览、操作和分析。其显示范围可以从洲际地图到非常详细的街区地图，显示对象包括人口、销售情况、运输线路以及其他内容。

2. 地理信息系统在物流配送中的应用

GIS 应用于物流配送分析，主要是指利用 GIS 强大的地理数据功能来完善物流配送分析技术。国外公司已经开发出利用 GIS 为物流配送分析提供专门分析的工具软件。完整的 GIS 物流配送分析软件集成了车辆路线模型、最短路径模型、网络物流模型、分配集合模型和设施定位模型等。

（1）车辆路线模型：用于解决一个起始点、多个终点的货物运输中如何降低物流作业费用，并保证服务质量的问题，包括决定使用多少辆车，每辆车的路线等。

（2）网络物流模型：用于解决寻求最有效的分配货物路径问题，也就是物流网点布局问题。如将货物从 N 个配送中心、仓库运往 M 个商店，每个商店都有固定的需求量，因此需要确定由哪个配送中心、仓库提货送给哪个商店，所耗的运输代价最小。

（3）分配集合模型：可以根据各个要素的相似点把同一层上的所有或部分要素分为几个组，用以解决确定服务范围和销售市场范围等问题。如某一公司要设立 X 个分销点，要求这些分销点要覆盖某一地区，而且要使每个分销点的顾客数目大致相等。

（4）设施定位模型：用于确定一个或多个设施的位置。在物流系统中，仓库和运输线共同组成了物流网络，仓库处于网络的节点上，节点决定着线路，如何根据供求的实际需要并结合经济效益等原则，在既定区域内设立多少个仓库，每个仓库的位置，每个仓库的规模，以及仓库之间的物流关系等问题，运用此模型均能很容易地得到解决。

二、全球卫星定位系统

全球卫星定位系统（global positioning system，GPS），结合了卫星及无线

课堂笔记

技术的导航系统，具备全天候、全球覆盖、高精度的特征，能够实时、全天候为全球范围内的陆地、海上、空中的各类的目标提供持续实时的三维定位、三维速度及精确时间信息。

1. GPS 概述

GPS 是美国从 20 世纪 70 年代开始研制的，历时 20 年，耗资 200 亿美元，于 1994 年全面建成，具有在海、陆、空进行全方位实时三维导航与定位能力的新一代卫星导航与定位系统。经近 10 年我国测绘等部门的使用表明，GPS 以全天候、高精度、自动化、高效益等显著特点，赢得了广大测绘工作者的信赖，并成功地应用于大地测量、工程测量、航空摄影测量、运载工具导航和管制、地壳运动监测、工程变形监测、资源勘察、地球动力学等多种学科，从而给测绘领域带来一场深刻的技术革命。

随着全球定位系统的不断改进，硬、软件的不断完善，应用领域正在不断地开拓，目前已遍及国民经济各种部门，并开始逐步深入人们的日常生活。

2. GPS 的物流功能

（1）实时监控功能。

在任意时刻通过发出指令查询运输工具所在的地理位置（经度、纬度、速度等信息）并在电子地图上直观地显示出来。

（2）双向通信功能。

GPS 的用户可使用 GSM 的语音功能与司机进行通话或使用本系统安装在运输工具上的移动设备的汉字液晶显示终端进行汉字消息收发对话。

驾驶员通过按下相应的服务动作键，将该信息反馈到网络 GPS，质量监督员可在网络 GPS 工作站的显示屏上确认其工作的正确性，了解并控制整个运输作业的准确性（发车时间、到货时间、卸货时间、返回时间等）。

（3）动态调度功能。

调度人员能在任意时刻通过调度中心发出文字调度指令，并得到确认信息。

可进行运输工具待命计划管理，操作人员通过在途信息的反馈，运输工具未返回车队前即做好待命计划，可提前下达运输任务，减少等待时间，加快运输工具周转速度。

可进行运能管理，将运输工具的运能信息、维修记录信息、车辆运行状况登记处、司机人员信息、运输工具的在途信息等到多种信息提供调度部门决策，以提高重车率，尽量减少空车时间和空车距离，充分利用运输工具的运能。

（4）数据存储、分析功能。

实现路线规划及路线优化，事先规划车辆的运行路线、运行区域，何时

课堂笔记

应该到达什么地方等，并将该信息记录在数据库中，以备以后查询、分析使用。

可进行可靠性分析，通过汇报运输工具的运行状态，了解运输工具是否需要较大的修理，预先做好修理计划，计算运输工具平均每天差错时间，动态衡量该型号车辆的性能价格比。

可进行服务质量跟踪，在中心设立服务器，并将车辆的有关信息（运行状况、在途信息、运能信息、位置信息等用户关心的信息）让有该权限的用户能异地方便地获取自己需要的信息。同时还可对客户索取的信息中的位置信息用相对应的地图传送过去，并将运输工具的历史轨迹印在上面，使该信息更加形象化。

依据资料库储存的信息，可随时调阅每台运输工具的以前工作资料，并可根据各管理部门的不同要求制作各种不同形式的报表，使各管理部门能更快速、更准确地做出判断及提出新的指示。

3. GPS 在物流配送领域的应用

（1）用于汽车自定位、跟踪调度。

据丰田汽车公司的统计和预测，日本车载导航系统的市场在 1995—2000 年间平均每年增长 35%以上，全世界在车辆导航上的投资平均每年增长 60.8%，因此，车辆导航将成为未来全球卫星定位系统应用的主要领域之一。我国已有数十家公司在开发和销售车载导航系统。

（2）用于铁路货物运输管理。

我国铁路开发的基于 GPS 的计算机管理信息系统，可以通过 GPS 和计算机网络实时收集全路列车、机车、车辆、集装箱及所运货物的动态信息，可实现列车、货物追踪管理。只要知道货车的车种、车型、车号，就可以立即从近 10 万公里的铁路网上流动着的几十万辆货车中找到该货车，还能得知这辆货车现在何处运行或停在何处，以及所有的车载货物发货信息。铁路部门运用这项技术可大大提高其路网及营运的透明度，为货主提供更高质量的服务。

（3）用于军事物流。

全球卫星定位系统首先是因为军事目的而建立的，在军事物流中，如后勤装备的保障等方面，应用相当普遍，尤其是美国，其在世界各地驻扎的大量军队无论是在战时还是在平时都对后勤补给提出很高的要求。在战争中，如果不依赖 GPS，美军的后勤补给就会变得一团糟。美军在 20 世纪末的地区冲突中依靠 GPS 和其他顶尖技术，以强有力的、可见的后勤保障，为保卫美国的利益做出了贡献。目前，我国军事部门也在运用 GPS。

课堂笔记

第三节 配送信息网络平台技术

要达到企业配送管理信息化、现代化的目标，实现企业配送内部信息系统与外部社会化商业信息系统的有效连接，确保配送业务快速、准确地运行，配送企业必须在社会商业信息系统公用数据网基础之上，利用主要包括电子订货系统（EOS）与电子数据交换系统（EDI）、电子转账系统（EFT）、商业增值网（VAN）等电子商务系统，完成向供应商或客户联系订购、配销商品和传递商品订货、销售资料，并通过电子数据交换系统（EDI）、电子转账系统（EFT）、商业增值网（VAN）等完成采购或销售结算等业务。企业电子商务系统融入社会化商业信息系统是社会信息化发展的必然趋势。

一、电子数据交换系统（EDI）

为了更方便、更快速准确地处理传输信息，人们希望能够做到企业与企业之间，以电脑对电脑的方式，在不需人力介入的情况下，根据实现拟定的标准格式，自动传输资料、处理资料，于是产生了电子数据交换（electronic date interchange，EDI）技术。

EDI的定义至今没有一个统一的规范，但有三个基本特征：资料用统一标准；利用电信号传递信息；计算机系统之间的连接。

1. EDI中商流、物流信息的传递方式与传统手工方式比较

在手工条件下，单据的传递方式往往是操作人员优先使用打印机将企业数据库中存放的数据打印出来，形成贸易单证。然后通过邮件或传真的方式发给贸易伙伴。贸易伙伴收到单据后，再由录入人员手工录入到数据库中，以便各个部门共享。传统商业贸易在单据流通过程中，买卖双方之间重复输入的数据较多，容易产生差错，准确率低，劳动力消耗多及延时增加。在EDI中，这些问题都将得到良好的解决。

在EDI条件下，单据的传递方式是数据库中的数据通过一个翻译器转换成字符型的标准单据，然后通过网络传递给贸易伙伴的计算机。该计算机再通过翻译器将标准单据转化成本企业内部的数据格式，存入数据库。由此比较不难看出使用EDI的好处。但是，由于单据是通过数字方式传递的，缺乏验证的过程，因此加强安全性、保证单据的真实可靠成为了一个重要的问题。

在手工条件下单据的传递方式与EDI条件下单据的传递方式比较，如图8-15所示。

课堂笔记

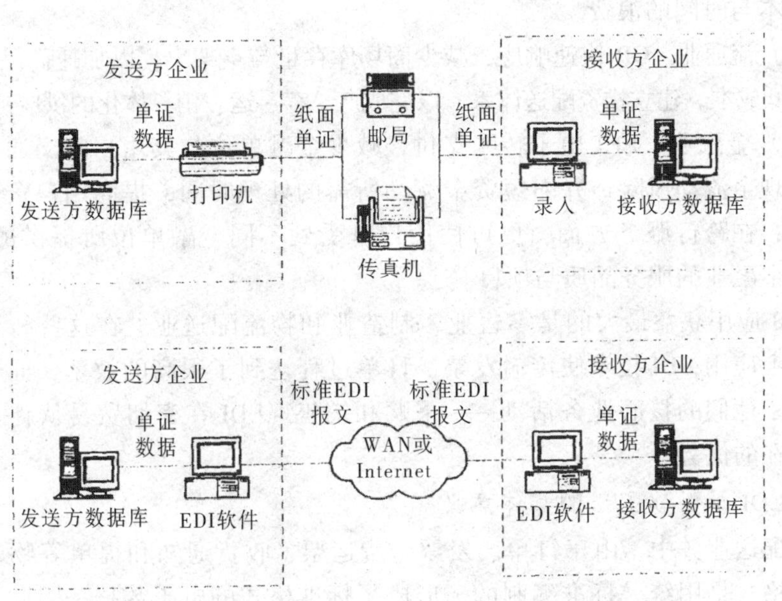

图 8-15 手工方式下的单据传递与 EDI 方式的比较

2. EDI 标准

EDI 标准是整个 EDI 最关键的部分，由于 EDI 是以事先商定的报文格式形式进行数据传输和信息交换的，因此，制定统一的 EDI 标准至关重要。世界各国开发 EDI 得出一条重要经验，就是必须把 EDI 标准放在首要位置。EDI 标准主要分为以下几个方面：基础标准、代码标准、报文标准、单证标准、管理标准、应用标准、通信标准、安全保密标准。

在这些标准中，最首要的是实现单证标准化，包括单证格式的标准化、所记载信息的标准化以及信息描述的标准化。单证格式的标准化是指按照国际贸易基本单证格式设计各种商务往来的单证样式；在单证上利用代码表示信息时，代码应处位置的标准化。目前，我国已制定的单证标准有：中华人民共和国进出口许可证、原产地证书、装箱单、装运声明。

信息内容的标准化涉及单证上的哪些内容是必需的，哪些不一定是必需内容。例如在不同的业务领域，同样的单证上所记载的内容项目不完全一致。

3. EDI 应用领域

EDI 是一种信息管理或处理的有效手段，它是对供应链上的信息流进行运作的有效方法。EDI 的目的是充分利用现有计算机及通信网络资源，提高贸易伙伴间通信的效益，降低成本。

EDI 主要应用于以下行业：

（1）制造业。JIT 响应以减少库存量及生产线待料时间，降低生产成本。

（2）贸易运输业。快速通关报检，经济使用运输资源，降低贸易运输空

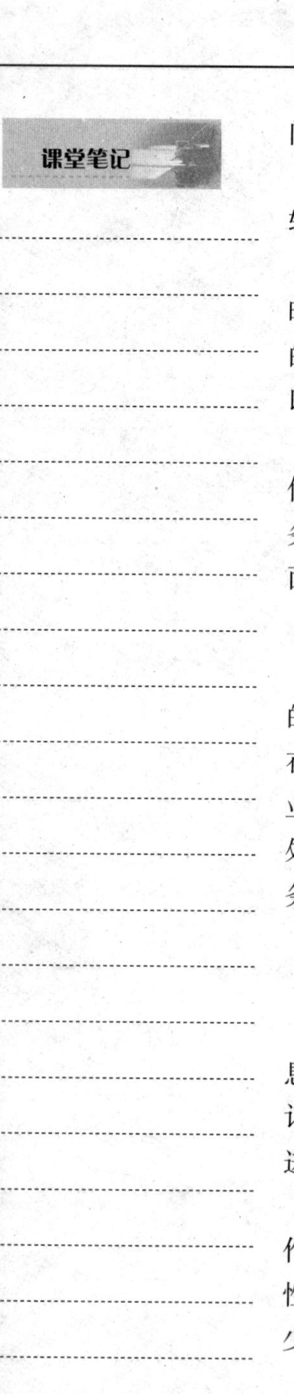

间、成本与时间的浪费。

(3) 流通业。QR 快速响应，减少商场库存量与空架率，以加速商品资金周转，降低成本。建立物资配送体系，以完成产、存、运、销一体化的供应链管理。

(4) 金融业。EFT 电子转账支付，减少金融单位与其用户间交通往返的时间与现金流动风险，并缩短资金流动所需的处理时间，提高用户资金调度的弹性，在跨行服务方面，更可使用户享受到不同金融单位所提供的服务，以提高金融业的服务品质与项目。

EDI 应用获益最大的是零售业、制造业和物流配送业。在这些行业中的供应链上应用 EDI 技术使传输发票、订单过程达到了很高的效率，而这些业务代表了他们的核心业务活动——采购和销售。EDI 在密切贸易伙伴关系方面有潜在的优势。

4. EDI 于货物配送的具体意义

在配送业务中，由于订单、发票、货运票、收货通知和提单等物流资料的数据格式是用统一标准编制的，形成了标准格式的电子数据，因此，就能在计算机系统之间快速传输与转换。通过 EDI 的实施，不但可以解决配送企业与供应商、用户企业、银行之间因为资料格式的不同而产生的信息传递与处理的混乱，而且还可使整个交易处理、配送过程自动化，使得日常配送业务的处理速度、时效及正确性都能有大幅度提高。

二、电子订货系统（EOS）

电子订货系统（electric ordering system，EOS）是用户企业将各种订货信息，通过计算机网络系统传送给供应商，完成用户企业与供应商之间的商品订购、运输、调配等信息控制，订货、接单、处理和结算等全部在计算机中进行处理的系统。电子订货系统是物流配送信息系统的又一个重要部分。

对配送实施企业而言向外部的供应商订货，是一般配送业务日常必要的作业流程。良好的订货制度，必须从目前存量、平均销量、订货批量、商品性质等多方面做考虑，以决定适当的订货数量。一方面要降低存货成本，减少呆料发生；另一方面要避免缺货，提高服务水平。

在物流自动化的课题上，电子订货系统一直是十分吸引人的课题。利用掌上型终端线（handy terminal）来增进订货控制的标准性及方便性，不但可达到上述要求，而且可以大幅度降低订货作业的人工成本，增加订货的频率。也因为订货频率的增加，导致商品可做到少量而多样，增加商品的种类，并且保持商品的新鲜度，因而增加配送中心进货的效率。

但从配送中心的销售观点来说，用户企业的订货需求频率、订货能力大幅度提高后，如何能正确、有效地接受并处理各用户的订货、送货等资料，这也是配送中心管理作业中不可或缺的课题。

课堂笔记

1. EOS 系统结构及运作原理

EOS 系统包括订货输入系统、订单生成系统、通信传输系统、结算系统。下面以客户配送需求为例，说明 EOS 系统的运作原理：在 EOS 系统中，客户首先用掌上型终端机上以扫描方式将欲订货商品用条码扫描仪扫描输入订货商品的代码，再输入订货数量，订货结束后，将掌上型终端与电脑网络终端相连，将订货资料传输到配送中心主服务器订货商品资料库。各客户订货资料传递到配送中心后，EOS 的订单生成系统汇总各个客户的订购数量，配送中心能供应的商品，生成商品送货单，通知配送作业人员配货、发货、送货。同时配送中心根据商品库存情况和各个客户的订货情况，做出商品采购决策，生成商品订单，再通过电脑通信网络将订单传递给供应商。配送商品送达客户或供应商在商品送达后，通过结算系统进行货款结算。

2. EOS 系统信息传递处理方式

如果整个商业自动化环境能够成熟，则利用电子数据交换系统（EDI）、电子转账系统（EFT）、商业增值网（VAN）等完成 EOS 系统信息传递和处理，因为这是较进步的、最彻底的完成电子订货工作的解决方案。

三、增值网络

增值网络（value added network，VAN），简单地说，就是利用基础通信网络所建立的设施及服务，进一步提供更多附加的服务，以增加网络使用的价值。增值网络所提供的服务就是一种商品，增值网络供应商（增值网络服务中心）提供各式各样的增值网络服务，而一般用户则利用增值网络提供的各项服务，可以方便、更有效地完成资料通信的工作。

（一）增值网络的服务内容

一般而言，增值网络服务内容可以分为下述四个层级：

（1）分封交换服务。

分封交换服务就是把资料切成一个一个的小包（packet），利用现有的各种通信网络，如双绞线、电线、微波通信、人造卫星等，在传送资料的同时，以一个小包为单位，自动找出可用的、最有利的通信方式，将资料传到收件人手中。分封交换服务本身并不实际建立新的通信通道，但可更有效地利用现有的基础通信网络来增加通信的效率，因而提供更迅速、更便宜的通信服务。不但如此，分封交换服务还可提高资料通信的便利性、及时性及安全性。

（2）信息管理服务。

信息管理的网络服务，就是让客户能够更方便地存放、阅读、检索资料，例如电子邮件、电子布告栏、电子会议、资料库服务等，并或多或少都会对资料的收件人、送件人或资料内容本身等加以分类，并提供线索。

课堂笔记

以电子邮件为例，增值网络服务中心就好像一个传统的邮局，而每一个增值网络的用户，都可以在增值网络服务中心申请，并设定一个电子邮箱，当用户甲有一个信息要通知用户乙时（例如订单），便可以通过数据线及电话（或专线），将资料从甲方的电脑传送到乙方在增值网络中心的电子邮箱内。同样的道理，乙方可以在任何时间，利用乙方的电脑、数据线及电话通信网络，接电话到增值网络服务中心，查看在乙方电子邮箱内的那些信件（订单），并将这些信件通过电话通信网络及数据线，传回乙方的电脑内。

流通业，尤其是以经营范围较为广大的零售业、批发业或物流业，其客户、分店、连锁店、服务经销处、分公司等，可能遍布全国，而且彼此之间信息通信频繁，利用增值网络的电子邮件服务，可大大节省通信成本，加快通信的速度，各营业场所利用电子邮件，将每日的营业资料在当日结束前，各自传送到增值网络服务中心的电子信箱内，而总公司则在晚间将各分公司的当日资料，自增值网络服务中心传回总公司的主电脑，并在处理过后，将要分送各营业场所的调发或送货通知等，同样利用电子邮件，送到各营业场所的电子信箱内，以便各营业所在第二天开工时，立即取阅。

（3）交易管理服务。

增值网络服务不但为用户提供信息管理服务，而且进一步对资料的资格和格式及含义提供资料交换的标准。电子资料交换，简单地说就是电子文件格式的标准化。一般商业文件都以表格的方式来传送，例如采购单、发票、出货通知单等，电子资料交换（EDI）的基本精神就是将这些商业交易文件的电子资料格式给予标准化，以便于资料的交换与传送。

简单地说，通过增值网络 EDI 的服务，企业不仅可以很方便地进行公司内部之间的电子资料的交换，同时对于公司之外，不同企业之间，与客户及经销商之间，也因为资料格式的统一化与标准化，而使得资料的传送与处理更方便。

（4）交易加强服务。

交易加强服务可谓增值网络上提供的最高层次的服务，与前述的第一、二、三层级的增值网络服务最大的差别，在于交易加强增值服务不仅涉及传送的资料，而且进一步提供处理程式，将资料加以处理，如统计、分析、排序、计算等。

假设某企业所有的对外采购单均通过增值网络进行传输，而增值网络服务中心除了提供服务将该公司的采购资料传送到供应商手中，同时也提供了适当的统计分析程式，协助该公司进行采购批量（EOQ）计算、采购价格分析、采购金额统计等，则该增值网络不但提供了资料通信的服务，也提供了更高级的信息处理服务。

如果将增值网络提供的服务观念发挥到极致，可以将企业内部所有的电脑作业统统交到增值网络服务中心来进行，甚至把增值网络中心视为公司的电脑部门。

课堂笔记

(二) 增值网络为企业带来的效益

(1) 只有使用时才付费，可以减少企业信息租用成本。

(2) 减少信息电脑设备的投资，并降低维修成本。

(3) 不需要电脑及通信专业人员，而可得到电脑及通信的整合服务，可降低企业信息处理人力成本。

(4) 以增值网络中心的设备为设施，不必担心扩充及成长带来设施设备投资的问题。

案例　白沙烟草物流 GIS 及配送线路优化系统

白沙烟草物流公司已启用的烟草配送 GIS 及线路优化系统，经过三个多月在配送区域内送货线路上的试运行，已取得初步成功的经验和数据，为即将全面启动该系统打下了良好的基础。

白沙物流烟草配送 GIS 及线路优化系统是基于集成了国际上发展成熟的网络数据库、WEB/GIS 中间件、GPS、GPRS 通信技术，采用金启元科技发展(北京) 有限公司的地图引擎中间件 (GS-GMS-Map Engine for Java) 产品为核心开发技术平台，结合白沙物流的实际，开发设计的集烟草配送线路优化、烟草配送和烟草稽查车辆安全监控、烟草业务 (访销、CRM 等) 可视化分析、烟草电子地图查询于一体的物流 WEB/GIS 综合管理信息系统。该系统利用 WEB/GIS 强大的地理数据功能来完善物流分析，及时获取直观可视化的第一手综合管理信息，即可直接合理调配人力、运力资源，求得最佳的送货路线，又能有效地为综合管理决策提供依据。系统中使用的 GPS 技术可以实时监控车辆的位置，根据道路交通状况向车辆发出实时调度指令，实现对车辆进行远程管理。

白沙烟草物流开发使用 GIS 线路优化系统后，将实现以下六大应用功能：

1. 烟草配送线路优化系统

选择订单日期和配送区域后自动完成订单数据的抽取，根据送货车辆的装载量、客户分布、配送订单、送货线路交通状况、司机对送货区域的熟悉程度等因素设定计算条件，系统进行送货线路的自动优化处理，形成最佳送货路线，保证送货成本及送货效率最佳。线路优化后，允许业务人员根据业务具体情况进行临时线路的合并和调整，以适应送货管理的实际需要。

2. 烟草综合地图查询

能够基于电子地图实现客户分布的模糊查询、行政区域查询和任意区域查询，查询结果实时在电子地图上标注出来。通过使用图形操作工具如放大、缩小、漫游、测距等，来具体查看每一客户的详细情况。

3. 烟草业务地图数据远程维护

提供基于地图方式的烟草业务地图数据维护功能，还可以根据采集的新

课堂笔记

变化的道路等地理数据及时更新地图。如对客户点的增、删、改；对路段和客户数据的综合初始化；对地图图层的维护操作；地图服务器系统的运行故障修复和负载均衡等功能。

4. 烟草业务分析

实现选定区域、选定时间段的烟草订单访销区域的分布，进行复合条件查询；在选定时间段内的各种品牌香烟的销量统计和地理及烟草访销区域分布；配送车组送货区域的地图分布。通过各种查询统计、分析现有客户分布规律的基础上，通过空间数据密度计算，挖掘潜在客户；通过对配送业务的互动分析，扩展配送业务（如第三方物流）。

5. 烟草物流 GPS 车辆监控管理

通过对烟草送货车辆的导航跟踪，提高车辆运作效率，降低车辆管理费用，抵抗风险。其中，车辆跟踪功能是对任一车辆进行实时的动态跟踪监控，提供准确的车辆位置及运行状态、车组编号及当天的行车线路查询。报警功能是当司机在送货途中遇到被抢被盗或其他紧急情况时，按下车上的 GPS 报警装置向公司的信息中心报警。轨迹回放功能是根据所保存的数据，将车辆在某一历史时间段的实际行车过程重现于电子地图上，随时查看行车速度、行驶时间、位置信息等，为事后处理客户投诉、路上事故、被抢被盗提供有力证据。

6. 烟草配送车辆信息维护

根据车组和烟草配送人员的变动及时在这一模块中进行车辆、司机、送货员信息的维护操作，包括添加车辆和对现有车辆信息的编辑。

白沙物流烟草配送 GIS 及线路优化系统的上线运行，标志着白沙物流的信息化建设迈上了一个新的台阶，必定会在规范日常运作、提升公司形象、打造数字化的跨区物流企业的进程中起到巨大推动作用。

思考题：

1. 什么是自动识别技术？自动识别技术包括哪些技术？
2. 简述条形码的技术原理？条码有哪些种类？
3. 简述物流条码标准体系？
4. 储运单元条码分为哪几种？有何区别？
5. 什么是条码应用标识？如何表示？
6. 什么是二维条码？PDF417 二维条码在货物配送运输中有何应用特点？
7. 简述射频识别技术的原理与特点？它可用于物流配送过程中哪些领域？
8. GPS 有哪些物流功能？可用于物流配送哪些领域？
9. 配送信息网络平台技术有哪些？试分别简述其工作原理？
10. 什么是 EDI 技术？在手工条件下单据的传递方式与 EDI 条件下单据的传递方式有何区别？

同步测试

课堂笔记

一、单选题

1. 构成 EDI 系统的要素是 EDI 软件、硬件、通信网络以及数据标准化。其中，EDI (　　)是整个 EDI 最关键的部分。

A. 标准　　B. 软件
C. 硬件　　D. 通信网络

2. 全球定位系统也称为(　　)技术。

A. GIS　　B. GPS
C. EDI　　D. 条码

3. 物流(　　)是实现物流现代化的基础。

A. 流程化　　B. 制度化
C. 标准化　　D. 信息化

4. (　　)体现了商品与货币的等价交换的转移过程。

A. 物流　　B. 资金流
C. 信息流

5. 20 世纪 80 年代，各国相继制定了各自行业或国家 EDI 标准，其中(　　)制定的 ANSIX12 国家标准最具代表性。

A. 中国　　B. 英国
C. 日本　　D. 美国

6. GIS 是一种以(　　)研究和决策服务为服务目标的计算机技术系统。

A. 地形　　B. 地理
C. 信息　　D. 计算机

7. 一般来说，自动识别系统由标签、标签生成设备、识读器及计算机等设备组成。其中(　　)是信息的载体。

A. 识读器　　B. 计算机
C. 标签生成设备　　D. 标签

二、多选题

1. 物流条形码中码制标准主要有三种类型，即(　　)。

A. 通用商品条码　　B. 交叉二五条码
C. 贸易单元 128 条码　　D. 位置码
E. 反码

2. 自动识别是指对字符、影像、条码、声音等记录数据的载体进行机器自动辨识并转化为数据的技术，包括(　　)等等。

A. 条码技术　　B. 磁卡技术
C. RFID 技术　　D. 指纹识别技术

课堂笔记

E. EDI 技术

3. 一般来说，自动识别系统由(　　)等设备组成。

A. 标签　　B. 标签生成设备

C. 识读器　　D. 计算机

E. 扫描仪

4. 条码自动识别技术系统由（　　）组成。

A. 条码标签　　B. 条码生成设备

C. 条码识读器　　D. 计算机

E. 摄像头

5. GIS 技术，包含了处理信息的各种高级功能，但它的基本功能是数据的(　　)。

A. 采集　　B. 管理

C. 处理　　D. 分析

E. 输出

6. 目前物流行业中所使用的关键信息技术包括(　　)等。

A. EDI　　B. GPS

C. GIS　　D. RFID

E. 托盘

7. 全球定位系统具有全能性、全球性、全天候、连续性和实时性的(　　)等功能。

A. 导航　　B. 定位

C. 定时　　D. 报时

E. 运输

三、简答题

1. 什么是自动识别技术？自动识别技术包括哪些技术？

2. 简述条形码的技术原理？条码有哪些种类？

3. 简述物流条码标准体系？

4. 储运单元条码分为哪几种？有何区别？

5. 什么是条码应用标识？如何表示？

6. 什么是二维条码？PDF417 二维条码在货物配送运输中有何应用特点？

7. 简述射频识别技术的原理与特点？它可用于物流配送过程中哪些领域？

8. GPS 有哪些物流功能？可用于物流配送哪些领域？

9. 配送信息网络平台技术有哪些？试分别简述其工作原理？

10. 什么是 EDI 技术？在手工条件下单据的传递方式与 EDI 条件下单据的传递方式有何区别？

课堂笔记

附录　配送实务3D虚拟综合实训

一、虚拟物流服务公司背景简介

鼎益仓储配送服务有限公司，主要从事第三仓储配送物流服务，其中主营业务有仓储物流外包服务，包括仓储保管、流通加工、条码管理、装卸作业及城市/国际配送物流服务。

1. 仓库

序号	仓库类型	仓库面积	业务描述
1	配送中心—立体仓库区	1.5×1.5×2m 标准库位 12 000 个	以标准托盘为作业单位，完全自动化快速出入库作业。特点：作业效率高，出错率低，单个作业成本高
2	配送中心—托盘货架区	高 6m，20 组，1.5 × 1.5 × 2m 标准库位 480 个	以标准托盘为作业单位，但每托盘货物可以拼放，以动力叉车为装卸工具。特点：作业效率相对较高，容易人为出错，单个作业成本低
3	配送中心—电子标签分拣货架区	1.5×1.5×1m 标准电子标签库位 800 个	以物料箱为作业单位，每个电子标签为库位可以存放 3 个物流箱，以电子标签辅助拣货，能快速完成物料品种较多但量相对较小的分拣模式，单个作业成本低

课堂笔记

（续表）

序号	仓库类型	仓库面积	业务描述
4	配送中心—中型货架区	1.5×1.5×1m 标准库位 800 个	以产品原包装形式直接存入，每库位货物重量不超过 500kg，以笼车、平板车、托盘车做搬运，以人工上下架为主。库位管理人工操作，较易出错
5	配送中心—轻型货架区	1.5×1.5×1m 标准库位 800 个	以产品原包装形式直接存入，每库位货物重量不超过 200kg，以笼车、平板车、托盘车做搬运，以人工上下架为主。库位管理人工操作，较易出错
6	配送中心—阁楼货架区	1.5×1.5×1m 标准库位 800 个	以产品原包装形式直接存入，每库位货物重量不超过 200kg，与轻型货架基本雷同，只是为了容积率增加一层阁楼。以笼车、平板车、托盘车做搬运，以人工上下架为主。库位管理人工操作，较易出错
7	平仓	面积 8 000 平方米	只有库区管理，没有具体库位，主要针对单一品种，以托盘为单位，叉车直接操作的货物。仓储成本及库内操作成本较低，但较易出错

2. 装卸设备

2t 的电动叉车 10 台，2t 的高位叉车 3 台，手动液压堆叉车 10 台，手动液压托盘车 15 台，平板车 20 台。

部分设备图片：

课堂笔记

托 盘　叉 车

手动液压叉车　半自动堆高车

自动打包机　自动捆包机

3. 流程服务项目

仓储保管、流通加工、条码管理、装卸作业及城市配送物流服务。

4. 配送

配送车辆：50 台不同类型的配送车辆。

部分车辆图片：

课堂笔记

二、虚拟货主企业背景简介

华奥集团有限公司，是一家以批发贸易为主营业务的综合商业集团公司，主要业务是经营四大类商品的代理、批发及相关的仓储、配送业务。四大类商品分别是电器类、日化类、化妆品类、食品类。委托第三方物流企业做的物流服务有：仓储保管、流通加工、条码管理、装卸作业及城市配送物流服务。

服务的目标客户有：

大型卖场超市（好又多超级市场）。

小型超市（7-11 便利店、OK 便利店）。

终端销售集团	门店明细
好又多超级市场	好又多超市天河分店
	好又多超市白云分店
	好又多超市越秀分店
	好又多超市海珠分店
	好又多超市东山分店
	好又多超市黄埔分店
7-11 便利店	7-11 便利店天河 1 店
	7-11 便利店天河 2 店
	7-11 便利店海珠 1 店
	7-11 便利店海珠 2 店
	7-11 便利店越秀 1 店
	7-11 便利店越秀 2 店
	7-11 便利店东山 1 店
	7-11 便利店东山 2 店
	7-11 便利店黄埔 1 店
	7-11 便利店黄埔 2 店
	7-11 便利店白云 1 店
	7-11 便利店白云 2 店

课堂笔记

（续表）

终端销售集团	门店明细
OK便利店	OK便利店天河1店
	OK便利店天河2店
	OK便利店海珠1店
	OK便利店海珠2店
	OK便利店越秀1店
	OK便利店越秀2店
	OK便利店东山1店
	OK便利店东山2店
	OK便利店黄埔1店
	OK便利店黄埔2店
	OK便利店白云1店
	OK便利店白云2店

三、案例背景

华奥集团有限公司和鼎益仓储配送服务公司签订了一份2年期的物流服务合同，里面包含有两大块业务——仓储和配送。华奥集团有限公司经营的四大类商品要配合商品的生产厂家，完成仓储配送（供应链）的业务。根据商品的属性分电器类、快速消费品类（日化类、化妆品类、食品类），根据配送终端分大卖场和小商店，同时要考虑每种商品的淡旺季、终端的出货量、货物的安全库存、货物周转率。

数据参考：2015年9月（旺季）各销售终端出货量

课堂笔记

终端销售门店	门店明细	各大类商品出货量
好又多超级市场	好又多超市天河分店	电器类：5 个标准车（5 吨车）
		日化类：15 个标准车
		化妆品类：0.5 个标准车
		食品类：18 个标准车
	好又多超市白云分店	电器类：3 个标准车（5 吨车）
		日化类：18 个标准车
		化妆品类：0.3 个标准车
		食品类：22 个标准车
	好又多超市越秀分店	日化类：3 个标准车
		化妆品类：0.05 个标准车
		食品类：5 个标准车
	好又多超市海珠分店	日化类：4 个标准车
		化妆品类：0.08 个标准车
		食品类：7 个标准车
	好又多超市黄埔分店	日化类：2 个标准车
		化妆品类：0.01 个标准车
		食品类：3 个标准车
		日化类：1.5 个标准车
		化妆品类：0.008 个标准车
		食品类：2 个标准车

（续表）

终端销售门店	门店明细	各大类商品出货量
7-11 便利店	7-11 便利店天河 1 店	日化类：5 个标准车
		化妆品类：0.2 个标准车
		食品类：9 个标准车
	7-11 便利店天河 2 店	日化类：2 个标准车
		化妆品类：0.02 个标准车
		食品类：3 个标准车
	7-11 便利店海珠 1 店	日化类：3 个标准车
		化妆品类：0.05 个标准车
		食品类：5 个标准车
	7-11 便利店海珠 2 店	日化类：2 个标准车
		化妆品类：0.03 个标准车
		食品类：3 个标准车
	7-11 便利店越秀 1 店	日化类：2.5 个标准车
		化妆品类：0.04 个标准车
		食品类：5 个标准车
	7-11 便利店越秀 2 店	日化类：5 个标准车
		化妆品类：0.1 个标准车
		食品类：8 个标准车

课堂笔记

课堂笔记

（续表）

终端销售门店	门店明细	各大类商品出货量
OK 便利店	OK 便利店天河 1 店	日化类：6 个标准车
		化妆品类：0.2 个标准车
		食品类：5 个标准车
	OK 便利店天河 2 店	日化类：3 个标准车
		化妆品类：0.09 个标准车
		食品类：4 个标准车
	OK 便利店海珠 1 店	日化类：6 个标准车
		化妆品类：0.2 个标准车
		食品类：7 个标准车
	OK 便利店海珠 2 店	日化类：3 个标准车
		化妆品类：0.09 个标准车
		食品类：4 个标准车
	OK 便利店越秀 1 店	日化类：2 个标准车
		化妆品类：0.03 个标准车
		食品类：3 个标准车
	OK 便利店越秀 2 店	日化类：3 个标准车
		化妆品类：0.06 个标准车
		食品类：7 个标准车

怕压、易碎、易变形的产品，在装载时要采取防护措施。

四、实训目的

（1）能独立制作货物的出库凭证。

（2）熟练完成货物的出货作业。

（3）了解送货作业的目的，掌握送货流程。

（4）掌握出库、配送的成本核算的方法，思考如何进行路线优化，减少相应成本。

（5）指出配送不合理的主要表现，配送合理化的判断标准和配送合理化采用的方法。

课堂笔记

五、实训内容

1. 实训背景

任务背景：

好又多东山分店搞商品促销，华奥集团有限公司于2011年10月5日通知鼎益仓储配送有限公司配送下列商品。

需配送货物列表：

编码	商品名称	数量	货区
YL0007	塞浦路斯芳塔娜西柚汁	80	电子标签货架
YL0008	塞浦路斯芳塔娜苹果汁	50	电子标签货架
YL0009	塞浦路斯芳塔娜橙汁	32	电子标签货架
YL0001	中粮屯河番茄汁	15	电子标签货架

收货联系人信息：

联系人：刘炳贵

电话：020-82255731

货物计费方式：立方米

2. 实训任务

请根据相关背景资料，模拟完成：

（1）出库单缮制。

（2）货物的出库操作。

（3）分配车辆。

（4）货物配送。

（5）出发路线的线路优化。

（6）成本核算。

3. 任务参与角色

客服部——客服文员。

岗位图片：

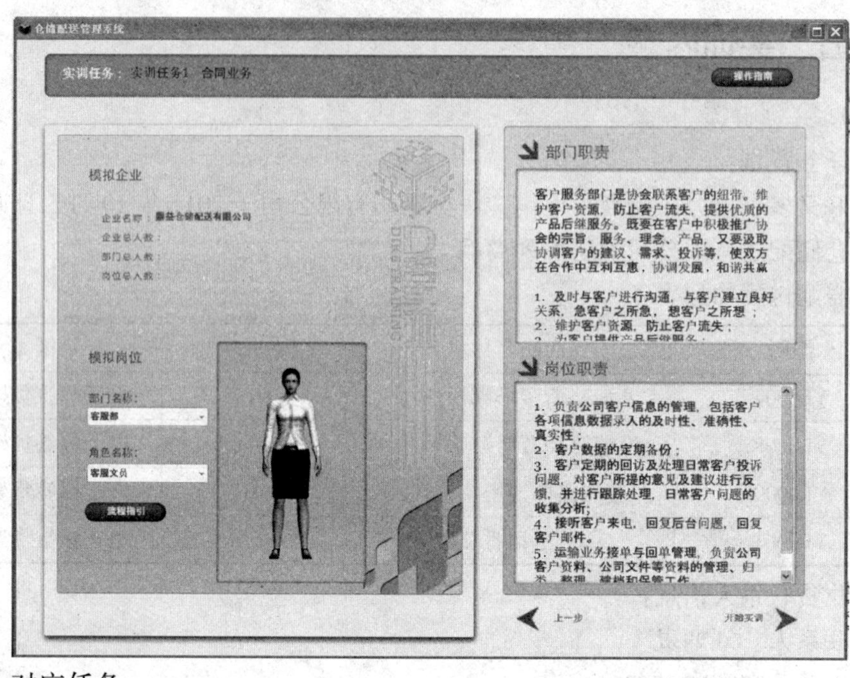

对应任务：

缮制出库单。

客服部——客服经理。

岗位图片：

对应任务：

审核出库单。

课堂笔记

配送中心——发货员。

岗位图片：

对应任务：

制作拣货作业单。

仓储部——仓储经理。

岗位图片：

对应任务：

主管仓储部全面工作，完成仓储部决策与工作任务分派及审核功能。

配送中心办公区——分拣员。

岗位图片：

对应任务：

按照信息分拣操作流程对系统订单进行区域分拣，并对已经完成区域分配的订单负责。

配送部——配载员。

岗位图片：

课堂笔记

对应任务：

负责载重结算，计算运输工具中可以装运多少重量的货物以及货物装在什么位置，制订配载计划及车辆安排计划。

配送部——配送经理。

岗位图片：

对应任务：

负责公司所有配送中心的全面管理工作，包括运输、仓储、配送、车辆管理等。

配送部——配送员。

岗位图片：

课堂笔记

对应任务：

及时准确地将物品发送到指定地点，确保货物的安全到达，严禁出现损坏、遗失的现象。

六、实训指导

1. 角色业务流程

出库作业业务流程：

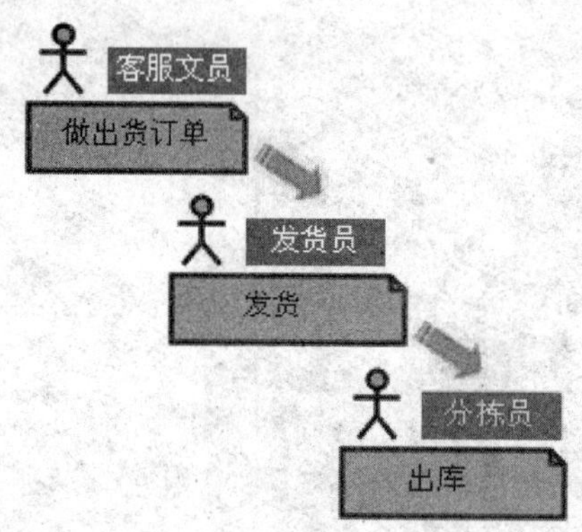

配送配载业务流程：

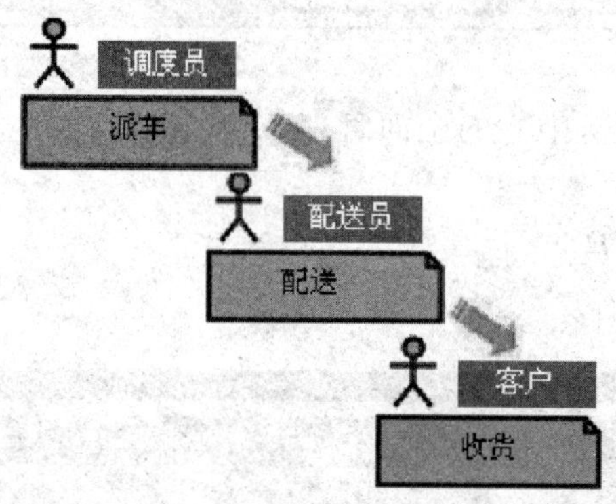

2. 出库、配载成本明细

序号	费用名称	单价/立方
1	出库费	150
2	配送费	10
3	3 米车起运价	100
4	5 米车起运价	150
5	吨每公里	20

3. 操作流程

进入仓储配送管理系统后，登录用户，选择业务仿真系统，来到任务选

课堂笔记

择界面，在此选择“鼎益仓储配送有限公司”→“实训任务 12　出库配送—电子标签区”，如图附图 1 所示。

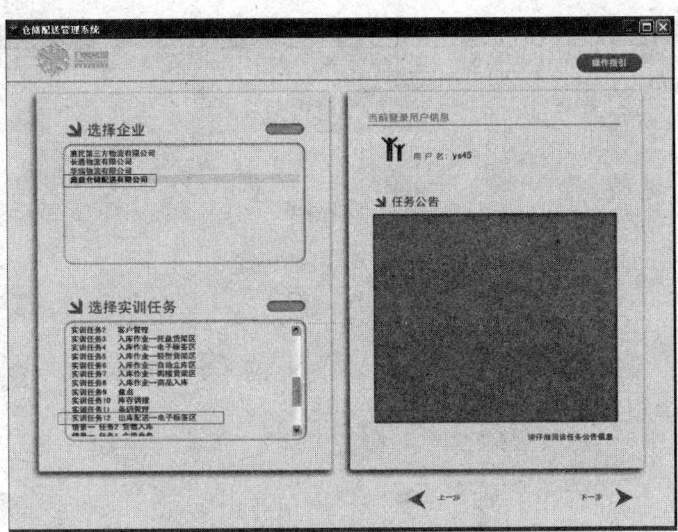

附图 1

(1) 做发货订单。

作为发货的一份单据，包含了交货收货双方的相关信息以及货物的具体资料。

操作流程：

①进入仓储配送管理系统后，登录用户，选择业务仿真系统，来到任务选择界面，在此选择“鼎益仓储配送有限公司”→“任务 1 合同业务”，如图附图 2 所示。

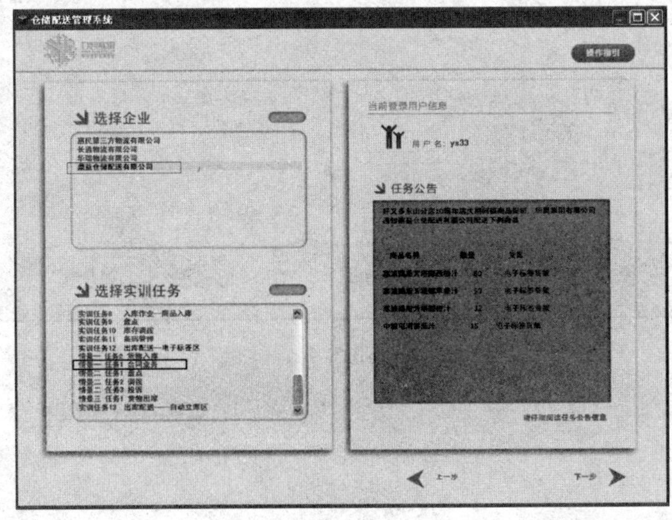

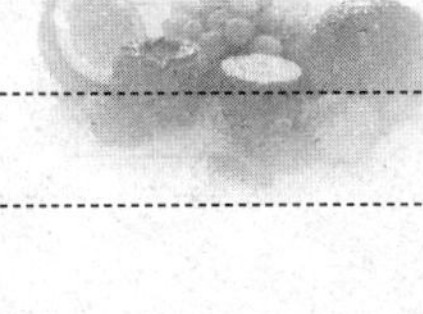

附图 2

②登入“客服部”→“客服文员”角色→双击“待处理事项”→出库通知(1)，弹出“出库通知单”，如图附图3所示。

附图 3

单击来源按钮后选择货源数据，如图附图4所示，相应信息会自动填写进出库通知单，如图附图5所示。

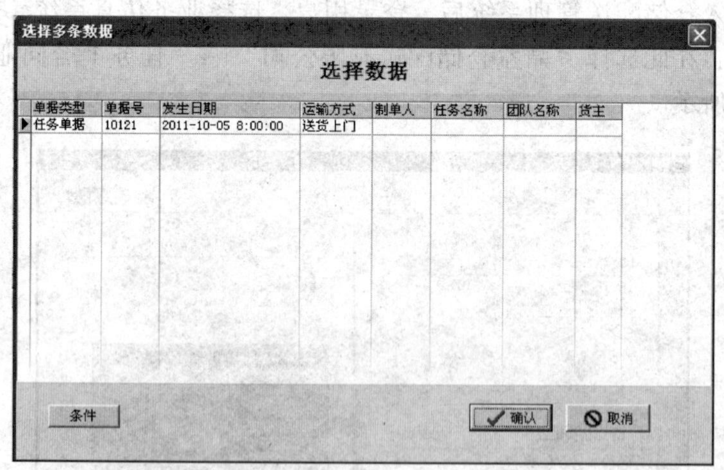

附图 4

课堂笔记

出库通知单

来源　新增　修改　删除　刷新　打印　关闭　提交　取消

主信息　主信息列表

单据号 CKT2012080100019　制单 ys33　制单日期 2012-8-1　出库通知单

合同
货主 华奥集团有限公司 *　配送方式 送货上门
提货日期 2011-10-5 8:00:00 *　加工方式 无须加工
卸货地点 好又多超市东山分店
联系人 刘炳贵　电话 020-82255731
摘要

货物列表

选择货物　移除　全选　导出Excel

序号	货物	通知数量	体积	重量	总重量	总体积	货物条码	单位	备注
1	塞浦路斯芳...	50.00	0.01	4.55	227.50	0.58	6934235612008	箱	
2	塞浦路斯芳...	30.00	0.01	4.55	136.50	0.35	6934235612009	箱	
3	中粮屯河番...	15.00	0.01	7.46	111.90	0.12	6934235612001	箱	
4	塞浦路斯芳...	80.00	0.01	4.58	366.40	0.93	6934235612007	箱	
				13.68					

欢迎使用益达软件

附图 5

单击 提交，提示如图附图6所示。

附图 6

③执行“客服部”→“客服经理”登录→“待处理事项”→发货通知审核(1)命令，弹出出库通知单据框，如图附图7所示，选择刚才所提交的发货单单据号，点击“OK”。

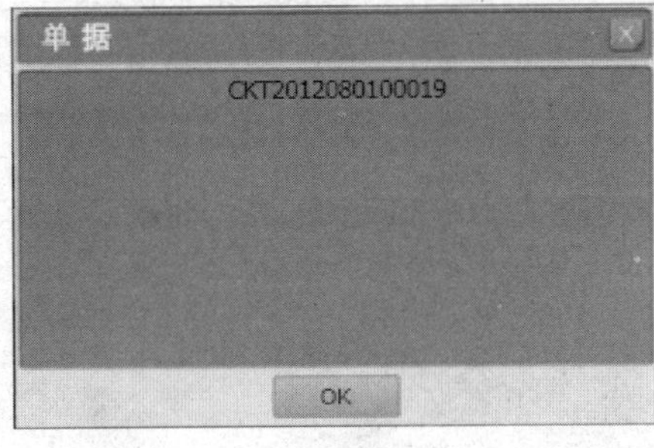

附图 7

确认出库通知单数据无误后，单击 审核通过 按钮，单击 提交 按钮，如图附图8所示。

课堂笔记

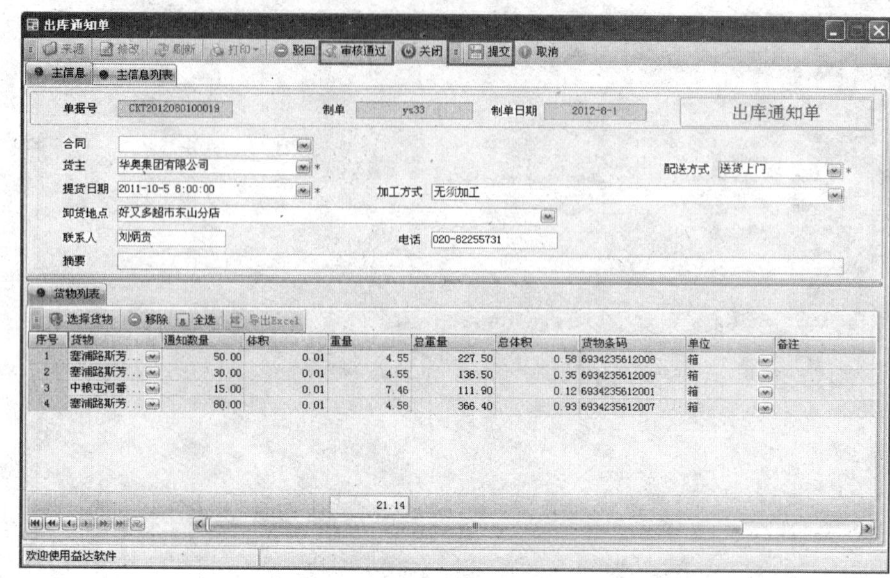

附图 8

（2）出库调度。

操作流程：

①切换角色到“配送中心办公区”→“发货员”角色，双击 待处理事项 中的 发货通知-出库调度(1) ，选择需要发货的单据，弹出拣货作业窗口，如图附图 9 所示。

附图 9

课堂笔记

②点击 来源 按钮，在弹出来的窗口选择货源数据，如图附图 10 所示，确认后相应信息自动填写到拣货作业单，如图附图 11 所示，选择出库的仓库、库门及分拣口。

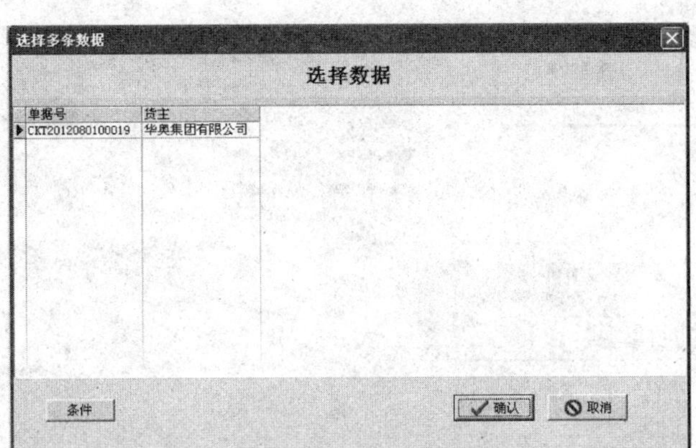

附图 10

拣货作业单

来源　新增　修改　删除　刷新　打印　关闭　提交　取消

主信息　主信息列表

单据号 JH2012080200001　制单 ys33　制单日期　　拣货作业单

货主 华奥集团有限公司　装卸地点 好又多超市东山分店　提货方式 送货上门

出库日期 2011-10-5 8:00:0　加工方式 无须加工

仓库 配送仓　库门 二号门　分拣口　注：电子标签分拣必须填写分拣口

摘要

货物列表　人员　工具　货位

导出Excel

序号	货物	通知数量	实际数量	体积	重量	总重量	总体积	ID	货物条码
1	塞浦路斯芳塔椰苹…	50.00	50.00	0.01	4.55	227.50	0.58	60658	
2	塞浦路斯芳塔椰橙汁	30.00	30.00	0.01	4.55	136.50	0.35	60659	
3	中粮屯河番茄汁	15.00	15.00	0.01	7.46	111.90	0.12	60660	
4	塞浦路斯芳塔椰西…	80.00	80.00	0.01	4.58	366.40	0.93	60661	

21.14

欢迎使用益达软件

附图 11

单击 提交 按钮，提示如图附图 12 所示：

附图 12

③单击 货位 → 选择货位... 按钮，弹出拣选货物表单，如图附图 13 所示，点击“自动拣选货物”拣选出库货品，将全部货物移到“已拣选货物”区域后，单击“确认”按钮，回到拣货作业单，单击 提交 按钮。

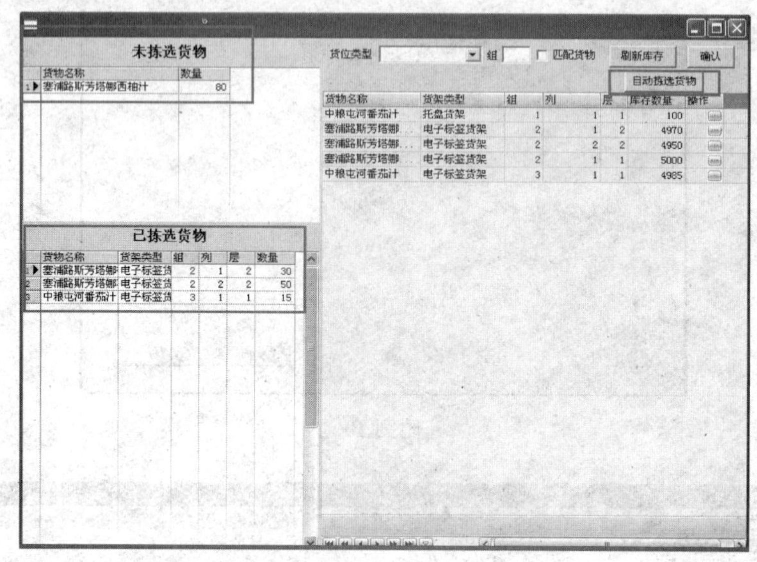

附图 13

④切换角色到“仓储部”→“仓储经理”角色，单击 回到岗位 → 双击 待处理事项 中的 出库调度审核(1) 按钮，在弹出单据框选择刚才所提交的拣货作业单，如图附图 14 所示。确认无误后，单击 审核通过 按钮，单击 提交 按钮。

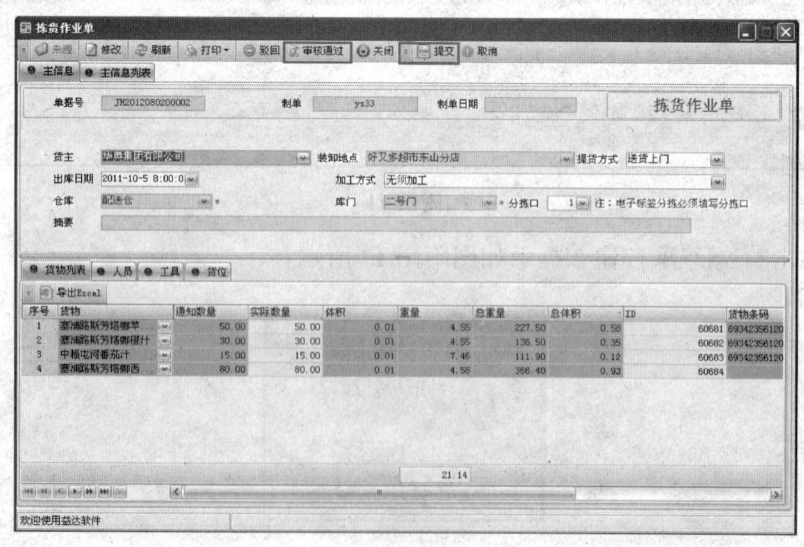

附图 14

课堂笔记

（3）出库。

该模块包括了对各类仓库的出库作业进行管理，如配送仓出库管理、立体仓出库管理等，下面就以对配送仓出库相关管理进行介绍。

操作流程：

①切换角色到“配送中心办公区”→“分拣员”角色，双击 待处理事项 中的 出库分拣作业(1) 按钮，在弹出单据框选择刚才所审核的拣货作业单，出现提示信息，如图附图15所示。

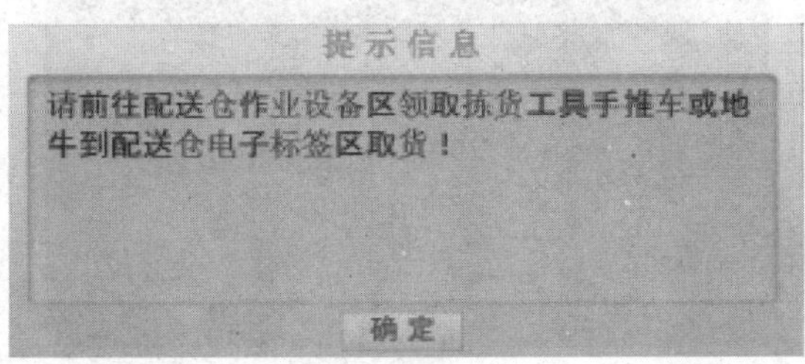

附图 15

②根据提示来到设备区拿取工具取货，【Ctrl+鼠标左键】单击“手推车”按钮，在弹出菜单选择 取车 选项，如图附图16所示。

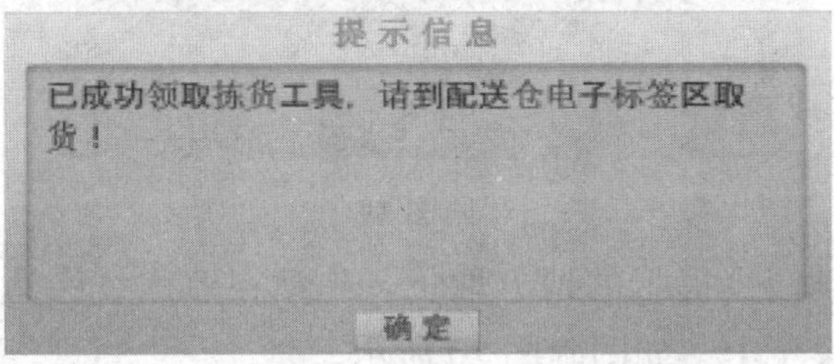

附图 16

推车到电子标签区，来到1号分拣口，如图附图17所示，【Ctrl+X】调出菜单，选择 放车 选项。

附图 17

然后来到电子标签的入口处拿篮子，如图附图 18 所示，【Ctrl+鼠标左键】单击“篮子”按钮，弹出提示如图附图 19 所示。

附图 18

附图 19

拿着篮子来到箭头提示的地方取货，先站在流水线旁边，按键盘上的 G 键，将篮子放在桌子上，如图附图 20 所示。

附图 20

课堂笔记

再【Ctrl+鼠标左键】单击“货物”按钮，货物来到“分拣员”的手上，再依次单击货架上的“箱子”按钮（如取货成功，货架上的箱子会消失），取货前，如图附图21所示，取货后，如图附图22所示。

附图21

附图22

取了全部货物后，来到篮子旁边，如图附图23所示，【Ctrl+鼠标左键】单击“篮子”按钮，弹出菜单，如图附图24所示，选择“推入”选项。

课堂笔记

附图 23

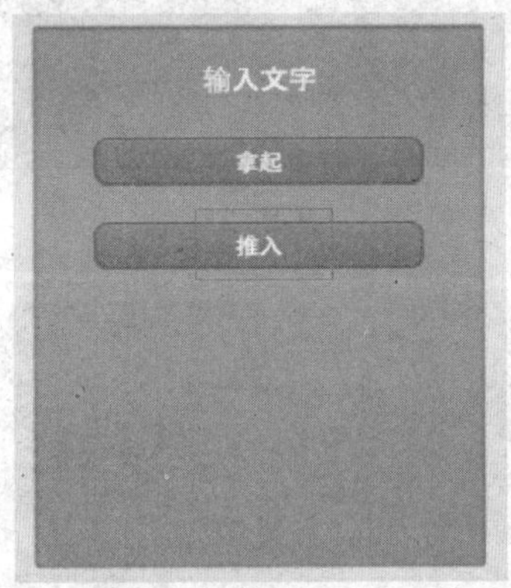

附图 24

货物自动向 1 号分拣口移动，如图附图 25 所示，“分拣员” 到 1 号分拣口等待货物，如图附图 26 所示。

附图 25

课堂笔记

附图 26

【Ctrl+鼠标左键】单击“手推车”按钮，在弹出菜单选择 取车 选项，取车成功后，【Ctrl+鼠标左键】单击“货物”按钮，系统自动播放动画，播放完毕后，弹出提示，如图附图 27 所示。

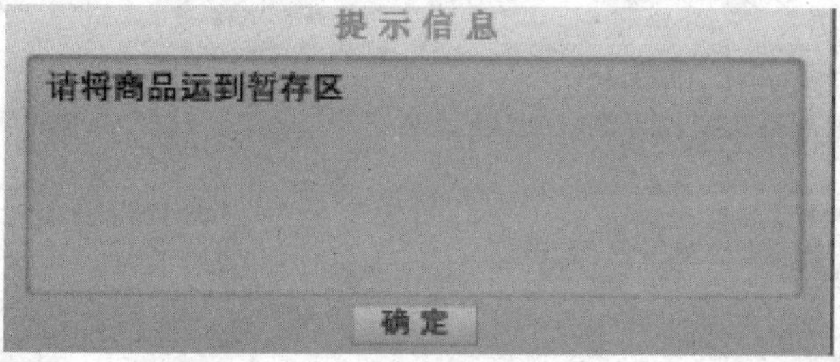

提示信息

请将商品运到暂存区

确定

附图 27

将货物移到系统所提示的区域，【Ctrl+X】调出菜单，选择 放货物 选项，将货物放下后弹出提示，如图附图 28、附图 29 所示。

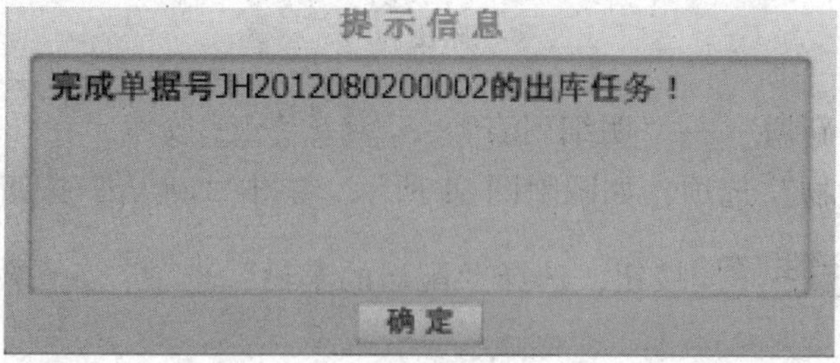

提示信息

完成单据号JH2012080200002的出库任务！

确定

附图 28

课堂笔记

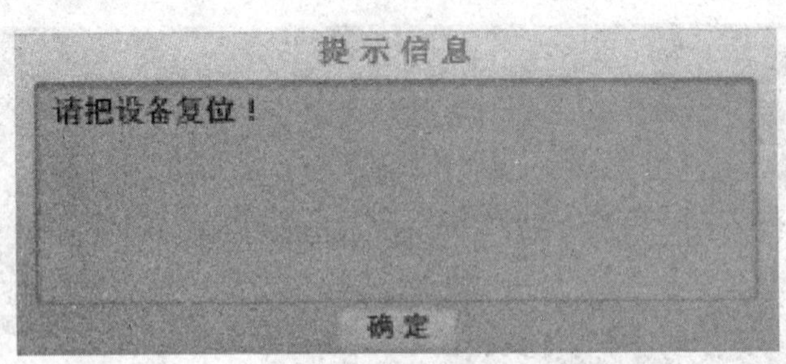

附图 29

(4) 车辆申请。

该模块主要是对准备出库的货物进行配送车辆的申请。

操作流程：

①切换角色到“配送部”→“配载员”角色，双击 待处理事项 中的 出库单→送货配送(4) 按钮，弹出“运输调度单”，如图附图 30 所示，选择“车牌”“运输日期”选项。

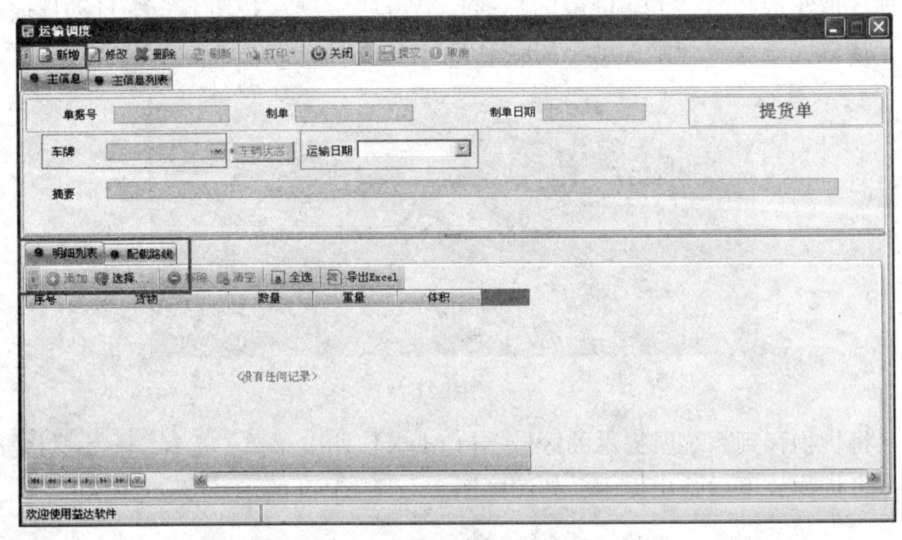

附图 30

②单击“新增”→“明细列表”→ 选择... 按钮，在弹出的数据单里选择“配送货物”选项，如图附图 31 所示，单击“确认”按钮，回到运输调度单，单击 车辆状态 按钮，选择“配送的车辆”选项，如图附图 32 所示。

课堂笔记

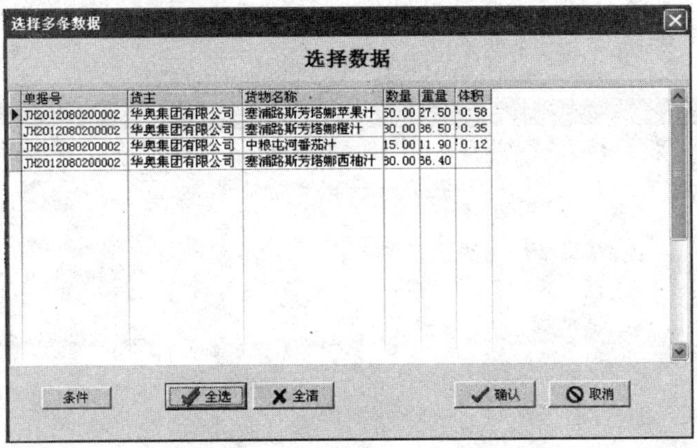

附图 31

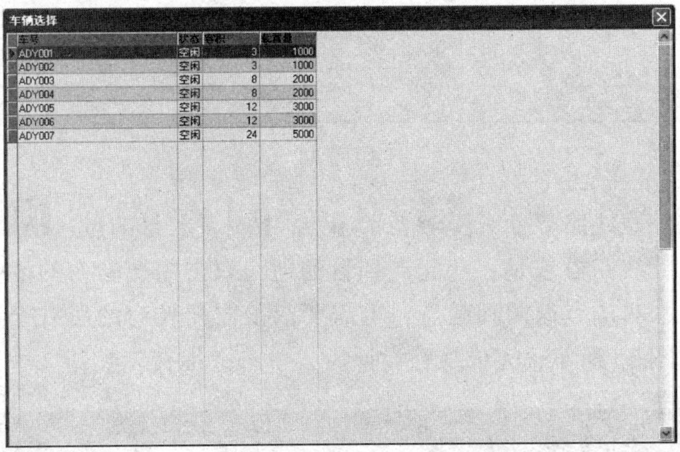

附图 32

再填上运输日期后，如图附图33所示，单击 提交 按钮。

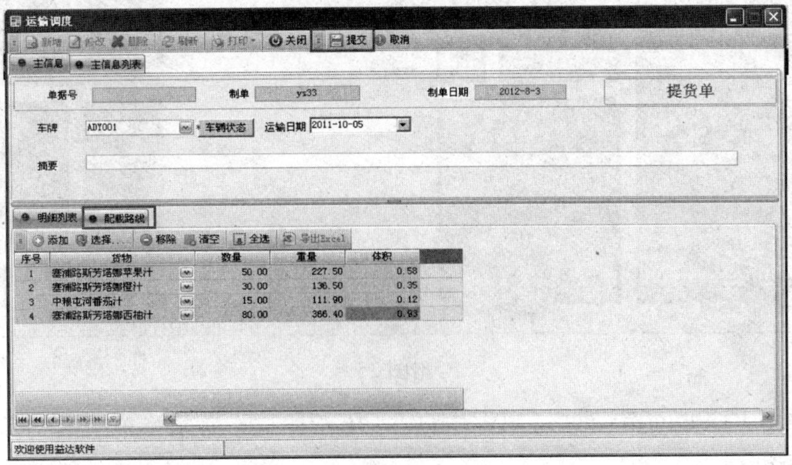

附图 33

③提交后不要关闭单据，执行击“修改”→“配载线路”→“设计运输线路”命令，如图附图 34 所示。

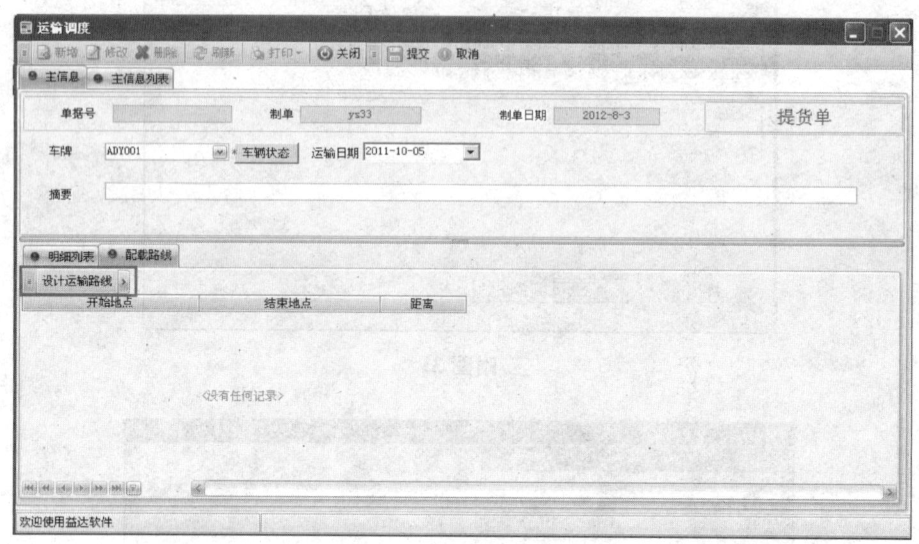

附图 34

④弹出配载线路界面，表示起点，表示目的点，表示可以经过的点。设计线路方法是：从起点到目的地，双击需要转弯的十字路口点按钮，然后在从目的点返回到起点，也需要双击需要转弯的所有十字路口点按钮，如图附图 35 所示，完成线路设计后，单击“提交”按钮。

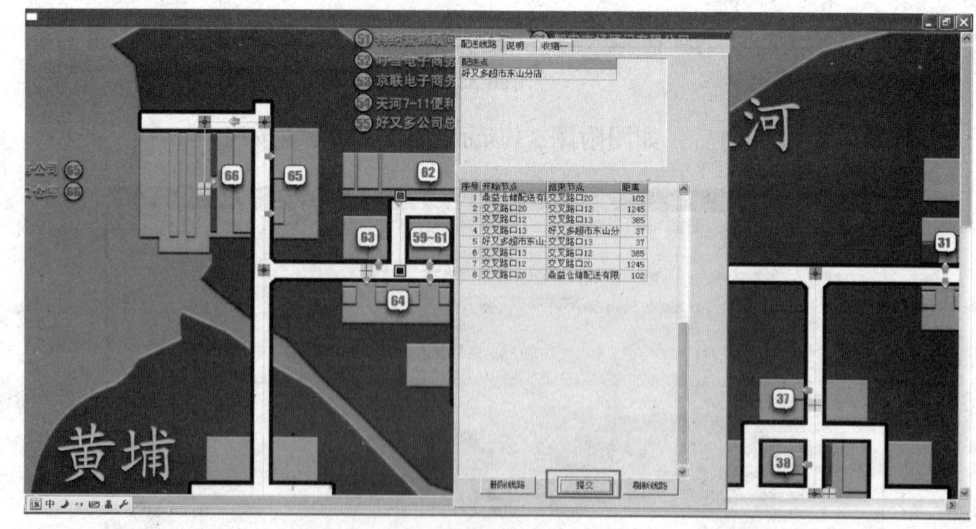

附图 35

⑤完成后调度单中显示相应信息，如图附图 36 所示，单击提交按钮，完成操作。

课堂笔记

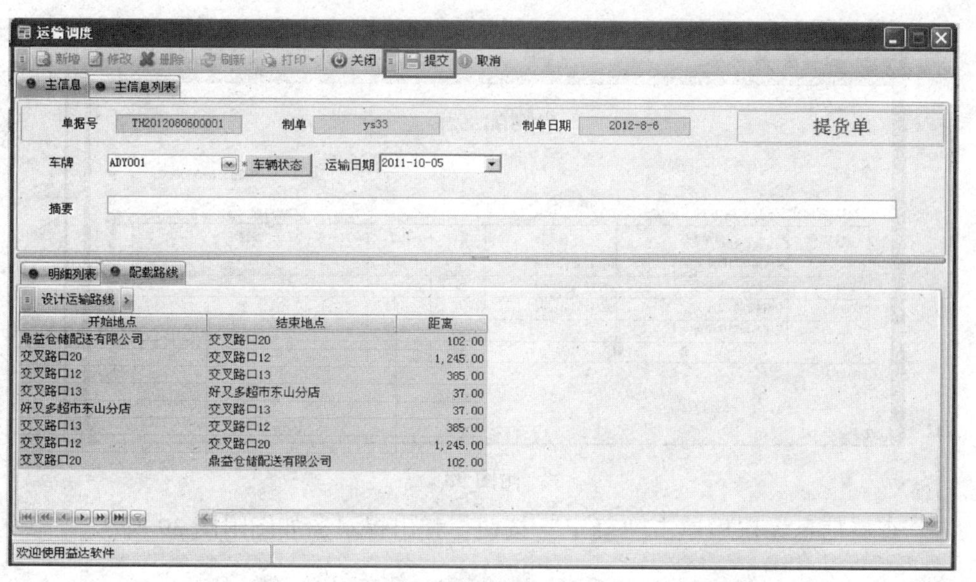

附图 36

⑥执行“配送经理”登录→“待处理事项”→ 送货运输审核(1) 命令，在弹出单据框选择刚才所提交的运输调度单。确认无误后，单击 审核通过 按钮，单击 提交 按钮。

（5）配送。

操作流程：

①切换角色到“配送部”→“配送员”角色，双击 待处理事项 中的 送货上门(1) 按钮，弹出“单据”窗口，如图附图 37 所示，直接选中单据号码后，单击“OK”按钮，弹出货物配送单窗口，如图附图 38 所示。

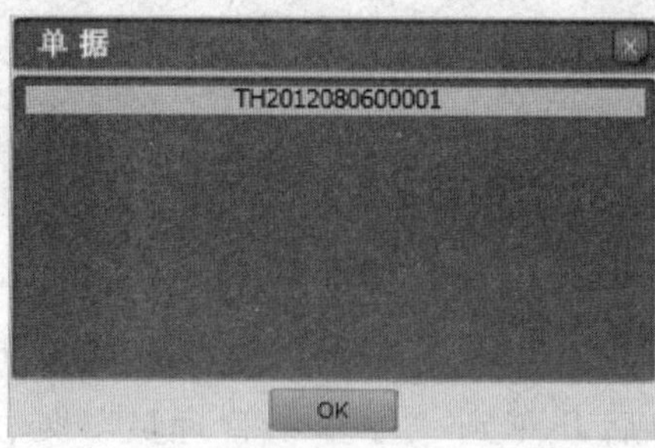

附图 37

课堂笔记

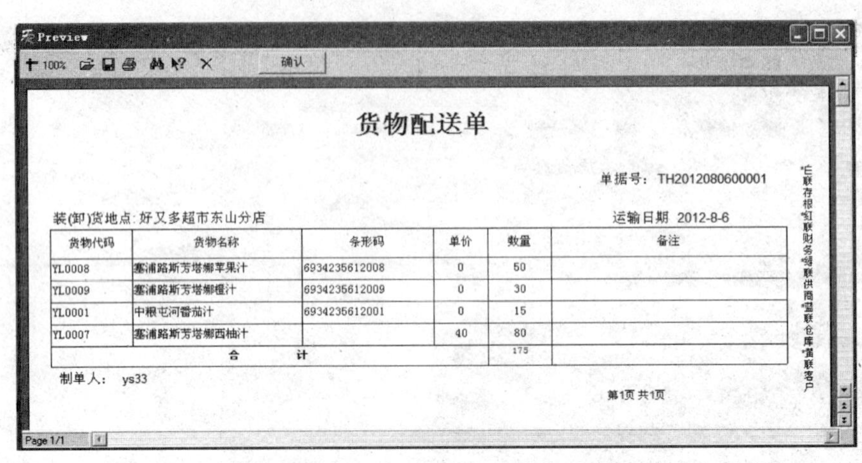

Preview

确认

货物配送单

单据号：TH2012080600001

装(卸)货地点：好又多超市东山分店　　　　运输日期　2012-8-6

货物代码	货物名称	条形码	单价	数量	备注
YL0008	塞浦路斯芳塔娜苹果汁	6934235612008	0	50	
YL0009	塞浦路斯芳塔娜橙汁	6934235612009	0	30	
YL0001	中粮屯河番茄汁	6934235612001	0	15	
YL0007	塞浦路斯芳塔娜西柚汁		40	80	
合　　计				175	

制单人：　ys33

第1页 共1页

白联存根 红联财务 绿联供商 蓝联仓库 黄联客户

Page 1/1

附图 38

查看信息无误后单击“确定”按钮，弹出提示，如图附图 39 所示。

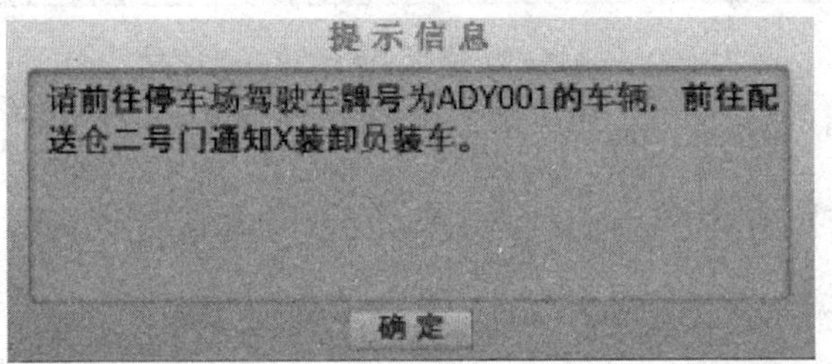

附图 39

到停车场后弹出提示，如图附图 40 所示。

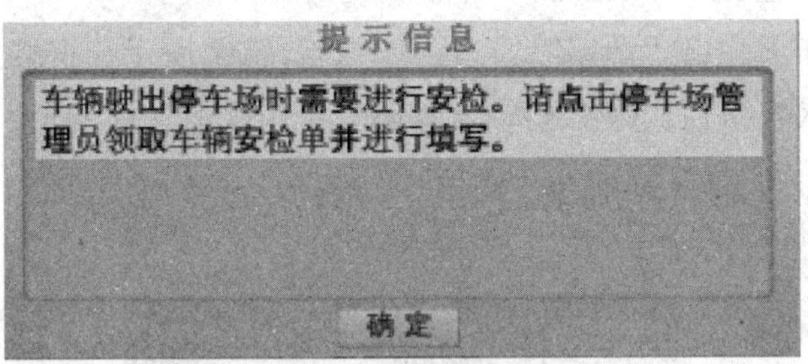

附图 40

②【Ctrl+鼠标左键】单击“车辆”按钮，弹出车辆操作菜单，单击 **上车** 按钮，上车后开车到“停车场管理员”处，如图附图 41 所示。【Ctrl+鼠标左键】单击“停车场管理员”按钮，在弹出来菜单选择 **车辆安检** 选项。

课堂笔记

附图 41

弹出提示，如图附图 42 所示。

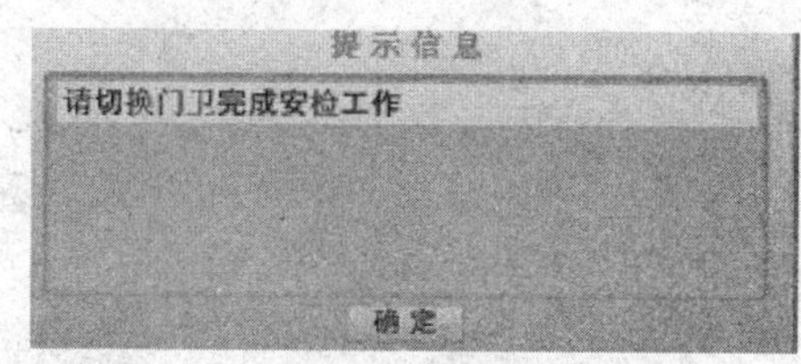

附图 42

确定后系统自动将当前的“配送员”角色切换到“门卫”角色，如图附图 43 所示。

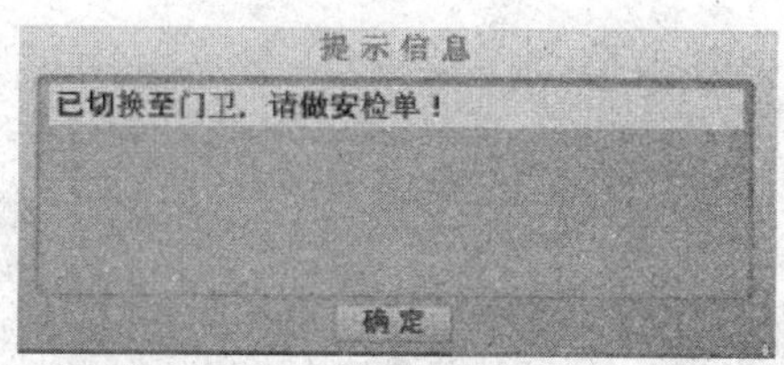

附图 43

确定后弹出车辆安检单，如图附图 44 所示，单击“修改”按钮后，选择需要检查的项目，单击“确定”→“检测”按钮。

附图 44

课堂笔记

退出后，系统提示，如图附图 45 所示。

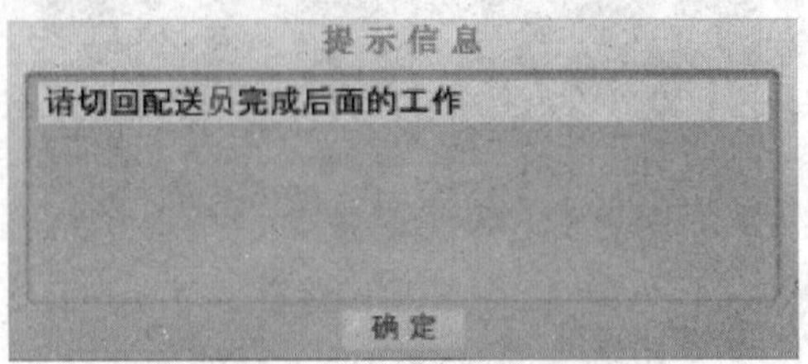

附图 45

系统自动切换回“配送员”角色，提示信息如图附图 46 所示。

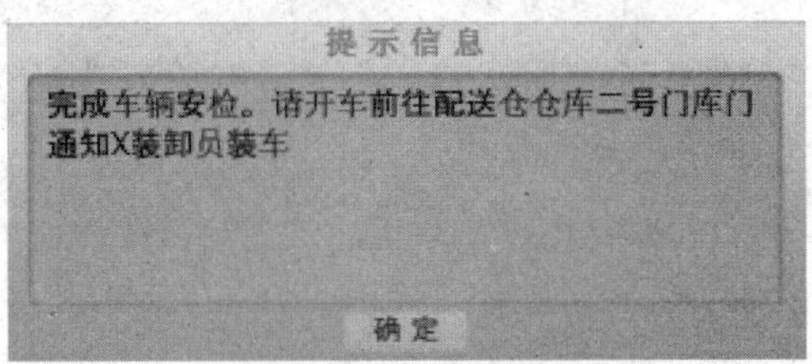

附图 46

③“配送员”上车把车开到箭头提示的仓库位置，弹出提示如图附图 47 所示。

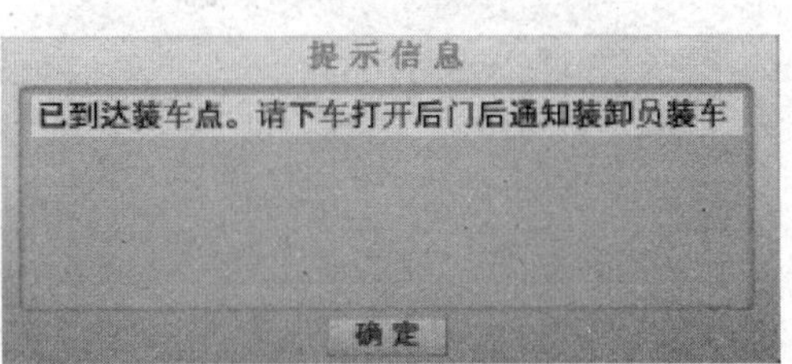

附图 47

按 ESC 键下车后，跑到车后门处，调出车辆菜单，如图附图 48 所示，单击 开后门 按钮。

附图 48

④开后门后，【Ctrl+鼠标左键】单击“装卸员”按钮，弹出信息，如附图49所示，点击**通知装车**。

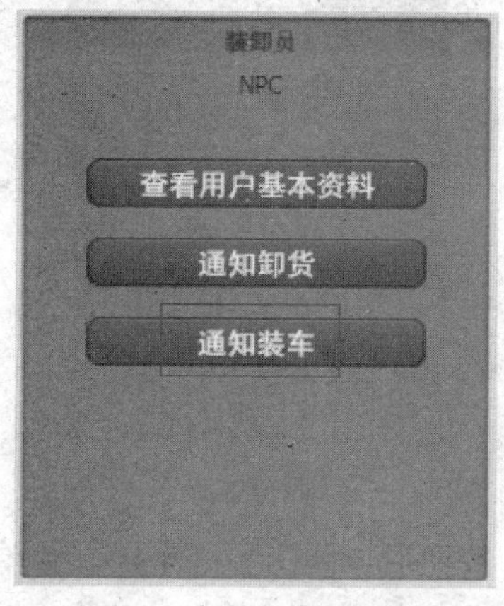

附图 49

然后弹出信息，如图附图50所示，确定后系统自动切换到“装卸员”角色，按提示信息前往指定区域，取设备装车，如图附图51所示。

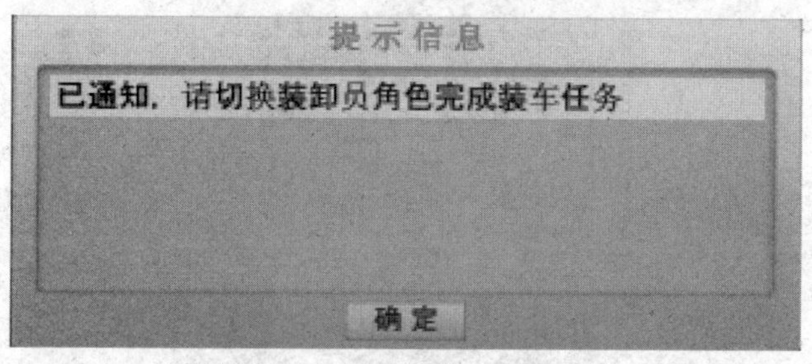

附图 50

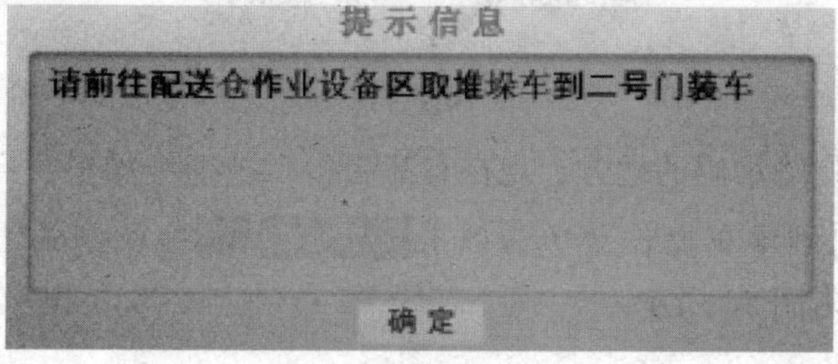

附图 51

根据提示，“装卸员”到设备放置区取堆垛车，【Ctrl+鼠标左键】单击“堆垛车”按钮，弹出堆垛车操作菜单，如图附图52所示。

课堂笔记

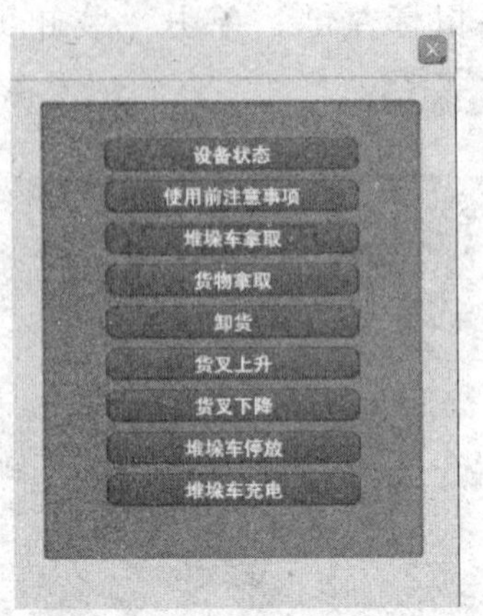

附图 52

单击“堆垛车拿取”按钮后，弹出另一个操作菜单，如图附图 53 所示，逐次单击“每项”（单击完成后，菜单框会自动消失）按钮，便可操作堆垛车到系统进行取货。

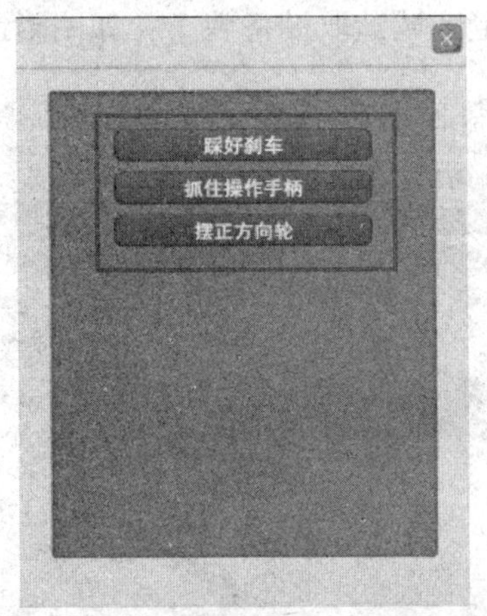

附图 53

⑤在刚才货物堆码的地方，现在有箭头指示，把堆垛车开到相应位置后，【Ctrl+X】弹出堆垛车操作菜单，单击 货物拿取 按钮，成功拿取货物后，出现提示如图附图 54 所示。

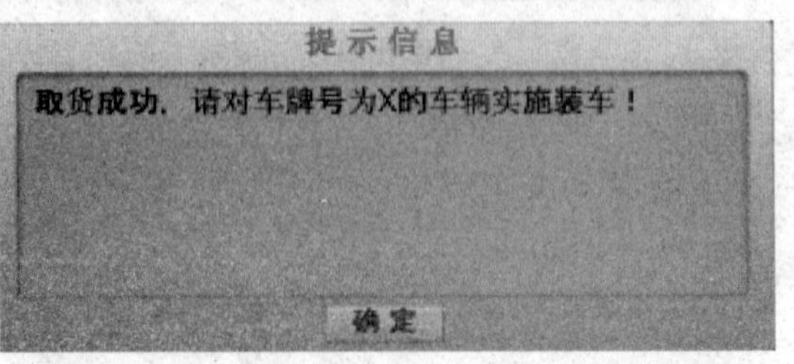

附图 54

课堂笔记

把货物运到箭头提示位置，如图附图55所示。

附图55

【Ctrl+X】调出菜单，单击 卸货 按钮，卸货完成后，弹出提示，如图附图56所示。

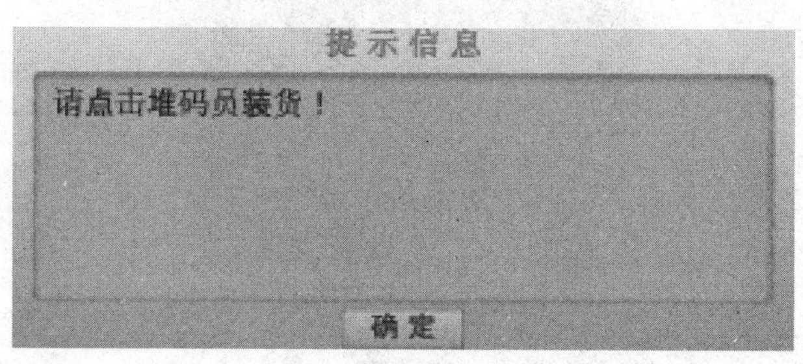

附图56

⑥与“堆码员”交互，【Ctrl+鼠标左键】点击“堆码员”按钮，弹出操作菜单，单击 装货 按钮，系统将播放动画，自动完成装货，如图附图57所示。

附图57

课堂笔记

装车动画播放完毕后，提示如图附图 58 所示。

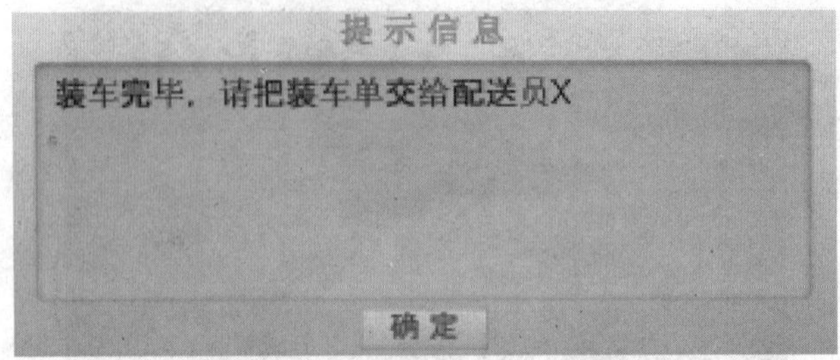

附图 58

⑦【Ctrl+鼠标左键】单击“配送员”按钮，弹出菜单，如图附图 59 所示，单击“单据交接”按钮。

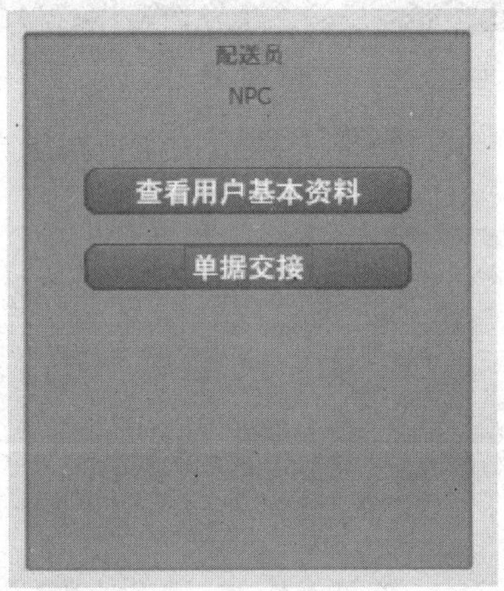

附图 59

弹出“货物配送单”，如图附图 60 所示，单击“确定”按钮。

Preview

确认

货物配送单

单据号：TH2012080600001

装(卸)货地点：好又多超市东山分店　　运输日期 2012-8-6

货物代码	货物名称	条形码	单价	数量	备注
YL0008	塞浦路斯芳塔娜苹果汁	6934235612008	0	50	
YL0009	塞浦路斯芳塔娜橙汁	6934235612009	0	30	
YL0001	中粮屯河番茄汁	6934235612001	0	15	
YL0007	塞浦路斯芳塔娜西柚汁		40	80	
合　计				175	

制单人：　ys33

第1页 共1页

*白联存根*红联财务*绿联供商*蓝联仓库*黄联客户

Page 1/1

附图 60

课堂笔记

单击“确定”按钮后，弹出提示信息，如图附图 61 所示。

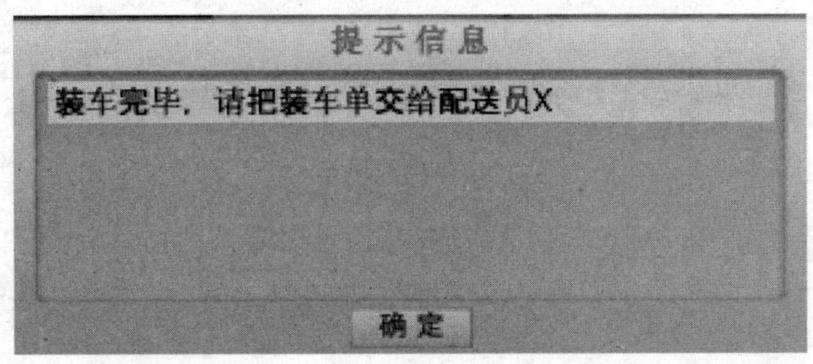

附图 61

关闭窗口后，弹出提示信息，如图附图 62 所示。

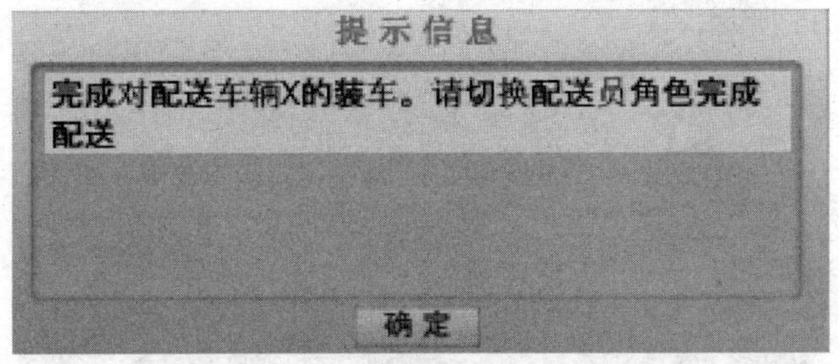

附图 62

确定后系统自动切换回“配送员”，并弹出单据号为 JH2012080200002 的发货单，如图附图 63 所示。

Preview

100%　确认

发货单

单据号：JH2012080200002

卸货地点　　发生日期 2012-8-6

货物代码	货物名称	条形码	单价	数量	备注
YL0008	塞浦路斯芳塔娜苹果汁	6934235612008	0	50	
YL0009	塞浦路斯芳塔娜橙汁	6934235612009	0	30	
YL0001	中粮屯河番茄汁	6934235612001	0	15	
YL0007	塞浦路斯芳塔娜西柚汁		40	80	
合　计				175	

制单人：　ys33

第1页 共1页

*白联存根*红联财务*绿联供商*蓝联仓库*黄联客户

Page 1/1

附图 63

课堂笔记

单击“确认”按钮后，系统弹出提示，如图附图 64 所示。

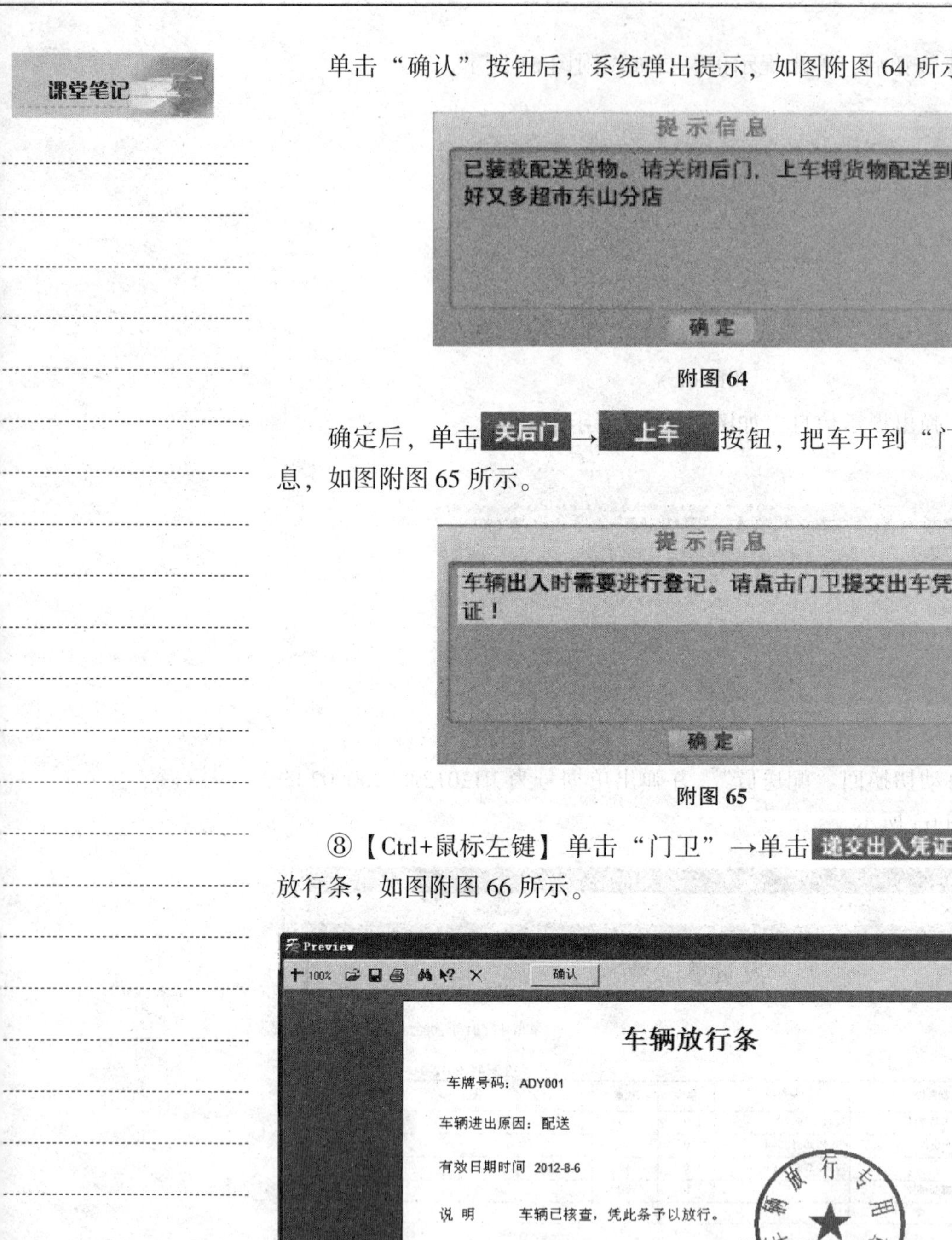

附图 64

确定后，单击 关后门 → 上车 按钮，把车开到“门卫”处，弹出信息，如图附图 65 所示。

提示信息
车辆出入时需要进行登记。请点击门卫提交出车凭证！
确定

附图 65

⑧【Ctrl+鼠标左键】单击“门卫”→单击 递交出入凭证 按钮，弹出车辆放行条，如图附图 66 所示。

Preview
100%　确认

车辆放行条

车牌号码：ADY001

车辆进出原因：配送

有效日期时间　2012-8-6

说　明　　车辆已核查，凭此条予以放行。

鼎盛仓储配送有限公司
2012-8-6　运输部

Page 1/1

附图 66

课堂笔记

单击“确认”按钮后，提示如图附图67所示。

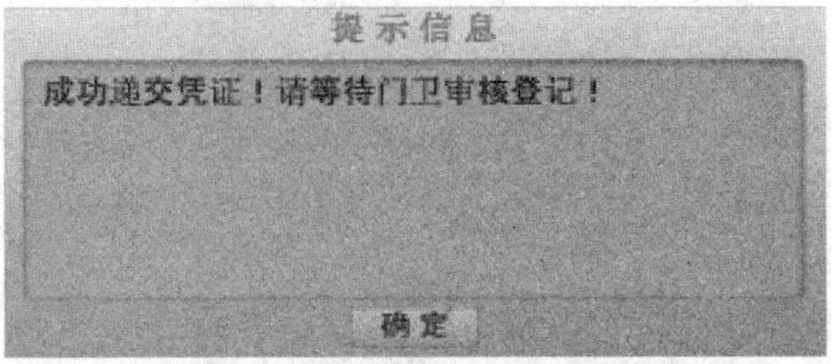

提示信息
成功递交凭证！请等待门卫审核登记！
确定

附图67

单击“确定”按钮，弹出提示信息，如图附图68所示。

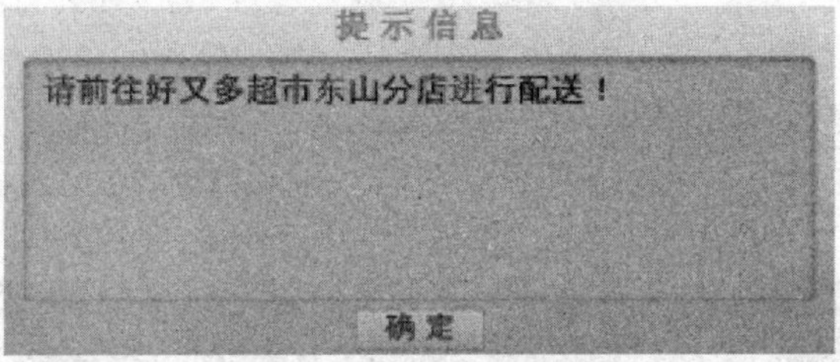

提示信息
请前往好又多超市东山分店进行配送！
确定

附图68

⑨将货车开到好又多超市东山分店，货车停靠在停车点后，提示如图附图69所示。

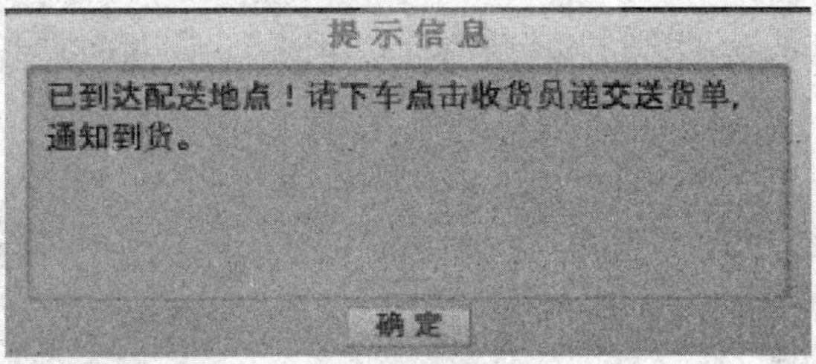

提示信息
已到达配送地点！请下车点击收货员递交送货单，通知到货。
确定

附图69

下车后，【Ctrl+鼠标左键】单击“收货员”按钮，选择**送货单交接**选项，提示如附图70所示。

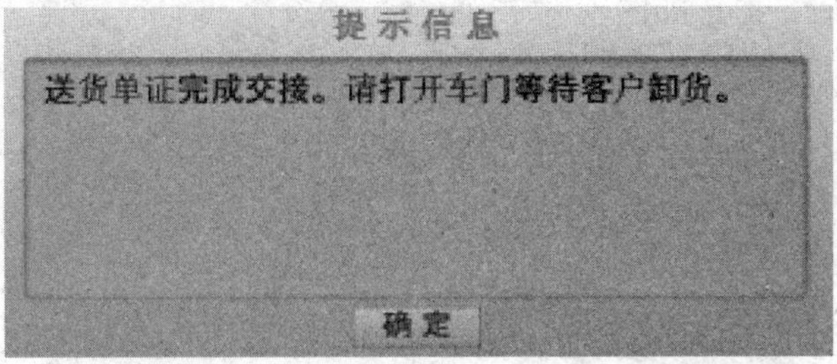

提示信息
送货单证完成交接。请打开车门等待客户卸货。
确定

附图70

课堂笔记

⑩【Ctrl+鼠标左键】单击“货车”按钮，弹出菜单，如图附图 71 所示。

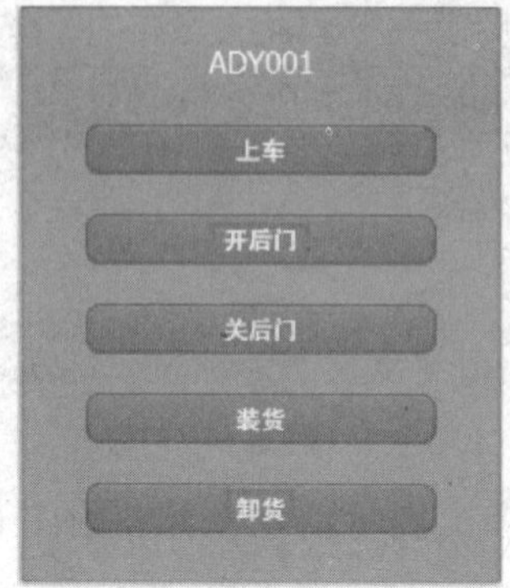

附图 71

单击 开后门 → 卸货 按钮，系统 NPC 角色自动卸货，如图附图 72 所示。

附图 72

卸货完成后，提示如图附图 73 所示。

提示信息

成功卸货。请关上车门，上车把车开回配送中心。

确定

附图 73

课堂笔记

【Ctrl+鼠标左键】单击“货车”按钮，选择 关后门 选项，然后将车开回配送中心，出库流程到此结束。

注：在任务操作过程中，会有系统题库的问题随机出现在待处理框里面，学生必须全部完成所出现的题目，题目的数量、出现时间间隔、所得分数等均由老师设定，如下面图示。

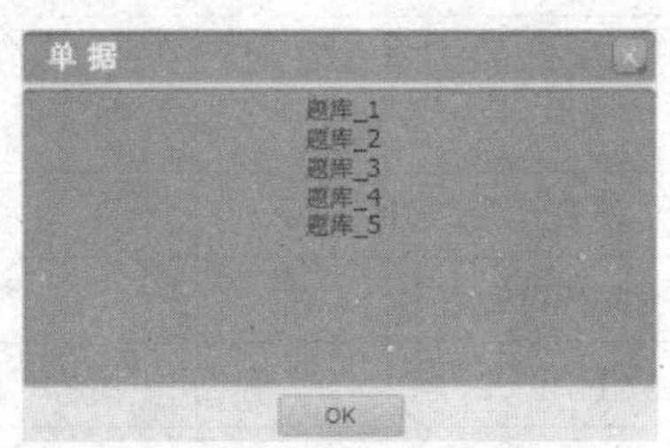

标题：题库

受托代销业务商品的所有权属于：

回答_多选

☐ A. 委托方　　☐ B. 受托方

退出

七、实训总结

实训结束后，学生对模拟操作进行总结，编写出实训报告。

实训报告包括如下内容：

（1）实训题目。

（2）实训的目的和要求。

（3）实训步骤。

（4）实训结论。

（5）本次实验取得的主要收获和体会。

（6）每个同学都要在自己的电脑上运行出模拟的结果，并存盘，供教师考核。

八、评分标准

序号	项目	所占分值（此处分值可由老师设定）
1	出库通知（录入是否符合案例背景）	5（系统默认值）
2	发货通知审核	5（系统默认值）
3	出库确认	5（系统默认值）
4	出库发货（是否正确使用工具）	10（系统默认值）
5	出库调度录入（录入是否符合案例背景）	5（系统默认值）

课堂笔记

（续表）

序号	项目	所占分值（此处分值可由老师设定）
6	出库调度审核	5（系统默认值）
7	发货通知→货物拣选（是否正确使用工具）	5（系统默认值）
8	出库分拣作业（是否正确使用工具）	10（系统默认值）
9	配送线路设计得分（配送的成本、时间、效率）	5（系统默认值）
10	装卸员出库装货（是否正确使用工具）	10（系统默认值）
11	送货运输审核	5（系统默认值）
12	送货上门	10（系统默认值）
13	任务题库答题正确	7（每个角色默认最高分）

出库订单录入的正确率、订单录入的效率（录入时间统计）。分值：每一张订单 5 分。

根据任务案例要求，出库单据作业是否正确，出库的库位选择是否合理，出库效率也是考核标准。分值：每单据 5 分。

车辆安排最优。分值：3 分

配送时间最短。分值：3 分

任务题库答题正确率。分值：7 分

课堂笔记

参考文献

[1] 马俊生，王晓阔．配送管理［M］．北京：机械工业出版社，2012.
[2] 郑丽．配送作业与管理［M］．北京：中国传媒大学出版社，2011.
[3] 石纳芳，姜小明．配送管理实务［M］．北京：人民邮电出版社，2011.
[4] 王晓阔，陈杰．配送管理实务［M］．北京：人民交通出版社，2015.
[5] 杨爱明，李述容．配送管理实务（第2版）［M］．大连：大连理工大学出版社，2014.
[6] 汝宜红，宋伯慧．配送管理［M］．北京：机械工业出版社，2005.
[7] 姚城．物流配送中心规划与运作管理［M］．广州：广东经济出版社，2004.
[8] 刘昌棋．物流配送中心设计［M］．北京：机械工业出版，2001-9.
[9] 李万秋．物流中心运作与管理［M］．北京：中国物资出版社，2002.
[10] 沈瑞山．配送管理实务［M］．北京：中国人民大学出版社，2011.
[11] 沈文天．配送作业管理［M］．北京：高等教育出版社，2012.
[12] 杨国荣，李铁峰．配送管理实务（第2版）［M］．北京：北京理工大学出版社，2013.
[13] 孙宏岭，戚世钧．现代物流活动与绩效分析［M］．北京：中国物资出版社，2001.
[14] 秦明森．物流技术手册［M］．北京：中国物资出版社，2002-12.
[15] 王燕，蒋笑梅．配送中心全程规划［M］．北京：机械工业出版社，2004.
[16] 李万秋，物流中心运作与管理［M］．北京：清华人学出版社，2003.
[17] 李军，郭耀煌．物流配送车辆优化调度理论与方法［M］．北京：中国物资出版社，2001.
[18] 杜文．物流运输与配送管理［M］．北京：机械工业出版社，2006.
[19] 秦明森．物流运输与配送管理实务［M］．北京：中国物资出版社，2006.
[20] 秦明森．物流作业优化方法［M］．北京：中国物资出版社，2003.
[21] 刘联辉. 配送实务［M］．北京：中国物资出版社，2009.